新商科"互联网＋教育"
电子商务专业系列教材

# 电子商务客户关系管理

罗新宇◎主编

姚 蕊　韩亚琼◎副主编

電子工業出版社
Publishing House of Electronics Industry
北京·BEIJING

## 内 容 简 介

随着我国电子商务的迅速崛起和蓬勃发展，特别是电子商务行业存量时代的到来，精细化的客户关系管理越来越受到企业的重视。本书借鉴了国内外电子商务客户管理领域的最新研究成果，全面阐述了客户关系管理的各个环节。第1章为电子商务客户关系管理概述，第2章为电子商务客户识别、选择与开发，第3章为电子商务客户信息管理，第4章为电子商务客户服务管理，第5章为电子商务客户满意度管理，第6章为电子商务客户忠诚度管理，第7章为电子商务客户流失管理，第8章为电子商务客户关系管理技术。

本书使用了大量的案例分析，真正做到了理论与实践相结合。本书可以作为高等院校及职业院校国际贸易、电子商务等相关专业（方向）的教材，也适合从事相关工作的人士阅读与参考。

未经许可，不得以任何方式复制或抄袭本书部分或全部内容。
版权所有，侵权必究。

图书在版编目（CIP）数据

电子商务客户关系管理 / 罗新宇主编. -- 北京：电子工业出版社, 2025. 1. -- ISBN 978-7-121-49091-0
Ⅰ. F713.36
中国国家版本馆CIP数据核字第2024AS0112号

责任编辑：袁桂春
印　　刷：三河市双峰印刷装订有限公司
装　　订：三河市双峰印刷装订有限公司
出版发行：电子工业出版社
　　　　　北京市海淀区万寿路173信箱　邮编：100036
开　　本：787×1 092　1/16　印张：12　字数：308千字
版　　次：2025年1月第1版
印　　次：2025年1月第1次印刷
定　　价：59.00元

凡所购买电子工业出版社图书有缺损问题，请向购买书店调换。若书店售缺，请与本社发行部联系，联系及邮购电话：（010）88254888，88258888。
质量投诉请发邮件至 zlts@phei.com.cn，盗版侵权举报请发邮件至 dbqq@phei.com.cn。
本书咨询联系方式：（010）88254199，sjb@phei.com.cn。

# 前 言 PREFACE

党的二十大报告指出:"教育、科技、人才是全面建设社会主义现代化国家的基础性、战略性支撑。必须坚持科技是第一生产力、人才是第一资源、创新是第一动力,深入实施科教兴国战略、人才强国战略、创新驱动发展战略,开辟发展新领域新赛道,不断塑造发展新动能新优势。"这为推动当下和未来一段时间内我国科教及人才事业的发展、构建人才培养体系指明了基本方向。

随着市场竞争环境日益激烈,客户需求逐渐个性化和复杂化,电子商务企业仅靠产品的价格和质量已经难以留住客户,为客户提供有价值的"服务"成为电子商务企业的核心竞争力。客户是电子商务企业生存和发展的基础,电子商务企业的管理理念逐渐由"以产品为中心"向"以客户满意为中心"转变,客户关系管理与企业的生存发展紧密相连。为了满足电子商务等相关学科专业及相关从业人员的需求,帮助读者系统了解电子商务客户关系管理的各个组成部分,我们着手编写了本书。

本书共8章,从电子商务客户关系理论出发,聚焦电子商务客户关系管理的各个环节去阐述每个章节知识点。第1章为电子商务客户关系管理概述,第2章为电子商务客户识别、选择与开发,第3章为电子商务客户信息管理,第4章为电子商务客户服务管理,第5章为电子商务客户满意度管理,第6章为电子商务客户忠诚度管理,第7章为电子商务客户流失管理,第8章为电子商务客户关系管理技术。

本书具有如下特色:

(1)系统全面,思路清晰。遵循认知规律,结构层次清晰,内容安排详略得当,深入浅出,层层递进,逻辑性强。

(2)案例新颖,典型丰富。思政案例导入话题,课程与育人结合;贴合时事,辅以大量经典新颖案例,具有较强的可读性和参考性。

(3)理论联系实践,通俗易懂。基于"以有用为标准、以实用为落脚点、以应用为中心"的原则,使用通俗易懂的语言,理论与实践结合,旨在培养读者的思考能力与运用能力。

(4)配套齐全,资源丰富。本书提供PPT、教学大纲、教案、微课视频等教学资源。任课教师可到华信教育资源网(www.hxedu.com.cn)免费下载。

本书由电子商务方向骨干教师罗新宇担任主编,姚蕊、韩亚琼担任副主编,黄曼、储梦莉承担参编的工作。本书的前言、参考文献和全书统稿工作由易静完成;隋东旭对书稿做了细致的审校工作。在本书编写过程中,得到诸多行业代表及电子工业出版社编辑的意见与建议。在此,向各位参与编写的老师、提出宝贵意见的行业代表及出版社编辑表示感谢!

由于编写时间周期要求和编者水平有限，书中难免存在疏漏和不妥之处，敬请广大读者批评指正。

编者

# 目 录 CONTENTS

## 第1章 电子商务客户关系管理概述 …………………………………………………… 1

### 1.1 电子商务客户认知 ………………………… 2
#### 1.1.1 电子商务客户的定义 …………… 2
#### 1.1.2 电子商务客户的类型 …………… 3
### 1.2 电子商务客户关系认知 …………………… 7
#### 1.2.1 客户关系的定义 ………………… 7
#### 1.2.2 客户关系的基本类型 …………… 8
#### 1.2.3 影响客户关系的主要因素 ……… 9
### 1.3 电子商务客户关系管理认知 ……………… 11
#### 1.3.1 客户关系管理的产生 …………… 11
#### 1.3.2 客户关系管理的定义 …………… 13
#### 1.3.3 客户关系管理的内容 …………… 14
#### 1.3.4 客户关系管理的理论 …………… 15
### 1.4 电子商务客户关系管理岗位 ……………… 19
#### 1.4.1 电子商务客户关系管理人员的岗位职责 …………………… 19
#### 1.4.2 电子商务客户关系管理人员的职业素养 …………………… 21
### 课后反思与练习 ………………………………… 22

## 第2章 电子商务客户识别、选择与开发 …………………………………………… 24

### 2.1 电子商务客户识别 ………………………… 25
#### 2.1.1 识别潜在客户 …………………… 25
#### 2.1.2 识别客户需求 …………………… 27
#### 2.1.3 客户细分 ………………………… 30
### 2.2 电子商务客户选择 ………………………… 32
#### 2.2.1 电子商务客户选择的必要性 …………………………… 32
#### 2.2.2 电子商务客户选择的标准 … 34
#### 2.2.3 电子商务客户选择的原则 … 35
### 2.3 电子商务客户开发 ………………………… 40
#### 2.3.1 营销导向的客户开发策略 … 40
#### 2.3.2 推销导向的客户开发策略 … 44
#### 2.3.3 线上与线下相结合的客户开发策略 ……………………… 45
### 课后反思与练习 ………………………………… 47

## 第3章 电子商务客户信息管理 ……………………………………………………… 49

### 3.1 客户信息的收集 …………………………… 50
#### 3.1.1 客户信息及重要性 ……………… 50
#### 3.1.2 客户信息收集的渠道 …………… 52
#### 3.1.3 客户信息整理的步骤 …………… 53
### 3.2 客户分级管理 ……………………………… 54
#### 3.2.1 客户分级的含义 ………………… 55
#### 3.2.2 客户分级的方法 ………………… 55
#### 3.2.3 客户分级管理策略 ……………… 57
### 3.3 客户信息安全管理 ………………………… 62
#### 3.3.1 客户信息安全涉及的内容 … 62
#### 3.3.2 客户信息隐私保护 ……………… 63
### 课后反思与练习 ………………………………… 65

## 第 4 章 电子商务客户服务管理 ………… 67

### 4.1 电子商务客户服务管理概述 ………… 68
- 4.1.1 电子商务客户服务的含义 … 68
- 4.1.2 电子商务客户服务的工作范畴 ………… 68
- 4.1.3 电子商务客户服务的发展阶段 ………… 69

### 4.2 建立高效、标准化的电子商务客户服务流程 ………… 71
- 4.2.1 售前服务沟通 ………… 71
- 4.2.2 售中服务沟通 ………… 76
- 4.2.3 售后服务沟通 ………… 78

### 4.3 电子商务客户投诉处理与服务补救 ………… 81
- 4.3.1 正确认识客户投诉 ………… 81
- 4.3.2 客户心理与投诉表现 ………… 83
- 4.3.3 客户投诉处理对策 ………… 84

课后反思与练习 ………… 87

## 第 5 章 电子商务客户满意度管理 ………… 89

### 5.1 电子商务客户满意度认知 ………… 90
- 5.1.1 客户满意度的概念及特征 … 90
- 5.1.2 客户满意度的目标 ………… 92
- 5.1.3 客户满意度因素分析 ………… 95

### 5.2 电子商务客户满意度指数模型 ………… 97
- 5.2.1 卡诺模型 ………… 97
- 5.2.2 ACSI 模型 ………… 101
- 5.2.3 CCSI 模型 ………… 105

### 5.3 电子商务客户满意度的提升 ………… 106
- 5.3.1 做好客户期望管理 ………… 106
- 5.3.2 提高客户感知价值 ………… 109
- 5.3.3 降低客户感知成本 ………… 112

课后反思与练习 ………… 113

## 第 6 章 电子商务客户忠诚度管理 ………… 115

### 6.1 电子商务客户忠诚度认知 ………… 116
- 6.1.1 客户忠诚度的含义 ………… 116
- 6.1.2 客户忠诚度的分类 ………… 118
- 6.1.3 客户忠诚度的级别 ………… 121

### 6.2 电子商务客户忠诚度的衡量 ………… 122
- 6.2.1 客户忠诚度的形成过程 ………… 122
- 6.2.2 客户忠诚度的衡量指标 ………… 124
- 6.2.3 客户忠诚度因素分析 ………… 125

### 6.3 电子商务客户忠诚度维护 ………… 128
- 6.3.1 做好客户定位 ………… 128
- 6.3.2 减少客户交易时间成本 … 129
- 6.3.3 提高客户对商家的信任度 ………… 129
- 6.3.4 建立网络社区 ………… 130
- 6.3.5 完善会员等级积分制度 … 131

课后反思与练习 ………… 131

## 第 7 章 电子商务客户流失管理 ………… 133

### 7.1 电子商务客户保持概述 ………… 134
- 7.1.1 客户保持的含义及影响因素 ………… 134
- 7.1.2 客户保持模型 ………… 135
- 7.1.3 客户保持策略 ………… 137

### 7.2 电子商务客户流失概述 ………… 139
- 7.2.1 客户流失的概念及类型 … 139
- 7.2.2 客户流失的原因 ………… 141
- 7.2.3 客户流失的量化指标 ………… 144

### 7.3 电子商务客户流失预警与防范 ………… 146
- 7.3.1 客户流失预警的步骤 ………… 146
- 7.3.2 客户流失防范措施 ………… 149

### 7.4 电子商务客户流失挽救 ………… 151
- 7.4.1 客户流失挽救的标准 ………… 151
- 7.4.2 客户流失挽救的流程 ………… 153
- 7.4.3 客户流失挽救的措施 ………… 156

课后反思与练习 ………… 158

# 第8章 电子商务客户关系管理技术 ································ 160

- 8.1 电子商务客户关系管理系统 ········ 161
  - 8.1.1 客户关系管理系统模型 ······ 161
  - 8.1.2 客户关系管理系统功能模块 ································ 163
  - 8.1.3 客户关系管理数据分析 ····· 166
- 8.2 呼叫中心与客户关系管理 ············ 168
  - 8.2.1 呼叫中心的定义 ················ 169
  - 8.2.2 呼叫中心的类型 ················ 169
  - 8.2.3 呼叫中心在客户关系管理中的应用 ································ 171
- 8.3 大数据与电子商务客户关系管理 ··· 173
  - 8.3.1 大数据的定义与特征 ········ 173
  - 8.3.2 大数据时代下客户关系管理的特点 ································ 174
  - 8.3.3 大数据在电子商务客户关系管理中的应用 ···················· 175
- 8.4 商业智能与电子商务客户关系管理 ································ 177
  - 8.4.1 商业智能的定义 ················ 177
  - 8.4.2 商业智能的价值 ················ 177
  - 8.4.3 智能客户关系管理系统构架 ································ 178
- 课后反思与练习 ································ 180

参考文献 ································································ 183

# 第 1 章
# 电子商务客户关系管理概述

> 学习目标 →

- 了解电子商务客户的定义、类型。
- 理解电子商务客户关系的基本类型和影响因素。
- 掌握电子商务客户关系管理的产生、内容及相关理论。
- 熟悉电子商务客户关系管理岗位职责和要求。

 【思政案例】

熊猫不走：如何做一个让客户都愿意推荐的品牌

熊猫不走成立于 2018 年年初，以"让每个人的生日都能更快乐"为企业理念，熊猫不走通过免费送蛋糕上门、唱歌、跳舞表演等方式为客户制造更多生日惊喜。熊猫不走连续两年（2019 年、2020 年）获评中国十大烘焙品牌，以及美团行业 TOP1、有赞行业 TOP 商家等奖项。

当传统蛋糕还停留在柜台式销售时，熊猫不走已经灵活地利用互联网思维建立了"线上下单+仓库配送+人性化服务"新模式，开辟了烘焙战场新赛道，在短时间内实现了弯道超车。创始人杨振华十分精准地抓住了客户的心理，他认为生日蛋糕的重点不再是蛋糕本身的口味和外形，而是过生日的仪式和氛围。诚然，买蛋糕的人希望传递祝福和情感，送蛋糕的人希望对方开心快乐。熊猫不走靠"神级"服务收揽了客户的心。"天眼查"

数据显示，购买过熊猫不走蛋糕的用户复购率达到70%以上。

秉承"客户至上"的理念，采用"线上销售+线下配送"的经营模式，熊猫不走充分重视蛋糕配送的速度，以及"熊猫"与用户的互动，因为这些与用户紧密联系的环节很大程度上决定了用户的体验感和满意程度。与此同时，熊猫不走注重创新，不断给客户制造惊喜，例如，春节期间，配送蛋糕的"熊猫"装扮成财神爷的模样，蛋糕上贴上横幅"财神金言祝你年入一亿元"。熊猫不走将这些场景服务和创意逐渐积累成了"点子库"，给客户带来不一样的新鲜感。客户也乐于把憨态可掬的"熊猫"分享到社交网络媒体，进一步为企业带来流量。

熊猫不走将员工视为内部客户，成为其鲜明的企业文化。例如，员工入职，会有隆重的欢迎仪式；员工生日，会有专属的电梯生日海报。给予内部客户更多的尊重和关怀，例如，把客户的好评打印出来贴在工作环境里，让员工知道自己的工作是有意义的。

作为一家传递快乐和惊喜的企业，熊猫不走还积极回馈社会，投身公益活动，如发起"关注星星的孩子，DIY 蛋糕欢乐多"，帮助更多有需要的孤独症孩子等。诸如此类行为都给企业带来了良好的口碑效应。

由此可见，当今时代是一个变革的时代。在互联网技术飞速发展的今天，客户是电子商务企业的根本，电子商务企业要想赢得客户的信赖与支持，就必须加强创新，挖掘客户隐藏的需求，做到"客户至上"。同时，不能忽视内部客户管理，要打造良好的企业文化及承担企业社会责任。本章将详细讲解电子商务客户、电子商务客户关系，以及电子商务客户关系管理的相关知识。

## 1.1 电子商务客户认知

随着全球一体化的加深，互联网技术迅速发展，以信息化为主要特征的电子商务时代已经来临。工业化和新兴技术的普及使生产效率大幅度提升，市场状态由卖方市场转为买方市场，"以产品为中心"的市场战略目标逐渐转变为"以客户为中心"的新的管理理念。电子商务时代的竞争转移到对客户，尤其是优质客户的争夺，因此，电子商务企业对客户资源的管理已迫在眉睫。

### 1.1.1 电子商务客户的定义

著名管理学大师彼得·德鲁克曾经说过："企业的首要任务是'创造客户'。"通用电气集团原 CEO 杰克·韦尔奇说："公司无法提供职业保障，只有客户可以。"沃尔玛的创始人萨姆·沃尔顿说："实际上只有一个真正的老板，那就是客户。他只要把钱花到别的地方，就能使公司的董事长和所有的雇员全部被'炒鱿鱼'。"华为创始人任正非曾说："为客户服务是华为存在的唯一理由。"从中不难看出，客户是企业生存和发展的基础，对企业的发展起着决定性的作用。那么，什么是客户呢？

客户作为中国旧时户籍制度中的一类户口，泛指非土著的住户。随着社会经济的发展，在现代商业社会，客户一般是指购买或消费企业产品或服务的个人或组织。客户作为商业服务或产品的采购者，可以是最终的消费者、代理人或供应链内的中间人。在电子商务时代，越来越多的个人或组织选择依托电子商务平台来购买企业的产品或服务，这类个人或组织被统称为电子商务客户。例如，某消费者 A 在天猫某店铺购物，那么消费者 A 就是该店铺的电子商务客户；该店铺在 1688.com 某批发工厂线上进货，该店铺就是批发工厂的电子商务客户。由此可见，客户是一个相对的概念，电子商务中企业价值链的上、中、下游伙伴，如批发商、零售商或者中介商都能称为电子商务客户，而不只是把产品或服务的最终接受者称为电子商务客户。

> 【思政小课堂】
>
> 　　客户是现代企业的立身之本，"以客户为中心"的前提是"以诚相待"。"人无信不立，业无信不兴""诚者，天之道也；诚之者，人之道也。"诚实守信是中华民族的优良传统。在现代客户关系管理中，要想获得宝贵的客户资源，赢得客户的信赖，就必须诚信经营，提供让客户满意的产品和服务。

### 1.1.2　电子商务客户的类型

不同的行业、不同的企业发展阶段，对电子商务客户的要求不同，因此，电子商务客户的分类也不一样。按照客户来源、客户状态及客户的个性特点，可以把客户分成不同种类。无论用何种方式来划分客户，都是为了更有针对性地为客户服务，提高客户满意度，提升企业的市场竞争能力。

**1. 依据电子商务客户来源划分**

依据电子商务客户来源，可以把客户分为终端客户、B2B 客户、渠道客户、内部客户。

1）终端客户

终端客户购买企业的最终产品与服务，通常是个人或家庭，又称"消费者客户"或者"最终客户"。该类客户数量众多，但消费额一般不高。B2C 电子商务平台面向的属于终端客户，例如，淘宝、京东等电子商务平台的购物人群都属于终端客户。

2）B2B 客户

B2B 是指企业与企业之间的电子商务。B2B 客户虽然购买企业的产品或服务，但它们并不是产品或服务的直接消费者，它们将购买来的产品或服务附加到自己的产品或服务上，再进行销售。例如，一家生产冰箱的企业要购买冷凝器，在网上发布采购信息，与另一家生产冷凝器的企业达成交易，这家生产冰箱的企业是生产冷凝器的企业的 B2B 客户。

3）渠道客户

渠道是连接企业与市场的桥梁，是沟通产品与客户的媒介，是产品和服务从生产者向消费者转移的具体通道或途径。处于企业与消费者之间的经营者，如经销商、零售商就是典型的渠道客户。例如，亚马逊电子商务购物平台是世界知名的线上零售商之一，因此属于企业的电子商务渠道客户。

4）内部客户

内部客户是企业内部的个人或业务部门，这是最容易被企业忽略的一类客户。企业中采购部门为生产部门服务,生产部门为销售部门服务,销售部门为外部客户服务。采购部门、生产部门、销售部门之间形成了客户服务关系。对于销售部门来说,销售人员又成了这个部门的内部客户,因此,员工(内部客户)是企业获得利润的前提和基础,外部客户满意是内部客户努力的目标和动力。当外部客户和内部客户都满意时,企业就能实现利润的最大化。

**2. 依据电子商务客户状态划分**

电子商务企业与客户的关系是有时限的,在不同阶段,电子商务企业与客户呈现出不同的状态。依据电子商务客户状态,可以把客户分为潜在客户、目标客户、现实客户、流失客户、非客户。电子商务企业应该尽量开发潜在客户,努力维护现实客户,减少流失客户。

1)潜在客户

潜在客户是指当前尚未购买或使用企业产品或服务,在将来的某一时间有可能转变为现实客户的群体。企业应该特别重视这类客户,因为他们是企业开拓新的市场、在竞争中保持并提高市场占有率的潜在力量。例如,4岁的小朋友对书包、怀孕的妈妈对婴儿用品、有空调的家庭对空调清洁剂都有潜在的需求。对潜在客户分析需要形成网状思维,因为人本身是复杂的,一个人可能有多重身份、多种需求,从而导致多种产品的购买。同样,同一个产品,购买的人群也会有很多种。

2)目标客户

目标客户是指企业或商家旨在提供产品或服务的特定对象群体。在市场营销工作中,明确目标客户群体是开展有针对性营销活动的先决条件。目标客户与潜在客户之间存在着紧密的联系,但又有所区别。潜在客户构成了广泛的市场基础,是指所有可能对企业产品或服务产生购买意向的客户群体;而目标客户则是企业经过市场调研和筛选后,决定重点开发和服务的特定客户群体。可以说,目标客户是潜在客户集合的一个子集,是企业主动选择并致力于转化为实际购买者的那部分人群。

3)现实客户

现实客户即已经购买了企业产品或服务的客户,交易的结束并不意味着客户关系的结束,在售后还必须与客户保持联系,以确保客户的满意持续下去。针对这部分客户,电子商务企业应该通过个性化的交互沟通,增加产品组合的多样性,降低产品或服务成本、分销渠道成本、沟通成本,创造令客户满意的价值,提升产品的销量。现实客户可以大致细分为如下4类:初次购买客户、重复购买客户、忠诚客户、购买力衰退客户。

(1)初次购买客户。初次购买客户为首次尝试性购买且购买量不大的客户,购买的一般为好评较多或销量较高的爆款商品,以减少潜在成本损失。

(2)重复购买客户。重复购买客户一般为初次购买体验较好,对商品有较高认可度的客户,愿意尝试该品牌的其他商品。

(3)忠诚客户。忠诚客户为经过多次购买后,对品牌有较高的认可度的客户,愿意尝试该品牌的大部分商品,包括新品,但自身的购买能力逐渐趋于上限,购买量的增加趋于缓慢。

（4）购买力衰退客户。购买力衰退客户一般为经历了多次失望或消费观念的变化，开始转向其他品牌购买替代品，突然或逐渐减少原品牌商品的购买量的客户。

图1-1所示为不同时期现实客户的购买能力，由此可见，初次购买客户和购买力衰退客户的购买能力远远低于重复购买客户和忠诚客户。电子商务企业对各种状态客户的管理应该环环相扣，对初次购买客户、重复购买客户及忠诚客户加强跟踪管理，减少客户流失。

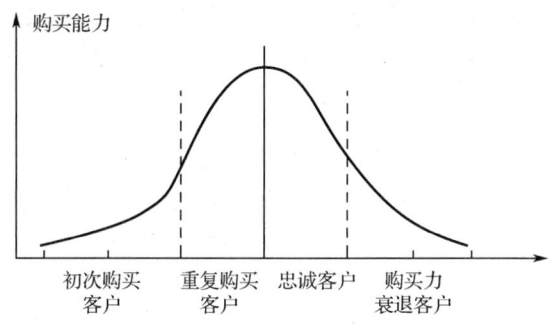

图1-1 不同时期现实客户的购买能力

4）流失客户

流失客户是指那些曾经是电子商务企业的客户，但是现在不再购买电子商务企业产品或服务的群体。其实，流失客户在每个阶段都可能产生，有的可能是初次购买客户流失，有的可能是忠诚客户流失。对于流失期的定义，每个行业都有所不同，快消品行业可能一两个月未回购就进入流失期，耐用品行业可能一两年未回购才进入流失期。

5）非客户

非客户是指与企业无直接交易关系，对企业的产品或服务无需求，甚至对企业持有抗拒和对立态度的群体。

如图1-2所示，以上5种客户状态是可以相互转化的。例如，潜在客户或目标客户一旦采取购买行为，就变成企业的初次购买客户；初次购买客户如果经常购买同一企业的产品或服务，就可能发展成为企业的重复购买客户，甚至成为忠诚客户。但是，初次购买客户、重复购买客户、忠诚客户也会因其他企业的更有诱惑力的条件或因为对企业不满而成为流失客户。而流失客户如果被成功挽回，就可以直接成为重复购买客户或者忠诚客户，如果无法挽回，他们就将永远流失，成为企业的"非客户"。

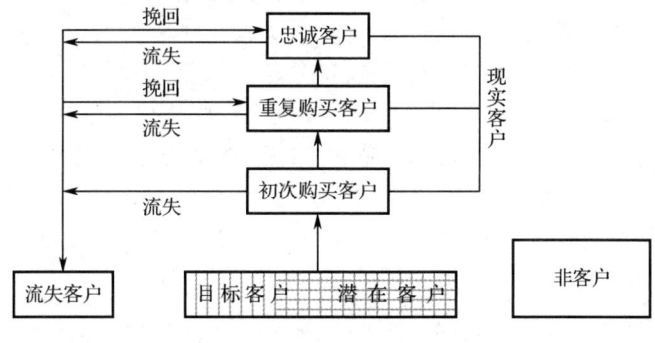

图1-2 客户状态的相互转化

### 3. 依据电子商务客户的个性特点划分

依据电子商务客户的个性特点，可以把客户分为理智型客户、冲动型客户、习惯型客户、经济型客户和想象型客户。

1）理智型客户

理智型客户的购买行为是在理性购买动机的支配下形成的。这类客户头脑冷静、清醒，很少受外界条件的干扰。他们购买商品时，很少受广告宣传、商标及华丽包装的影响，可以按照既定的购买目标进行购买活动，购买商品以后很少后悔。

2）冲动型客户

冲动型客户的购买行为是在感情购买动机的支配下形成的。这类客户事先并没有经过认真考虑就确定购买，他们容易受广告宣传、商标、商品包装的影响，尤其是容易受购买气氛的控制。这类购买行为多数是从个人的兴趣出发，而不太讲究商品的性能和实际效用，购买后容易后悔。

3）习惯型客户

习惯型客户的购买行为在较大程度上受信任动机的支配，他们往往愿意购买经常使用的一种或数种品牌商品，并且愿意购买自己熟悉的购物平台的商品，他们的购买力集中，购买目标稳定，很少受外界干扰。同时，这种类型的客户因为对购买的商品较熟悉，所以在购买时一般不进行认真挑选，购买行动迅速。

4）经济型客户

经济型客户以商品的价格作为购买依据，分为两种情况：一种是高收入阶层的消费者，他们特别热衷于购买高档商品；另一种是低收入阶层的消费者，因为收入有限，所以他们在购买商品时对减价、廉价商品特别感兴趣，对于产品的花色、品种不太注意。

5）想象型客户

想象型客户的感情和想象力比较丰富，他们以丰富的联想力衡量商品的价值，购买时注意力容易转移，兴趣易于变化，因此，这类客户往往对商品的造型、颜色和品牌比较重视。

【知识拓展】

#### 电子商务行业的快速发展

过去十几年，电子商务交易的用户数量、规模快速攀升。

中国互联网络信息中心（CNNIC）数据显示，截至 2024 年 6 月，中国网络购物用户规模已超 9 亿人，而 2013 年中国网络购物用户规模仅为 3.02 亿人。Wind 统计数据显示，电子商务交易额已经从 2015 年的 21.79 万亿元增长到 2023 年的 46.83 万亿元。短短数年，用户规模提升了 3 倍，交易额增加了 25 万亿元。国家邮政局数据显示，2023 年，全国快递服务企业业务量累计完成 1320.7 亿件，2013 年该数字仅为 91.9 亿件，2023 年业务量与 2013 年相比增长了 13 倍。

在快速增长的同时，电子商务行业在消费者购买体验、物流供应链、商家经营策略等方面均发生了较大改变。

在消费者购买体验方面，消费者已经从过去的PC端下单逐步转移至移动端下单。在转向移动端之后，电子商务平台的内容从图文形式向短视频/直播转变，直播电子商务兴起。

在物流供应链方面，实现了四联纸质单据到电子面单的转化，与此同时，快递物流不断走向乡镇、农村。

在商家经营策略方面，过去十几年，"双11"购物节交易金额每年都在创新高，在巨额成交量的刺激下，"6·18"、农货节、年货节等各种购物节相继登场。"双11""6·18"等购物节的购物周期从过去的一天变成了如今的十多天、二十多天。商家对于该节日从以前的兴奋、刺激到如今已经成了日常。营销形式也从过去的纯线上演变成了线上线下联动。

## 1.2 电子商务客户关系认知

企业在经营过程中必然会与客户产生各种关系。在电子商务时代，"以客户为中心"的管理理念要求企业以客户满意度为导向，重视客户关系。良好的客户关系不仅可以为交易提供方便，节约交易成本，还可以为企业深入了解客户的需求和交流双方信息提供许多机会。

### 1.2.1 客户关系的定义

"关系"在《现代汉语词典》中的解释如下：①事物之间相互作用、相互影响的状态；②人与人或人与事物之间的某种性质的联系；③关联或牵涉。由此可见，客户关系是指企业与客户之间的相互作用、相互影响、相互联系的状态。电子商务企业为达到其经营目标，主动与客户建立某种关系，这种关系可能是买卖关系，也可能是供应关系，或是合作伙伴关系，甚至是战略联盟关系。随着互联网技术和电子商务的蓬勃发展，电子商务客户关系呈现出多样性、差异性、持续性、竞争性的特征。电子商务客户关系可以从客户关系长度、客户关系深度、客户关系广度3个方面进行理解。

**1. 客户关系长度**

客户关系长度就是电子商务企业维持与客户关系的时间长短。客户关系长度通常用客户生命周期来表示，分为考察期、形成期、稳定期、退化期。客户生命周期主要针对现有客户而言。企业可通过培养忠诚客户、挽留有价值客户、减少客户流失、去除不具有潜在价值的关系等来延长客户生命周期平均长度，发展与客户的长期关系，将老客户永远留住。

**2. 客户关系深度**

客户关系深度就是电子商务企业与客户双方关系的质量。客户关系深度的衡量指标通常有重复购买收入、交叉销售收入、增量销售收入、客户口碑与推荐等。企业可以以优质的产品和服务换取客户的好评和推荐,加强客户对品牌的认知,引导客户购买企业的其他产品或者拓展与企业的合作范围等。

#### 3. 客户关系广度

客户关系广度即电子商务企业拥有的客户关系的数量,既包括获取新客户的数量,又包括留住老客户的数量,还包括重新获得已流失的客户的数量。拥有相当数量的客户是电子商务企业生存与发展的基础。因此,企业需要不断挖掘潜在客户,赢取新客户,尽量减少客户的流失。此外,企业要努力留住老客户,因为开发一个新客户的成本是维系一个老客户成本的5倍,所以,留住老客户可以节约成本。

### 1.2.2 客户关系的基本类型

认识客户关系应该从客户和企业两个独立的利益角度出发。对于客户而言,他们希望企业真正了解自己的需求,提供高质量的产品或服务,同时尊重个人隐私,为其提供更多的利益,不要因为他们不是最具价值的客户而另眼相看,也希望企业成为值得信赖的朋友,在需要的时候能提供帮助等。

对于企业而言,传统的企业客户关系只有一个主题,即无论采取什么销售措施(维系老客户或开发新客户),都只是为了获取收入和利润。最初的动机根本不是为了改善客户关系,而单纯是为了向客户销售更多的产品或服务,这样的客户关系可以被形象地描绘为"寻找一个钱袋满的客户,然后诱惑他尽可能多地从钱袋里掏出钱来"。企业要想在具体的经营管理实践中建立合适的、新型的客户关系,就必须转换思路,根据产品特性和客户定位做出抉择。市场营销学大师菲利普·科特勒把企业与客户之间的关系分为基本型客户关系、被动型客户关系、负责型客户关系、能动型客户关系、伙伴型客户关系5种类型,如表1-1所示。

表1-1 企业与客户关系类型

| 类　　型 | 特　征　描　述 |
| --- | --- |
| 基本型客户关系 | 销售人员把产品销售出去后就不再与客户接触 |
| 被动型客户关系 | 销售人员把产品销售出去,提醒客户在遇到问题或有意见时联系企业 |
| 负责型客户关系 | 产品销售完成后,销售人员及时联系客户,询问产品是否符合客户需求、有何缺陷或不足、有何意见或建议,以帮助企业不断改进产品,使之更加符合客户需求 |
| 能动型客户关系 | 销售完成后,销售人员不断联系客户,询问改进产品的建议或提供有关新产品的信息 |
| 伙伴型客户关系 | 企业帮助客户解决问题,支持客户的成功,实现共同发展 |

#### 1. 基本型客户关系

基本型客户关系是指销售人员把产品卖出去之后,就不再与客户有更多的接触。在基本型客户关系下,客户是非常不稳定的,任何风吹草动都可能使客户随时转向别的供应商。

## 2. 被动型客户关系

被动型客户关系是指客户不会主动表达购买意愿，而是在销售人员的鼓励下购买产品，并且都是销售人员主动联系客户，提醒客户遇到售后问题及时向企业反映。被动型客户有问题不主动提出来，有需求也不主动说出来。在被动型客户关系下，客户可能对企业持中立态度甚至否定态度，之所以没有更换供应商，是因为其他约束条件，而非满意所致的忠诚。例如，生产日用化妆品的妙丽化妆品有限公司与客户之间常会建立一种被动型的客户关系，公司通过设立的客户服务中心来获取信息，将客户的意见和客户投诉等信息进行统计分析，作为改进产品的依据。

## 3. 负责型客户关系

负责型客户关系是指产品销售完成后，销售人员及时联系客户，询问产品是否符合客户的需求、有何缺陷或不足、有何意见或建议，以帮助企业不断改进产品，使之更加符合客户的需求。与此同时，客户会主动提出产品的优点和缺点，对产品的优点给予肯定，对产品的缺点给出改进建议。企业对于这类客户一定要说到做到，不能失去诚信，如果无法兑现承诺，客户则不会再相信企业。

## 4. 能动型客户关系

能动型客户关系是指销售人员经常主动打电话与客户沟通，向客户询问改进产品的建议或者提供有关新产品的信息，以促进新产品的销售，客户会与销售人员保持经常性的互动，并将其推荐给其他客户，也会主动提出意见和建议，让企业的产品做得更加完善。

## 5. 伙伴型客户关系

伙伴型客户关系是指企业与客户持续合作，创造资源共享的机会，使客户能更有效地使用其资金，或帮助客户更好地使用产品，并按照客户的要求设计新的产品，实现共同发展。伙伴型客户关系实际上属于客户与企业相互成就，把对方的事情当成自己的事情，通过自己的努力去成就对方的成功。例如，生产日用化妆品的企业同大型超市或零售企业及连锁的美容机构之间常常建立一种伙伴型客户关系，实现产销企业之间的互惠互利。

### 1.2.3 影响客户关系的主要因素

菲利普·科特勒认为，影响企业与客户关系的主要因素包括两个方面：客户的数量和产品的边际利润水平，如图1-3所示。

#### 1. 客户的数量

客户的数量直接决定客户关系类型，当产品处于开发客户阶段时，客户数量少，产品在销售完成之后，企业尤其重视客户反馈，会不断联系客户，询问产品是否符合客户需求、有何缺陷或者不足、有何意见或建议，以帮助企业不断改进产品，使其更符合客户的需求，此时的客户关系属于负责型客户关系。但随着产品逐渐成熟、客户数量逐渐增多，采用以往的售后服务，成本会不断增加，企业会逐渐转为被动，只是在客户遇到问题或有意见时，鼓励其联系企业，解决问题，此时的客户关系转化为被动型客户关系。当产品相当成熟、客户群体数量已有相当大的规模时，销售人员把产品销售出去后就不再与客户接触，此时的客户关系变为基本型客户关系。

图 1-3　客户关系类型的影响因素

#### 2. 产品的边际利润水平

产品的边际利润水平是指企业每增加一单位产品的销售所带来的额外利润与销售收入的比例关系。边际利润反映增加产品的销售量能为企业增加的收益。边际利润水平低，意味着企业的收益少，企业倾向于缩减客户服务所占用的资源，以保持企业的整体运营健康状况，此时的客户关系相对比较简单。反之，边际利润水平高，企业为单位客户服务所获得的盈利不断增长，于是企业会倾向于更多地投入资源到客户服务中去。随着产品边际利润不断增加，企业不断帮助客户解决问题，支持客户的成功，实现共同发展，企业和客户之间形成能动型甚至伙伴型客户关系。

选择客户关系类型时有以下几个建议：如果企业的客户数量少，产品或服务的边际利润水平相当高，那么应当选择伙伴型客户关系，力争实现客户成功的同时自己也获得丰厚的回报；如果产品或服务的边际利润水平很低，客户的数量极其庞大，那么企业应选择基本型客户关系，否则，它可能因为售后服务的较高成本而出现亏损；其余类型可由企业自行选择或组合。一般来说，企业对客户关系进行管理或改进的趋势应当是朝着为每个客户提供满意的服务，并提高产品的边际利润水平的方向转变。

【知识拓展】

#### 强生公司致力于打造"受欢迎"的客户关系

美国强生公司是世界上最大的、综合性的医药保健公司，也是世界上产品最多元化的公司之一。强生公司成立于1886年，迄今为止已在世界57个国家设有200多家子公司，全球共有员工11万多名，产品畅销全球170多个国家。强生公司为世界500强企业。长期以来，强生公司在各个领域获得了一系列殊荣。自1986年起，强生公司被《职业母亲》杂志连年评为职业母亲的最佳公司。

> 强生公司致力打造"受欢迎"的客户关系，在网上开设具有特色的、别人难以模仿的新颖服务项目，并且这种服务对于消费者和企业是可持续、可交流的，能够增进双方亲和力与品牌感召力的项目。
>
> 强生选择其婴儿护理品为公司网站的形象产品，选择"您的宝宝"为站点主题，将年轻网民的"宝宝成长日记"变为站点内容的一部分，沿着这本日记展开所有的营销流程。公司网站的确是一个"受欢迎"和充满"育儿文化"气息的地方。在这里，强生就像一位呵前护后、絮絮叨叨的老保姆，不时提醒年轻父母关注宝宝的睡眠、饮食、哭闹、体温……年轻父母会突然发现身边这个老保姆和育儿宝典的重要性。此外，网站还为年轻父母提供了心理指导，这对于某些婴儿的父母来说具有特别重要的意义。
>
> 【点评】强生以"有所为，有所不为"为建站原则，以企业"受欢迎的文化"为设计宗旨，明确主线，找准切入点后便"咬定青山不放松"，将主题做深做透，从而取得了极大的成功。

## 1.3 电子商务客户关系管理认知

现代企业管理理念、市场营销理念的发展和变革是客户关系管理的理论基础，技术的更新升级是客户关系管理成功实施的手段和方法。在互联网技术和电子商务业务蓬勃发展的驱动下，客户关系管理有了新的发展。

### 1.3.1 客户关系管理的产生

最早发展客户关系管理的国家是美国，美国在 1980 年年初便出现了"接触管理"（Contact Management），即专门收集客户与公司联系的所有信息；到 1990 年，这一概念进一步演变成包括电话服务中心和支持资料分析的客户关怀（Customer Care）；1999 年，Gartner Group 公司提出了客户关系管理（Customer Relationship Management，CRM）的概念。从 20 世纪 90 年代末期开始，CRM 市场一直处于爆炸性增长的状态。

客户关系管理的产生是企业为提高核心竞争力，利用相应的信息技术及互联网技术协调企业与客户之间在销售、营销和服务上的交互，从而提升其管理方式，向客户提供创新式的、个性化的客户交互和服务的必然结果。其最终目标是吸引新客户、保留老客户及将已有客户转为忠诚客户，提高市场占有率。客户关系管理产生的原因主要有以下 3 个。

**1. 需求的推动**

在激烈的市场竞争环境下，企业都在努力打造自己的核心竞争力，以取得竞争优势。随着经济发展、技术进步、产品不断推陈出新，企业在产品价格、质量方面的差异越来越小，仅靠产品的价格和质量已经难以留住客户。为客户提供有价值的"服务"成为新的竞争力，客户关系管理成为企业核心竞争力的重要内容。

一方面，从企业内部协作角度来看，销售、市场、商品、物流等管理部门面对的客户越来越多样化，客户的需求也越来越复杂，企业难以及时获取客户信息。各部门在日常经营活动中与客户交互产生的信息也相对独立，客户信息分散在企业内部，各部门之间无法形成协同效应，导致经营管理效率低下。这就导致企业需要对客户信息进行收集、整理、分析，逐步形成一个以客户为中心的机构，实现对客户的全面管理。

另一方面，从客户需求角度来看，客户的需求逐步个性化，客户对产品或服务越来越注重"私人定制"。客户需求的多变性与复杂性需要企业建立完善的服务机制，随时保持与客户的信息交流，随时提供个性化的产品或服务，从而推动客户关系管理的发展。

### 2. 技术的推动

技术的飞速发展使企业围绕客户展开各种信息加工、信息应用成为可能，使客户关系管理的营销模式在技术解决方案方面得到了充实和发展。企业能够有效地分析客户数据，积累并共享客户信息，根据不同的客户偏好和特性提供相应的服务，从而提高客户价值。同时，技术也可以辅助企业识别不同的客户关系，针对不同的客户采用不同的策略。

技术的突飞猛进为客户关系管理的实现和功能的扩张提供了前所未有的手段，如数据挖掘、数据库、商业智能、知识发现、云计算、大数据等技术的发展，使收集、整理、加工和利用客户信息的质量大大提高。

### 3. 管理理念的更新

企业管理理念大致经历了以下5个发展阶段。

第一阶段是"产值中心论"。市场状况是产品供不应求的卖方市场，这一阶段企业管理理念就是产值管理。

第二阶段是"销售额中心论"。当生产能力上升时，市场供给就会大量上升。为了提高销售额，企业在外部强化推销观念，在内部则通过严格的质量控制来提高产品质量。

第三阶段是"利润中心论"。激烈的竞争使得产品成本逐步上升，促销活动使得企业的费用上升，这两者的上升都使企业利润在不断下降。为此，企业管理的重点由销售额转向利润的绝对值，管理从以市场为中心转向了以利润为中心的成本管理。

第四阶段是"客户中心论"。在"利润中心论"阶段，一方面，企业过分强调利润，往往忽略了客户需求，导致客户的流失与业绩的下降；另一方面，当无法或很难从削减成本中获得利润时，企业就将目光转向客户，企图通过提高客户的需求价格来维护利润，企业管理由此进入了以客户为中心的管理。

第五阶段是"客户满意中心论"。只有客户购买了企业的产品或服务，才能使企业的利润得以实现，客户是企业利润的来源。管理好客户就等于管理好了企业的"钱袋子"，客户是企业生存和发展的基础，一个企业不管有多好的品牌、多好的技术、多好的机制，如果没有客户，那么一切都是零。客户对企业的产品和服务满意与否，成为企业发展的决定性因素，客户满意就是企业效益的源泉。

## 1.3.2 客户关系管理的定义

关于电子商务客户关系管理的定义,不同的学者和研究机构从不同的角度对其有不同的描述,比较有代表性的说法有以下几种。

### 1. 客户关系管理的战略说

美国 Gartner Group 公司最早将客户关系管理定义为:客户关系管理是一种旨在增加盈利和收入、提高客户满意度的企业级商业战略。Gartner Group 公司强调客户关系管理是一种商业战略而不是一套系统,它涉及的范围是整个企业而不是一个部门,它的战略目标是增加盈利和收入、提高客户满意度。简单地说,客户关系管理就是为企业提供全方位的管理视角,赋予企业更完善的客户交流能力,使客户的收益率最大化。

### 2. 客户关系管理的策略说

卡尔松营销集团(Carson Marketing Group)对客户关系管理的定义如下:通过培养企业的每名员工、经销商和客户对该企业更积极的偏爱或偏好,留住他们并以此提升企业业绩的一种营销策略。客户关系管理的目的是形成忠诚的客户,从客户价值和企业利润两方面实现客户关系价值的最大化。

客户关系管理的策略说认为,客户关系管理是企业的一种营销策略,它按照客户细分情况有效地组织企业资源,培养以客户为中心的经营行为,实施以客户为中心的业务流程,并以此为手段来提高企业的获利能力、收入及客户满意度。可见,客户关系管理通过客户细分实现了一对一营销,因此,企业需要根据客户细分来有效组织和调配资源。以客户为中心不是口号,而是企业的经营行为和业务流程都要围绕客户,通过这样的客户关系管理手段来提高利润和客户满意度。

### 3. 客户关系管理的行动说

IBM 公司认为客户关系管理包括企业识别、挑选、获取、保持和发展客户的整个商业过程。客户关系管理的行动说认为,客户关系管理是企业通过富有意义的交流沟通,理解并影响客户行为,最终实现客户获得、客户保留、客户忠诚和客户创利的目标。在这个定义中,充分强调了企业与客户的互动沟通,而且这种沟通是富有意义的,能够基于此来了解客户并在了解客户的基础上影响、引导客户的行动,通过这样的努力最终可以获取更多的新客户、留住老客户、提高客户的忠诚度,从而达到客户创造价值的目的。

客户关系管理是一种手段,它的根本目的是通过不断改善客户关系、互动方式、资源调配、业务流程和自动化程度等,降低运营成本,提高企业销售收入、客户满意度和员工生产力。企业以追求最大盈利为最终目的,客户关系管理是达到上述目的的手段。因此,客户关系管理应用是立足企业利益的,同时方便了客户,让客户满意。在企业管理中,客户关系管理被应用于各企业的销售组织和服务组织,为其带来长久增值和竞争力。

**4. 客户关系管理的理念说**

客户关系管理的理念说认为，客户关系管理是企业处理其经营业务及客户关系的一种态度、倾向和价值观，是一种管理理念，其核心思想是将客户视为最重要的企业资产，通过完善的客户服务和深入的客户分析，发现并满足客户的个性化需求，不断增加企业带给客户的价值，提高客户的满意度和忠诚度，以此建立和巩固企业与客户的长期稳定关系，使企业获得可持续发展的动力。

**5. 客户关系管理的技术说**

SAS 公司是全球著名的统计软件提供商，该公司认为，客户关系管理是一个过程，通过这个过程，企业最大化地掌握并利用客户信息，以提高客户的忠诚度，实现客户的终身挽留。该定义强调对客户信息的有效掌握和利用，以及技术（如数据库、决策支持工具等）在收集和分析客户数据中的作用。

SAP 公司则认为，客户关系管理是对客户数据的管理，记录企业在整个营销与销售过程中和客户发生的各种交互行为，以及各类相关活动的状态，并提供各种数据库的统计模型，为后期的分析与决策提供支持。

客户关系管理的技术说认为，客户关系管理是一套管理软件和技术，目的是通过分析客户兴趣爱好为客户提供更好的服务。客户关系管理系统由网络化销售管理系统、客户服务管理系统、企业决策信息系统 3 部分组成。客户关系管理被视为对客户数据的管理，客户数据是企业最重要的数据中心，记录了企业在整个市场营销过程中与客户发生的各种交互行为及相关活动的状态。

**6. 客户关系管理的方案说**

客户关系管理的方案说认为，客户关系管理是信息技术、软硬件系统集成的管理方法和解决方案的总和。作为一种专门的管理方法，客户关系管理是一套基于当代最新技术的企业问题解决方案，将市场营销的科学管理理念通过信息技术集成在软件上，将互联网、电子商务、多媒体、数据库与数据挖掘、智能系统、呼叫中心等技术因素与营销等管理要素结合，为企业的销售、客户服务及营销决策提供一个系统的、集成的、智能化的解决方案。

上述所列的客户关系管理的定义均有不同的侧重点，但也存在一定的共性。不难看出，客户关系管理既是帮助企业管理客户关系的方法和手段，又是实现销售、营销、客户服务流程自动化的软件及硬件系统。无论怎么定义，"以客户为中心"都是客户关系管理的核心，通过满足客户个性化的需求，提高客户的忠诚度，降低销售成本，增加收入，拓展市场，全面提升企业的盈利能力和竞争能力。

### 1.3.3 客户关系管理的内容

电子商务在互联网技术的推动下正急速改变传统的商业模式。随着内容电子商务化潮流的到来，抖音、小红书等跨流量平台通过社交电子商务、短视频模式的创新，有效满足了客户多样化的需求。"内容+社交平台"与电子商务的合作趋向于通过大数据进行精准的匹配，带来人、货、场效能倍增效应。然而，这也使电子商务企业之间的竞争日益激烈。在此背景下，如何做好客户关系管理？以下是做好客户关系管理的 5 个基本点。

1. 建立客户关系

客户关系管理的第一步是加强对客户的认识、选择、开发，将目标客户和潜在客户转化为现实客户。

2. 维护客户关系

客户关系的维护是企业通过努力来巩固及进一步发展与客户长期、稳定关系的动态过程和策略。企业需要掌握客户信息，对客户分级，与客户进行互动和沟通，对客户进行满意度分析，并想办法提高客户的忠诚度。

3. 挽救客户关系

在客户关系的建立、维护阶段，客户关系随时都可能破裂。在客户关系破裂的情况下，应采用积极的措施恢复客户关系，挽回已流失的客户。

4. 创建、应用客户关系管理软件系统

电子商务客户关系管理必须以信息技术为支撑，充分利用呼叫中心、数据仓库、数据挖掘、商务智能、因特网、电子商务、移动设备、无线设备等现代化技术和工具来辅助客户关系管理，不断改进和优化与客户相关的全部业务流程，实现电子化、自动化运营。

5. 协同、整合客户关系管理与其他信息化技术手段

基于客户关系管理理念，实现销售、营销，以及客户服务与支持的业务流程重组，实现客户关系管理与其他信息化技术手段，如企业资源计划（Enterprise Resource Planning，ERP）、办公自动化（Office Automation，OA）、供应链管理（Supply Chain Management，SCM）、知识管理系统（Knowledge Management System，KMS）的协同与整合。

### 1.3.4 客户关系管理的理论

电子商务客户关系管理的发展离不开现代企业管理理念、市场营销理念的发展和变革。有关电子商务客户关系管理的理论基础，比较有代表性的说法有以下几种。

1. 关系营销理论

关系营销是把营销活动看成企业与消费者、供应商、分销商、竞争者、政府机构及其他公众发生互动作用的过程，其核心是建立和发展与这些公众的良好关系。产品和服务的质量及良好的客户满意度和口碑等，都是增加客户价值、吸引新客户、增进老客户关系的重要手段。关系营销梯度推进的过程实际上就是一个不断增加客户价值的过程。如何最大限度地创造和增加客户价值？贝瑞和帕拉苏拉曼归纳了创造客户价值的 3 个关系营销层次：一级关系营销、二级关系营销和三级关系营销。

1）一级关系营销

一级关系营销在客户市场中经常被称为频繁市场营销或频率市场营销。这是最低层次的关系营销，它维持客户关系的主要手段是利用价格刺激增加目标客户的财务利益。例如，汇丰银行、花旗银行等通过它们的信用证设备与航空公司开发了"里程项目"计划，当积累的飞行里程达到一定标准之后，共同奖励那些经常乘坐飞机的客户。

2）二级关系营销

二级关系营销既增加目标客户的财务利益，又增加他们的社会利益。在这种情况下，营销在建立关系方面优于价格刺激，企业销售人员可以通过了解单个客户的需要和愿望，使服务个性化，以增加企业与客户的社会联系。例如，中国电信成立了"信之缘"大客户俱乐部，并以此为平台，加强与大客户的沟通，增进主客之间的友谊，实现与大客户的"零距离"沟通，以更好地为大客户服务。

3）三级关系营销

三级关系营销通过增加结构纽带，同时附加财务利益和社会利益来深化客户关系。这种关系的建立不仅依靠企业销售人员的态度和技巧，更依赖企业自身的核心竞争力。结构性联系要求企业为大客户提供具有如下特征的服务：服务对大客户具有较高价值，但大客户不能通过其他途径获得这种服务。

【思政小课堂】

"一带一路"是"丝绸之路经济带"和"21世纪海上丝绸之路"的简称。2013年9月和10月，中国国家主席习近平分别提出建设"丝绸之路经济带"和"21世纪海上丝绸之路"的合作倡议。"一带一路"倡议贯穿亚欧非大陆，一头是活跃的东亚经济圈，另一头是发达的欧洲经济圈，中间广大腹地国家经济发展潜力巨大。截至2021年1月30日，中国与171个国家和国际组织签署了205份共建"一带一路"合作文件。"一带一路"为我国大、中、小型企业与共建国家企业扩大了营销关系网，增加了合作与交流的机会。世界银行的一份报告预计，到2030年，共建"一带一路"将使全球贸易增长1.7%～6.2%，760万人有望摆脱极端贫困。

2. 客户生命周期理论

客户生命周期是指从企业与客户建立业务关系到完全终止关系的全过程，是客户关系水平随时间变化的发展轨迹，它动态地描述了客户关系在不同阶段的总体特征。如图1-4所示，客户生命周期可分为考察期、形成期、稳定期和退化期4个阶段。考察期是客户关系的孕育期；形成期是客户关系的快速发展阶段；稳定期是客户关系的成熟阶段和理想阶段；退化期是客户关系水平发生逆转的阶段。

1）考察期

客户关系的考察期是企业与客户关系的探索和试验阶段。在这一阶段，双方考察和测试目标的相容性，考虑如果建立长期关系，双方潜在的职责、权利和义务。企业的投入是对所有客户进行调研，以便确定可开发的目标客户。此时，企业有客户关系投入成本，但客户尚未对企业做出大的贡献。

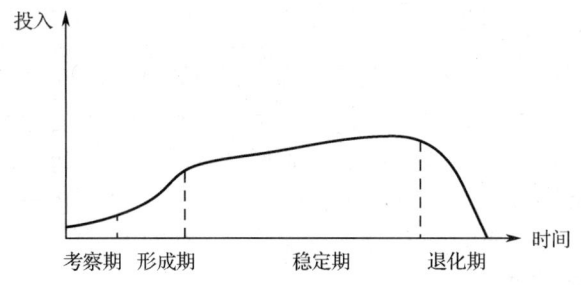

图 1-4　客户生命周期

2）形成期

客户关系的形成期是指企业与客户关系的快速发展阶段。在这一阶段，双方从关系中获得的回报日趋增多，交互依赖的范围和深度也日益增加，逐渐认识到对方有能力提供令自己满意的价值（或利益）和履行其在关系中担负的职责，因此，愿意承诺一种长期关系。此时，客户已经开始为企业做贡献，企业从客户交易中获得的收入已经大于投入，开始盈利。

3）稳定期

客户关系的稳定期是企业与客户关系发展的成熟阶段。在这一阶段，双方或含蓄或明确地对持续的长期关系做出了保证。这一阶段有如下明显特征：双方对对方提供的价值高度满意；为了能维持长期稳定的关系，双方都进行了大量有形和无形的投入；大量的交易使企业与客户交易量处于较高的盈利时期。

4）退化期

客户关系的退化期是企业与客户关系发展过程中关系水平逆转的阶段。关系的退化并不总是发生在稳定期以后，实际上，任何阶段关系都可能退化。退化期的主要特征是交易量下降，一方或双方正在考虑结束关系等。此时，企业有两种选择：一种是加大对客户的投入，重新恢复与客户的关系，进行客户关系的二次开发；另一种是不再做过多的投入，渐渐放弃这些客户。当客户不再与企业发生业务关系时，这意味着客户生命周期的完全终止。

【知识拓展】

### ×电信客户生命周期不同阶段的营销策略

×电信通过建立客户关系管理系统，在对客户各方面的信息进行详尽、客观、动态、全程的掌握与分析之后，能准确地区分客户关系所处的生命周期阶段，从而采取相应的营销策略。

一、客户关系考察期的营销策略

×电信通过市场调查，感知客户需求的动机，然后帮助客户分析问题，提供解决方案。满意是购买后客户感知价值评估过程的开始，也是客户与×电信之间关系的开始。针对这一时期客户的潜在期望，×电信可以实施相应的营销策略，如通过数量折扣、功能折扣等方式进行促销，目的是让客户主动第二次直至重复使用×电信的服务。

### 二、客户关系形成期的营销策略

在这一阶段，×电信与客户关系距离缩短，但客户需求和价值倾向还没有明晰，客户群体稳定性较差，客户的波动性较大，关系发展仍有可能背离同向趋势。

因此，客户关系形成期的营销策略主要体现在满足客户的基本需求的同时推出更好的"商品"——服务，提高服务价值，做好售前、售中、售后服务，树立×电信的品牌形象，并为客户提供更好的个性化服务。

### 三、客户关系稳定期的营销策略

客户对×电信非常了解和熟悉，而×电信的产品和服务也是客户生活中不可或缺的一部分，因而，客户对×电信有一种潜在的归属感，希望成为×电信的一部分。要满足客户的这种心理，应采取客户组织化策略，将客户视为企业的一部分，让他们参与到×电信的活动中来，让客户有成就感、参与感，使客户和×电信真正成为"一家人"，使客户的潜在期望得以满足。总之，客户关系稳定期是客户需求稳定、客户关系最牢靠、客户利润获取最大，即×电信最大化客户终身价值的有利时期。

### 四、客户关系退化期的营销策略

在这一阶段，客户关系进入退化期，此时应针对退化原因采取不同的策略，或恢复，或完善，或应对，或放弃，以此来充分挖掘客户潜力，实现企业收益最大化，并尽可能地降低不满意客户给×电信带来的不良影响。

【点评】×电信在客户生命周期的各个阶段坚持以客户的需求为中心，不仅满足客户的现实需求，而且了解客户的潜在需求，针对客户的需求，制定差异化的服务标准；针对客户关系所处的不同阶段，采取相应的营销策略。

### 3. 客户让渡价值理论

客户让渡价值是菲利普·科特勒在《营销管理》一书中提出来的，他认为，"客户让渡价值"是指客户总价值（Total Customer Value）与客户总成本（Total Customer Cost）之间的差额。

1）客户总价值

客户总价值是指客户购买某一产品或服务所期望获得的一组利益，包括产品价值、服务价值、人员价值和形象价值。

（1）产品价值。产品价值是由产品的质量、功能、规格、式样等因素所产生的价值。产品价值是客户需求的核心内容之一，产品价值的高低也是客户选择产品或服务所考虑的首要因素。

（2）服务价值。服务价值是指伴随着产品实体的交付，企业向客户提供的各种附加服务所产生的价值。常见的附加服务包括产品介绍、送货、安装、调试、维修、技术培训、产品保证等。

（3）人员价值。人员价值是指企业员工的经营思想、知识水平、业务能力、工作效率与质量、经营作风、应变能力等所产生的价值。只有企业所有部门和员工协调一致，成功设计和实施卓越的具有竞争性的价值让渡系统，营销部门才会变得卓有成效。

（4）形象价值。形象价值是指企业及其产品在社会公众中形成的总体形象所产生的价值。形象价值是企业各种内在要素质量的反映。任何一个内在要素的质量不佳都会使企业的整体形象遭受损害，进而影响社会公众对企业的评价，因而塑造企业形象价值是一项综合性的系统工程，涉及的内容非常广泛。

2）客户总成本

客户总成本是指客户为购买某一产品或服务所耗费的时间、精神、体力及所支付的货币等。因此，客户总成本包括货币成本、时间成本、精力成本。

（1）货币成本。货币成本是指客户购买和使用产品或服务所支出的所有货币。客户购买产品或服务时首先考虑货币成本，因此，货币成本是构成客户总成本的主要因素和关键因素。

（2）时间成本。时间成本是客户为获得期望的产品或服务而必须耗费的时间所换算成的代价。时间成本是客户满意和价值的减函数，在客户总价值和其他成本一定的情况下，时间成本越低，客户购买的总成本越小，从而"客户让渡价值"越大；反之，"客户让渡价值"越小。

（3）精力成本。精力成本是指客户购买产品或服务时在体力、精神方面的耗费与支出。在购买过程中，客户为了了解产品或服务信息、比较产品或服务的价格及功效会付出相应的精力。

由于客户在购买产品或服务时总是希望把有关成本（包括货币、时间、精力等）降到最低，同时又希望从中获得更多的实际利益，以使自己的需求得到最大限度的满足，因此，客户在选购产品或服务时往往从价值与成本两个方面进行比较分析，从中选择出价值最高、成本最低，即"客户让渡价值"最大的产品作为优先选购的对象。

企业为在竞争中战胜对手，吸引更多的潜在客户，必须向客户提供比竞争对手具有更多"客户让渡价值"的产品，这样，才能使自己的产品被消费者注意，进而购买本企业的产品。为此，企业可从两个方面改进自己的工作：一是通过改进产品、服务、人员与形象，提高产品的总价值；二是通过降低生产与销售成本，减少客户购买产品的时间、精神与体力的耗费，从而降低货币与非货币成本。

## 1.4　电子商务客户关系管理岗位

互联网技术蓬勃发展，以信息化为主要特征的电子商务时代已经来临，各行各业的竞争日渐激烈，电子商务企业越来越意识到客户关系管理的重要性。客户关系管理的最终目标是吸引新客户、保留老客户，以及将已有客户转化为忠诚客户，增加市场份额。作为一名优秀的电子商务客户关系管理人员，必须清楚自身的岗位职责和职业素养，才能真正做到服务于客户，不断提升客户关系管理水平。

### 1.4.1　电子商务客户关系管理人员的岗位职责

针对不同行业的不同需求，客户关系管理人员的岗位职责会有一定的差异。通过调研国内常见招聘网站对客户关系管理人员岗位职责的描述，可以看出客户关系管理人员的主要工作职责包括以下几个方面。

1. 客户组织管理职责

客户组织管理主要是针对客户关系管理组织内部的管理，具体工作包括客户关系组织结构的设计，客户服务人员考勤、培训及业绩考核，客户服务现场指导，客户服务进度控制，客户关系管理系统的设计与建设。

2. 客户信息库建设管理职责

客户信息库建设管理主要是围绕客户信息库创建与完善而展开的，具体工作包括客户信息收集、客户调查问卷设计、客户资料建档、客户信息保管与利用、客户数据库建设。

3. 客户信用调查与控制职责

客户信用调查与控制是客户关系管理人员的重要职责之一，具体工作包括客户信用调查、客户信用评估、客户资信等级划分、客户资信动态控制、客户信用实施。

4. 客户关系日常维护职责

客户关系日常维护是指客户关系管理人员通过一定的途径与客户之间建立并保持良好的关系，具体工作包括客户的开发、客户拜访区域划分、客户访问管理、客户接待管理、客户用餐招待及会议服务、客户提案处理、客户满意度测评。

5. 核心客户管理职责

核心客户是指与企业关系最为密切、对企业价值贡献最大的那部分客户群体。电子商务企业往往会设置专门机构来管理核心客户，具体工作包括核心客户的评审与资格认定、大客户回访与回馈、大客户满意度调查、核心客户关系维护。

6. 客户服务质量管理职责

客户服务质量是电子商务企业理解客户需求、制定企业策略，并通过客户服务在客户心目中形成的一种感受。客户服务质量的"好"与"坏"与客户的满意度息息相关。客户服务质量管理职责主要包括服务质量文件编制、服务质量文件的日常管理、服务质量标准的建立、服务质量的检查、服务质量的评估、服务承诺的管理。

7. 售后服务管理职责

售后服务管理是电子商务企业客户关系管理中至关重要的环节。一些电子商务企业往往忽视了售后服务管理，给企业带来了不可逆的损失。售后服务管理职责主要包括售后服务商务政策的制定、售后服务专项计划的起草、售后服务业务培训、客户意见反馈及客户投诉处理。

8. 客户财务管理职责

客户财务管理主要围绕与客户的交易资金展开，对企业而言至关重要。客户财务管理职责主要包括客户交款管理、客户销售返利管理、延期付款审核管理、逾期货款管理、客户销户管理、应收货款管理等。

## 1.4.2 电子商务客户关系管理人员的职业素养

接下来,从心理素质、品格素质、技能素质和综合素质4个方面探讨一个优秀的客户关系管理人员应具备的职业素养。

### 1. 心理素质

优秀的电子商务客户关系管理人员要有"处变不惊"的应变力,能够对一些突发事件进行有效的处理;拥有承受挫折的能力,能够坦然面对挫折,并始终保持乐观向上的态度;拥有情绪的自我掌控及调节能力,积极调节情绪,以饱满的热情服务客户。

### 2. 品格素质

耐心和宽容是面对无理客户的法宝。客户关系管理人员需要有耐心,包容和理解客户;同时要做到不轻易承诺,承诺了就要做到;勇于承担责任;拥有博爱之心,真诚对待每个人;谦虚谨慎,认真细致完成客户关系管理工作。

### 3. 技能素质

良好的语言表达能力是实现客户沟通的必要技能和技巧;丰富的行业知识及经验是解决客户问题的必备武器;熟练的专业技能是客户关系管理人员的必修课;敏锐的客户心理活动洞察力是做好客户关系管理工作的关键所在;良好的人际关系沟通能力是客户关系管理人员的重要技能。

### 4. 综合素质

"客户至上"的服务理念要始终贯穿于客户关系管理工作过程中,要时刻为客户着想,做到忠诚、互利和共存。优秀的客户服务人员不仅要做好客户服务工作,还要善于思考,能够提出合理化建议,有分析和解决问题的能力。

【思政小课堂】

中国有句俗语"不学礼,无以立"。礼的本质在于对人和事物的恭敬;做到内守诚敬,外顺人情。在现代商务客户关系管理中,注重"礼"不仅要注重商务礼仪规范,做到"体面",还应从客户的角度出发,为他们考虑;"人无信不立",信任与承诺是人际关系中的关键要素,在中国文化中常常体现为一种默契;因此,现代客户关系管理追求的是企业与客户的双赢,实现互惠互利。

【知识拓展】

#### 海底捞的软实力打造——贴心服务

海底捞以经营川味火锅为主,目前在全国拥有超过千家的直营店、7个大型现代化物流配送基地、1个底料生产基地,现拥有员工14万多人,多次获得"年度餐饮百强企业"。海底捞虽然是一家火锅店,但它的核心业务不是餐饮,而是服务。是什么造就了海底捞如此大的魅力?是服务过程中带来的感动。

每家海底捞门店都有专门的泊车服务生，他们主动代客泊车，停放妥当后将钥匙交还给顾客。等到顾客结账时，泊车服务生还会主动询问是否需要帮忙提车，如果顾客需要，那么泊车服务生会立即提车到店门前，顾客只需要在店前等待即可。按照一些顾客的话说，泊车小弟完全不以车型来决定笑容的真诚。

如果没有事先预订，那么在海底捞你很可能会面临漫长的排队等待，不过过程也许不像你想象得那么糟糕。晚饭时间，北京任何一家海底捞的等候区都可以看到如下景象：大屏幕上不断打出最新的座位信息；几十位排号的顾客吃着水果、喝着饮料；很多顾客享受着店内提供的免费上网、擦皮鞋和美甲服务；如果是一群朋友在等待，服务员还会拿出扑克和跳棋供顾客打发时间，减轻等待的焦躁。

大堂里，女服务员会为长发的女士扎起头发，并提供小发夹夹住前面的刘海，防止头发垂到食物中；戴眼镜的朋友可以得到擦镜布；放在桌上的手机会被小塑料袋装好；每隔 15 分钟，就会有服务员主动更换顾客的热毛巾；如果顾客带了小孩，服务员还会帮顾客喂孩子吃饭，陪顾客的孩子在儿童天地做游戏；服务员还会帮老人找座位，扶老人上厕所等。

入座后，服务员笑容可掬地发放毛巾后，微笑着帮顾客点菜，还不时地给顾客提供建议；如果点太多，服务员会提醒顾客少点，别浪费。抻面是很多海底捞老顾客必点的食物，有的顾客不是为了吃，就是为了看。

【点评】海底捞的企业价值观是"用双手改变命运、用成功证明价值、靠奋斗走向卓越"。服务理念是顾客至上、三心服务（贴心、温心、舒心）。这不是海底捞的口号，而是海底捞在软实力打造过程中的总结，贴心服务是海底捞制胜的法宝。

## 课后反思与练习

### 一、多选题

1. 依据电子商务客户的来源，客户可以分为（　　　）。
   A．终端客户　　　　　　　　　B．B2B 客户
   C．渠道客户　　　　　　　　　D．内部客户

2. 依据电子商务客户的状态，客户可以分为（　　　）。
   A．潜在客户　　　　　　　　　B．目标客户
   C．现实客户　　　　　　　　　D．流失客户和非客户

3. 科特勒认为，影响企业客户关系的主要因素包括两个方面：（　　　）。
   A．客户的数量　　　　　　　　B．客户的需求
   C．客户的分布　　　　　　　　D．产品的边际利润水平

4. 电子商务客户关系管理的内容包括（　　　）。
   A．建立客户关系　　　　　　　B．维护客户关系
   C．挽救客户关系　　　　　　　D．创建、应用 CRM 软件系统

5. 客户生命周期包括（　　　）。
   A．考察期　　　B．形成期　　　C．稳定期　　　D．退化期

## 二、简答题

1. 简述贝瑞和帕拉苏拉曼创造客户价值的3个关系营销层次。
2. 结合具体事例分析如何打造客户关系管理岗位人员的软实力。

## 三、案例分析题

### 唯品会的客户关系管理

唯品会是一家专门做特卖的网站，主营业务为在线销售品牌折扣商品，涵盖名品服饰、鞋包、美妆、母婴、居家等各大品类。目前，唯品会已经成为中国电子商务领域的佼佼者。唯品会在中国开创了"名牌折扣+限时抢购+正品保障"的创新电子商务模式，并持续深化为"精选品牌+深度折扣+限时抢购"的正品特卖模式，被誉为"线上奥特莱斯"。

唯品会与国内外知名品牌代理商及厂家合作，为中国消费者提供低价优质、广受欢迎的品牌正品。专业买手把脉潮流热点，帮助消费者轻松打造女神范和有型男形象。商品囊括时装、配饰、鞋、美容化妆品、箱包、家纺、皮具、香水、3C、母婴等。每天早上10点和晚上8点准时上线多个正品品牌特卖，以最低至1折的折扣实行限时抢购。各种大额优惠满减券限量放送，会员折上折。

唯品会注重打造品牌的产品和服务价值，让客户感知超越客户预期。商品均从品牌方、代理商及其分支机构、中国办事处等正规渠道采购，并与之签订战略正品采购协议。为了保证用户沟通的高效与顺畅，唯品会建立了CSC呼叫管理系统，用户可以在每天9点至24点通过400客户服务专线进行相关业务咨询及信息反馈，一对一人工服务，为客户提供最直接、便捷的咨询服务。唯品会抓住了闪购特卖的模式，以低于原价的折扣价格向网站会员出售，同时承诺：如果商品不合适、有损坏，皆可7天无理由退换，以此来降低客户货币成本和精力成本。

注重奖励客户的忠诚。例如，购物送唯品币：不同等级的会员购物送唯品币的倍数不一样；唯品币超值兑：会员可凭电子券码到合作商家消费或享受服务；生日惊喜：生日当天赠送专属生日礼券；会员专享价：不同等级的会员在特定专场享受等级专属的折扣优惠，等级越高，享受的优惠力度越大；专享派对：钻石及皇冠会员将收到旅游、时尚派对、参观唯品会基地等高级会员活动的邀请函。

结合上述案例资料，思考下列问题：

（1）结合客户让渡价值理论，分析唯品会是如何构建良好的客户关系的。

（2）唯品会在客户关系管理方面采用哪些措施来提升客户对平台的满意度和忠诚度？

# 第 2 章
# 电子商务客户识别、选择与开发

> 学习目标 →

- 了解电子商务客户识别法则、客户细分。
- 掌握电子商务客户选择的必要性、标准、原则。
- 熟悉电子商务客户开发的 3 种方法。

【思政案例】

拼多多的客户开发:"拼团购"+"助农"

近几年,以拼多多为代表的"拼团购"风靡大江南北,中国人特别是年轻群体的消费习惯已经发生变化。人民日报新媒体中心发布的《中国青年发展报告》显示,从消费行为数据上看,拼多多式"拼团购"已经成为中国大部分青年的首选方式。"他们更希望通过精打细算购买到高性价比的商品。"报告指出,"较受当下青年喜欢的拼多多购物平台,就是通过拼团购的方式,满足了青年的这种购买意愿。"

报告提供的数据显示,拼多多平台用户中 16～35 岁青年用户数约占总平台用户数的 83%。一方面,年轻人喜欢用拼多多,说明大家的消费观念越来越理性了;另一方面,年轻人用拼多多可能还有一个"社会化"的益处——助农。

例如,拼多多上有一个种树免费领水果的小游戏——"多多果园",很多年轻人玩得不亦乐乎。2023 年 5 月拼多多公布的数据显示,2023 年一季度多多果园流量大涨，日活用户数较年初增加 1100 多万人。新增流量的 90%以上都是来自一、二线城市的 35 岁以下用户。

水果有了销路，果农无疑是最高兴的。央视网新闻就曾称赞，云南的菠萝熟了，一天卖空半个山头，农民扯着嗓子喊"感谢这群 90 后"。以前因为滞销，菠萝只有烂在地里，现在全都被拼多多收购了，农民得到了实实在在的利益。

拼多多通过"拼团购"低价策略吸引了大量的客户理性消费，同时，也拉动了农产品销售。客户的识别、选择与开发是电子商务企业客户关系管理的第一步，本章将具体讲解电子商务客户识别策略、电子商务客户选择思路和电子商务客户开发方法等相关内容。

## 2.1 电子商务客户识别

电子商务客户识别是建立客户关系的起点，也是客户关系管理的基础。与实体经济消费相比，互联网时代尤其是移动互联网时代的购买行为表现出更强的随意性特征。客户的购买行为在时间、空间上受到的限制较少，客户随时随地都可以进行网络消费，足不出户就可以在很大范围内比较和选择产品。换言之，电子商务企业较线下实体企业而言，客户人数众多，客户在年龄、性别、职业、文化水平、经济条件、个性特征、地理区域、生活方式等方面都存在差异，客户购买行为、偏好及选择产品的方式等各有侧重、各不相同。因此，电子商务企业的首要工作就是识别客户。

### 2.1.1 识别潜在客户

潜在客户是指存在于消费者群体中，可能需要产品或者接受服务的人，也可以理解为经营性组织结构的产品或服务的可能购买者。潜在客户是企业潜在的客户资源，但只有满足一定的条件，如"用得着"或"买得起"的客户才能称得上是潜在客户。现代电子商务企业通常使用 MAN 法则来识别潜在客户。

**1. MAN 法则的内容**

MAN 法则认为客户是由金钱（Money）、权力（Authority）和需求（Need）3 个要素构成的。

1）金钱

M 代表金钱，指的是该潜在客户是否有购买资金，即是否有钱，是否具有消费此产品或服务的经济能力，也就是有没有购买能力或筹措资金的能力。例如，虽然客户家里有台式机、笔记本电脑、平板电脑或者智能手机，但其基于经济或需求原因不愿意开通 100Mbps 光纤业务，这类客户也不能被视为潜在客户。

2）权力

A 代表潜在客户是否有购买决策权，即你所极力说服的对象是否有权做出购买决策。在销售过程中，能否准确地了解真正的购买决策人是销售的关键。例如，很多营销人员最后未能与客户成交的原因就是找错了客户对象，即找的是没有购买决策权的人。

3)需求

N 代表需求,是指存在于人们内心的对某种目标的渴求或欲望,它由内在的或外在的、精神的或物质的刺激所引发。客户需求具有层次性、复杂性、无限性、多样性和动态性等特点,它能够反复影响每次的购买决策,而且客户需求具有接收信息和重组客户需求结构的能力,从而能够修正并影响下一次的购买决策。

只有同时具备这三要素才是合格的客户。现代推销学中把对某特定对象是否具备上述三要素的研究称为客户资格鉴定。客户资格鉴定的目的在于发现真正的推销对象,避免浪费推销时间,提高推销工作效率。

### 2. MAN 法则的应用

电子商务企业无论是面对 C 端的零售客户,还是 B 端的企业客户,在运用 MAN 法则识别潜在客户时,应根据具体情况采取不同的对策。

如表 2-1 所示,MAN 法则的三要素的排列组合有以下几种情形。

(1) M+A+N,标准的潜在客户,是企业理想的销售对象。

(2) M+A+n,此时需要进行客户跟踪,一旦客户有需求,销售就要跟上;需要说明的是,需求是可以创造的。现代推销工作的实质是探求和创造需求。随着科技发展和新产品的大量问世,客户中存在大量尚未被认识的需求。

(3) M+a+N,与客户深入沟通,设法找到具有决策权的人。找到最后的"拍板人",销售才能达成。

(4) m+A+N,与客户深入沟通,调查客户企业状况,可采取赊购或者根据信用条件给予其融资等手段,建立客户关系。

(5) m+a+N,进行客户跟踪,长期观察、培养,直至其具备条件。

(6) M+a+n,进行客户跟踪,长期观察、培养,直至其具备条件。

(7) m+a+n,非客户,可对其采取放弃策略。

表 2-1 MAN 法则的运用

| 购买能力 | 购买决策权 | 购买需求 |
| --- | --- | --- |
| M(有) | A(有) | N(有) |
| m(无) | a(无) | n(无) |

例如,企业销售的产品是汽车,现在手上有 5 个客户的资料。其中有一个客户才 15 岁,还有一个已经 73 岁,显然他们不是潜在客户。其他 3 个客户都有驾驶证,其中一个 25 岁,月收入 6000 元,但他刚刚买了一处房产,每个月的月供是 4000 元。虽然这个客户也许很想买一辆新车,但买不起,对这类客户,可以先建立客户联系,适时推送优惠信息。另外两个客户,有一个客户 40 岁,经济条件符合,可是他刚买了一辆新车,暂时不需要购买。最后一个客户 55 岁,年收入可观,无负债,每 3 年就换一辆新车,目前这辆车已经用了两年半,很显然,他就是最理想的客户。

可见,潜在客户有时欠缺了某一条件,如购买能力、购买需求或购买决策权,企业仍然可以考虑对其开发,只要应用适当的开发策略,积极主动出击,便能使其成为企业的新客户。消极等待客户自己去认识需求和产生购买需求,不是现代客户关系管理人员所应有的态度。客户关系管理人员应勇于开拓,善于开拓,透过现象看本质,去发掘客户的潜在需求。

## 2.1.2 识别客户需求

利用 MAN 法则来识别潜在客户,其中,客户需求是必不可少的条件之一,但如何来识别客户需求呢?客户需求是客户有能力购买并愿意购买某种产品或服务的内在需求,是客户购买企业产品或服务的内驱力。它具有目的性、可诱导性、多样性、差异性、层次性、发展性及周期性等特点。因此,电子商务客户关系管理人员在识别客户需求时,需要持续跟进客户,深入了解客户需求识别的内容,掌握客户需求识别的方法。

**1. 客户需求识别的内容**

客户需求识别是全方位的,包括需求类别识别、需求目的识别、需求层次识别、需求状态识别和需求属性识别。

1)需求类别识别

客户需求从类别上可以分为产品需求和服务需求。客户对产品的需求有很多,且基本是与最终产品的"有用性"及"有效性"相联系的。在很多情况下,企业可以客观和具体地描述出客户对产品的需求,如产品功能、材质、质量等。与产品需求相比,服务需求更具有情景适应性,如送货时效、安装服务、售后服务等。因此,电子商务企业对服务需求应当尽量细化,充分体现"以客户为中心"的服务理念。

2)需求目的识别

按客户购买目的的不同,客户需求可分为生产需求和生活需求。生产需求是为满足生产活动的需要而产生的需求,如企业对机器设备、原材料等的需求;生活需求是为满足个人或家庭生活的各种需要而产生的需求,如人们对衣食住行等物质产品的需求等。电子商务企业依照经营范围不同,有的面向生活需求,有的面向生产需求,有的二者兼有。

3)需求层次识别

按照马斯洛需求层次理论,需求可分为生理需求、安全需求、归属和爱的需求、尊重需求、自我实现需求。高级需求出现之前必须先满足或者部分满足低级需求,且需求层次越低,潜力越大。电子商务企业需要识别客户的需求层次,将自己的产品和服务销售给对应需求层次的客户,这样才能达到事半功倍的效果。

4)需求状态识别

按需求状态划分,客户需求可分为现实需求和潜在需求。现实需求是客户目前具有明确消费意识和足够支付能力的需求。潜在需求是客户虽然有明确的欲望,但由于购买力不足或对产品(服务)不熟悉等原因还没有明确显示出来的需求,如人们对新能源汽车的需求等,一旦条件成熟,这种需求就有可能转化为现实需求。

5)需求属性识别

按客户需求属性划分,客户需求可分为功能需求、体验需求、审美需求、社会需求等。

（1）功能需求。如果一个产品可以帮助客户实现其愿望，那么这个产品就具有了功能需求。功能需求与产品的性能直接相关，例如，客户购买一台洗衣机或扫地机器人，因为这些家用电器可以有效减轻人的家务负担。

（2）体验需求。体验需求是客户在拥有、使用或消费一个产品时所体验到的心理感受。体验需求会驱动客户对产品的购买，因此，企业在设计产品时，可以通过体验需求来增强产品的功能需求。例如，美妆企业会免费提供皮肤检测服务或在现场为客户化妆，同时为其发放免费的小包装样品。体验需求会驱使客户做出消费决策。

（3）审美需求。在消费需求中，人们对消费对象审美的需要、追求，同样是一种持久性、普遍存在的心理需求。对于消费者来说，其所购买的商品既要有实用性，也应有审美价值。

（4）社会需求。商品的社会象征是人们赋予商品一定的社会意义，使得购买、拥有某种商品的消费者得到某种心理上的满足。例如，有的人想通过某种消费活动表明其社会地位和身份；有的人则想通过所拥有的商品提高其在社会上的知名度等。

值得注意的是，客户的需求会随着市场营销环境及客户行为等因素的变化而变化。特别是在瞬息万变的电子商务环境中，企业需要动态预测客户的需求变化，分析客户行为和流行趋势，以随时调整策略。

**2. 客户需求识别的方法**

在客户需求识别的过程中，企业外部因素会影响客户的需求，内部因素则会影响企业的识别能力，因此，客户需求识别必须考虑这两个方面的因素。同时，在客户需求的不同阶段，其影响因素也不同，因此，识别方法也不同。常见的客户需求识别方法有体验中心法、深度访谈法、竞争对手研究法和数据挖掘法。

1）体验中心法

体验中心法通过设立体验中心，全方位展示品牌价值，让真实体验来说明产品的功能或性能，并获取客户反馈，是识别客户需求的有效方法。例如，华为手机在全国各地开设授权体验店，客户可以进行产品互动体验，并由体验顾问展示华为产品在不同场景的应用，通过后台获取客户操作记录等信息，这是一种新颖且有效的识别客户需求的方法。

2）深度访谈法

深度访谈法是专业访谈人员和受访者之间针对某一主题进行的一对一谈话。深度访谈法可用于采集受访者对企业产品或服务的看法，如用于了解客户如何做出购买决策、产品或服务如何被使用、客户需求个人倾向等。与普通的谈话相比，深度访谈是有计划、有目的、有意识地收集资料的过程。深度访谈的效果很大程度上取决于访谈人员的能力和对访谈活动的设计。一个完整的深度访谈方案应该包含准备阶段、访谈阶段、总结阶段。

（1）准备阶段。在准备阶段，深度访谈必须明确研究内容、参与人员、研究方法、用户招募（受访者配比、招募途径、酬劳）、时间规划。其中比较重要的部分就是筛选用户，需要确定用户的性别、年龄、婚姻状况、职业、居住条件等，然后从大量有意愿参与的用户中选出符合条件的人。用户的筛选条件确定之后，通过人脉推荐、问卷筛选、外包招募 3 种渠道来招募用户，如表 2-2 所示。

表 2-2  招募用户渠道

| 渠　道 | 人 脉 推 荐 | 问 卷 筛 选 | 外 包 招 募 |
| --- | --- | --- | --- |
| 方法 | 拜托朋友或同事推荐符合条件的用户 | 发出调研问卷，根据问卷结果筛选符合条件的用户 | 委托专门的外包进行招募 |
| 优点 | 更加灵活 | 可根据要求细致筛选 | 省时省力 |
| 缺点 | 用户不一定完全符合筛选条件 | 实施成本高，需要预先进行问卷设计与后续筛选 | 成本高 |

（2）访谈阶段。在访谈阶段，需要通过开场白来构建信赖关系，可以进行简单的寒暄和自我介绍。通过活跃气氛，让用户更加放松，紧接着就可以向用户明确此次访谈的目的。访谈一般由 5 个部分的问题构成，分别是基本信息、过往经历、产品感受、体验流程、竞品体验，最后根据用户的访谈内容深究细节。在访谈过程中需要合理安排时间，熟记提纲，进行脱稿提问，尽量与用户有眼神接触以示真诚，接受沉默，给用户细致思考的时间。

（3）总结阶段。在总结阶段，利用两个用户访谈的间隙快速整理调研笔记，重点关注用户提出的问题及相应的负反馈，以问题纬度归类，将不同用户遇到的相同问题进行合并，基于访谈表格及用户提出的问题，给出优化方案，并持续跟进。

3）竞争对手研究法

竞争对手研究法是基于差异化方式进行客户需求识别。竞争迫使企业不断寻找新的、更有效的方法来使企业得到长久的发展。通过研究竞争对手的产品或服务，企业可以了解客户的基本需求，推动客户需求的识别。电子商务企业竞争对手分析的主要内容如下：

（1）确定企业的竞争对手。企业的竞争对手是谁？广义而言，企业可将制造或销售相同产品或同级产品的企业都视为竞争对手。

（2）确定竞争对手的目标。竞争对手在市场里找寻什么？竞争对手行为的驱动力是什么？电子商务企业必须考虑竞争对手在利润目标以外的目标，以及竞争对手的目标组合，并注意竞争对手用于不同产品或市场细分区域的目标。

（3）确定竞争对手的战略。战略群体即在某一行业里采取相同或类似战略的一群企业。企业战略与其他企业的战略越相似，企业之间的竞争越激烈。确定竞争对手所属的战略群体将影响企业某些重要认识和决策。

（4）确定竞争对手的优势和劣势。要想了解竞争对手的实力，需要收集竞争对手几年内的资料，一般而言，企业可以通过二手资料、个人经历、传闻来弄清楚竞争对手的强弱，也可以进行客户价值分析来了解这方面的信息。

（5）确定竞争对手的反应模式。了解竞争对手的目标、战略、强弱，都是为了解释其可能的竞争行动，以及其对公司的产品营销、市场定位及兼并收购等战略的反应，也就是确定竞争对手的反应模式。

（6）确定企业的竞争战略。根据对竞争对手的分析，企业可以更精准地定位，明确客户需求，为企业后续客户挖掘、营销推广、战略制定打下坚实的基础。

4）数据挖掘法

企业利用数据挖掘法可以找出大量数据背后隐藏的规则和模式，从而预测未来趋势。基于人工智能、机器学习、统计等技术的数据挖掘，企业可以高度自动化地分析客户需求信息，从中挖掘客户需求模式，预测客户需求趋势，帮助企业决策者调整市场策略，降低经营风险。

> 【思政小课堂】
>
> 2022年6月14日，在"中国这十年"系列主题新闻发布会上，工业和信息化部负责人介绍，我国已建成全球规模最大、技术领先、保障有力的网络基础设施，5G实现全球引领。当5G技术与大数据、人工智能、虚拟现实等技术融合发展后，将擦出绚烂的火花，对车联网、物联网、工业互联网等生产生活带来智能化变革，最终实现智联万物，融创未来，构建万物互联的智能世界。5G作为当今通信技术的前沿，中国已掌握主动，这是底气实力的最佳展现，对于加快构建新发展格局具有重要的战略意义。

### 2.1.3 客户细分

客户细分通过分析客户的不同属性、行为、需求、偏好及价值等，寻求客户之间的个性与共性特征，对客户进行划分与归类，从而形成不同的客户集合。客户细分是客户识别的重要环节。客户细分的本质就是观察总体客户群，选取各式各样的维度和指标进行客户划分。

**1. 客户细分的必要性**

市场是一个多层次、多元化消费需求的综合体，任何企业都无法满足所有的需求。通过市场细分可以帮助企业识别最能盈利的细分市场，找到最有价值的客户，引导企业把主要资源放在这些能产生最大投资回报的客户身上，从而更好地满足这类客户的需求。

客户细分做得越深，越容易贴近目标客户的需求，但同时客户数量也就越少。传统行业受到地域空间广、传播周期长、产销周期长等因素的限制，很难深化客户细分。电子商务的蓬勃发展有效地弥补了传统行业在地域、传播和产销周期上的不足，电子商务企业即使定位在一个非常小的细分市场，也能接触足够多的客户，产生充足的收益。例如，活跃在各大电子商务平台的女装店铺有数万家，想在这个竞争激烈的市场脱颖而出，需要与众不同的客户细分定位。表2-3列举了2022年排名比较靠前的天猫女装店铺细分市场定位，可以看出，每个店铺的细分维度都不一样，但都能清晰定位并且在其中的细分市场精耕细作，取得了不错的成果。

表2-3 2022年排名比较靠前的天猫女装店铺细分市场定位

| 女装品牌 | 茵曼 | ONLY | 太平鸟 | 韩都衣舍 | 优衣库 | 大码女装 |
| --- | --- | --- | --- | --- | --- | --- |
| 客户细分 | 棉麻风格 | 精致优雅 | 白领通勤 | 韩风时尚 | 平价休闲 | 大码女装 |
| 细分维度 | 服装材质 | 品位 | 职业 | 服装风格 | 价格 | 体型 |

## 2. 客户细分的步骤

客户细分包括4个步骤，遵循这4个步骤，电子商务企业可以明确自身定位，识别自己的目标市场，合理分配资源，提升自己的竞争优势。

1）客户特征细分

一般客户的需求主要是由其社会和经济背景决定的，因此，对客户的特征细分，也是对其社会和经济背景所关联的要素进行细分。这些要素包括地理（如地区、联系地址、气候特征等）、社会（如年龄范围、性别、经济收入、工作行业、职位、受教育程度、宗教信仰、家庭成员数量等）、心理（如个性、生活形态等）和消费行为（如消费渠道、消费时段、购买动机类型、订单数、客单价等）等。

2）客户价值区间细分

不同客户给企业带来的价值不同，有些客户可以持续为企业创造价值，而有些则不能。因此，在经过基本特征的细分之后，企业需要对客户进行从高价值到低价值的区间分隔（如大客户、重要客户、普通客户、小客户等），以便根据 20%的客户为企业带来 80%的利润的原则重点锁定高价值客户。客户价值区间的变量包括客户响应力、客户销售收入、客户利润贡献、忠诚度、推荐成交量等。

3）客户共同需求细分

围绕客户细分和客户价值区隔，选定最有价值的客户作为目标客户进行细分，提炼他们的共同需求，以共同需求为导向，精准定义企业的业务流程，为每个细分的客户市场提供差异化的营销组合。

4）评估细分结果

在对客户进行细分之后，会得到多个客户群体，但是，并不是得到的每个细分客户群体都是有效的。细分的结果应该通过下面几条规则进行验证：是否与业务目标相关；是否可理解且容易特征化；基数是否足够大，以便保证特别的宣传活动能顺利进行；是否容易开发独特的宣传活动等。

### 【知识拓展】

#### 客户细分——RFM 模型

1961 年，乔治·卡利南指出，最近一次消费时间间隔、消费频率、消费金额 3 项数据可以较为客观地描绘客户的轮廓。企业针对近期有消费记录的"新客"、消费频率高的"常客"、消费金额高的"贵客"进行精准营销和广告投放，确实收到了意料之外的惊喜。因此，这 3 项数据成为衡量客户价值和客户创利能力的重要工具，也是 RFM 模型的 3 个重要指标。

（1）R（Recency）：最近一次消费时间间隔，指用户最近一次消费距离现在的时间。

（2）F（Frequency）：消费频率，指用户一段时间内消费了多少次。

（3）M（Monetary）：消费金额，指用户一段时间内的总消费金额。

下面举例说明这 3 个指标是什么意思。

> 小钟有一家电子商务店铺,小王是这家店的用户,今天是12月31日。小王最近一次在店铺买东西是这个月12日,最近一次消费距离现在过去了19天,因此,小王的最近一次消费时间间隔(R)是19天。如果对"一段时间"的定义是12月,该月小王在店铺有两次消费记录,那么小王的消费频率(F)是2次/月。小王在两次消费过程中共消费1314元,则小王的消费金额(M)为1314元。
>   3个指标针对的业务不同,定义也会有所不同。但无论是什么业务,各指标都有如下特征。
>   (1)最近一次消费时间间隔(R):上一次消费时间离现在越近,再次消费的概率越大。即R值越小,用户的活跃度越大,用户的价值就越高。
>   (2)消费频率(F):消费频率越高,说明用户对品牌产生了一定的信任。即F值越大,用户的忠诚度越高,用户的价值就越高。
>   (3)消费金额(M):消费金额越高,说明用户对产品的购买力越大。即M值越大,用户的购买力越大,用户的价值就越高。

## 2.2 电子商务客户选择

客户是企业经营的基础和价值创造的源泉,但并不是所有的购买者都是企业的有效客户,也不是所有的客户都能给企业带来收益,只有优质的客户资源才是企业取得竞争优势的法宝,因此,正确选择客户是成功开发客户的前提。

### 2.2.1 电子商务客户选择的必要性

**1. 企业有效客户的数量和类别是有限的**

不同客户需求的差异性、企业自身资源的有限性及竞争对手的客观存在,使每个企业能够有效服务的客户类别和数量是有限的。如图2-1所示,市场中只有一部分客户能成为企业产品或服务的实际购买者,称为目标客户;其余则是非目标客户。在具体的业务实践中,有客户统计分析显示,客户群当中有1/3是企业必须说服,也一定会说服的客户,而另外的1/3只是有购买意向的潜在客户,还有1/3是企业永远说服不了的客户。同一时间出现在同一地点的客户需求不尽相同,无差别的广撒网式传统营销服务不仅被动、效率低,还存在给客户带来消极影响的风险。电子商务企业应该通过渠道筛选机制,有效地过滤非目标客户,同时将企业资源重点投放在目标客户上。如果能准确地选择属于自己的客户,则电子商务企业可以大大降低客户开发成本,从而有效减少企业的费用支出。

如果电子商务企业的目标客户是年满18岁的上班族,在没有针对性选择客户群体、只追求更多流量的情况下,电子商务企业有限的精力和时间一半会损耗在意向性或者购买力低的流量上,导致转化率低、投入多、回报少。因此,从渠道筛选角度考虑的话,在线上广告落地页投放的时候,就应该设计相应的机制自动筛选掉18岁以下的客户;从客户筛选角度考虑的话,应该为18岁以下的客户打上标签,这样可以用较少的企业资源服务这部分流量。

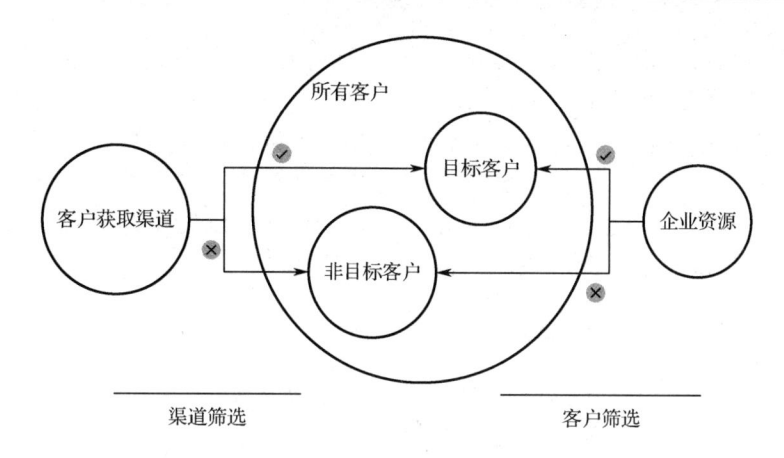

图 2-1 筛选目标客户

### 2. 不同客户为企业创造的价值是有差别的

"20%的客户带来 80%的利润",客户存在差异性,并不是每个客户都能为企业创造价值。一般来说,优质客户创造高价值,普通客户创造低价值,劣质客户创造负价值。有的客户甚至是"麻烦的制造者",他们或者刁难员工,或者骚扰其他客户,或者提出不合理的要求,尽管企业付出很多努力,但都不能令他们满意。每个客户能给企业创造的价值是不同的,客户是有大小的,贡献是有差异的,企业需要根据客户创造的不同价值分配不同的资源。客户数量不再是衡量企业获利能力的最佳指标,客户质量才是决定企业盈利的关键,因此,企业应当放弃"任何客户对企业都有价值"的观念,注重选择有价值的客户。正确选择客户能增加企业盈利,企业需要针对不同客户采取不同的服务策略。

### 3. 正确选择客户是客户关系管理的基础

企业如果选错了客户,则开发客户的难度会比较大,开发成本也会比较高,开发成功后维持客户关系的难度也就比较大。企业如果经过认真选择,精准定位目标客户,那么开发客户、实现客户忠诚的可能性就很大。只有选准了目标客户,开发客户和维护客户的成本才会降低。例如,一些小企业忽视了对自身的分析与定位,没有采取更适合自身发展的战略,如市场补缺者战略等,而盲目采取进攻战略,与大企业争夺大客户,最终导致被动、尴尬甚至危险的局面——既失去了小客户,又没有能力为大客户提供相应服务,导致大客户不满,同样留不住大客户,结果是两手空空。

实践证明,客户忠诚度高的企业往往更关注对新客户的筛选,而不是一味追求客户数量的增长。它们非常清楚自己的目标客户是谁,在最初决定是否要开发一个客户时就有长远眼光,从双方长期合作的角度去考虑,而不是考虑一时一事的利益,然后有计划地吸引、保留客户,从而获得长远的发展。

### 4. 正确选择客户与企业精准定位相辅相成

不同类型的客户共存于同一家企业,可能会使企业定位模糊,从而导致客户对企业形象产生混乱或模糊不清的印象。例如,一个为专业人士或音乐发烧友生产高保真音响的企业,如果出击"大众音响"细分市场,会破坏它生产高档音响的企业形象。同样,如果五星级酒店在为高消费的客户提供高档服务的同时，也为低消费的客户提供廉价服务，就可能引发人们对酒店品质的质疑。

如果企业主动选择特定的客户群体，明确客户定位，就能够树立鲜明的企业形象。例如，林肯定位在高档汽车市场，雪佛兰定位在中档汽车市场，而斯巴鲁则定位在低档汽车市场。主动选择客户是企业定位的体现，是一种化被动为主动的思维方式，既彰显了企业的个性，也决定了企业的发展方向。

### 2.2.2 电子商务客户选择的标准

"优质客户"是电子商务企业竞相争夺的重要资源。那么，什么样的客户才能被称为优质客户呢？一般而言，优质客户是对企业贡献较大的客户，他们是能不断产生收入流的个人、家庭或公司，其为企业带来的长期收入应该超过企业长期吸引、销售和服务该客户所花费的可接受范围内的成本。优质客户要满足以下几个条件：

- 有强烈的购买欲望，购买力大，购买频率高，特别是对电子商务企业的高利润产品购买得多。
- 对价格敏感度低，能及时付款，有良好的信誉。
- 对新产品的接受度高，并且有强烈的意愿向他人推荐产品及服务。
- 对产品信任度高，能够在服务中容忍一些偶然失误。没有过多的额外服务，客户服务成本相对较低。
- 忠诚度高，对产品服务满意度高，经营风险小，有良好的发展前景。
- 能够提出建设性的意见，帮助企业提高技术创新和服务水平，并积极与企业建立长期伙伴关系。

例如，国货美妆品牌"完美日记"将目标客户定位为18～28岁的年轻女性，她们大多是刚刚进入大学或者职场的美妆领域新人，追求时尚，对新事物的接受度高，喜爱"种草"，乐于分享，属于和互联网一起成长的一代，也被称为Z世代。如图2-2所示，完美日记主要通过小红书、微信、B站、抖音等社区和"种草"类App进行社群营销，倡导年轻一代不被外界标签束缚，积极探索人生更多的可能性，迎合了Z世代的特点。因此，Z世代是完美日记的优质客户。

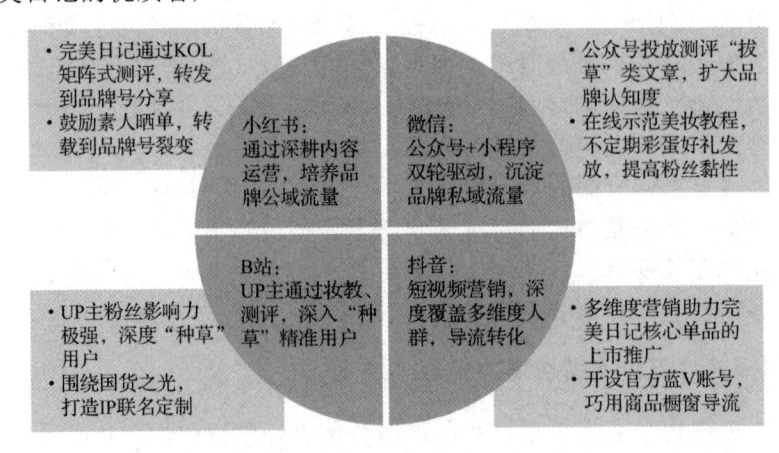

图2-2 完美日记多渠道获取"优质客户"

然而，在互联网时代，电子商务企业所面临的客户不可能都是"优质客户"，相对来说，存在一些客户只向电子商务企业购买了很少一部分或者没有购买产品或服务，但花费了电子商务企业高额的服务费用，使电子商务企业为其消耗的成本远远超过了他们给电子商务企业带来的利益；恶意诋毁或传播不实新闻，给电子商务企业带来了负效益；缺少信誉，为电子商务企业带来呆账、坏账及诉讼；让电子商务企业做不擅长或者做不了的事，分散了企业的注意力，使自身战略和计划相脱离。有学者将这部分客户称为"坏客户"。

值得注意的是，"坏客户"是相对而言的，只要具备了一定条件，"坏客户"也可以转化为"优质客户"。对于电子商务企业而言，需要用动态的眼光来评价客户的好坏，注意全面地掌握、了解与追踪客户的动态，如客户资金周转情况、资产负债情况、利润分配情况等，一旦客户经营状况改善，很有可能转化为优质客户。对于差评、投诉，电子商务企业应当及时了解客户的真实心理，不断改进服务，改变客户的看法，在消除负面影响的同时，也有可能使投诉者转化为优质客户。

> **【案例分析】**
>
> **银行优质客户的标准**
>
> 一般来说，银行会按照金融资产（如定期存款）、个人负债（如信用卡透支）、中间业务（如投资理财）、结算类（如异地汇款）、卡消费等项目综合评定客户贡献度，也就是说，优质客户是对银行的利润贡献度高的客户。
>
> 除此之外，个人征信记录也是银行判断客户是否与"优质"相匹配的重要因素，如客户之前是否有借贷行为、是否按时足额还款、是否有逾期记录、逾期数额及逾期时长等问题。例如，招商银行规定，在本行资产 50 万元及以上，如果有信用卡，消费能力和还款能力也不错，年消费 4 万～5 万元，没有逾期还款记录，肯定会被定位为优质客户；工商银行会按个人对银行的贡献对客户进行星级分档，分为七星级客户、六星级客户、五星级客户、四星级客户、三星级客户、准星级客户六大类。五星级（含）以上的客户被视为优质客户。
>
> **【点评】**对于优质客户，不同的企业、不同的行业、不同的企业阶段，会有不同的标准。不能否认的是，优质客户是企业竞相追逐的目标。他们为企业贡献 80%的利润。可以说没有优质客户，企业的生存和发展都是问题。

## 2.2.3 电子商务客户选择的原则

电子商务企业要在对客户多维度细分的基础上，对各细分客户群体的规模大小、需求潜力、盈利水平、市场占有率、稀缺程度等进行分析和预测，同时也要充分考虑自身的品牌定位、核心能力及竞争水平，选择一个或者几个细分客户群体作为自己的服务目标。企业选择目标客户要遵循以下 3 个原则。

**1. 客户特性分层次，构建多层次的客户画像**

伴随着数字化社会时代的到来，特别是随着信息化的快速发展，客户的消费习惯、行为特征变得越来越复杂，客户也随之分散在各流量平台上，这无疑给电子商务企业寻找客户带来新的挑战。电子商务企业需要构建多层次的客户画像，以筛选出与企业定位一致的客户，从而降低不必要的经营成本，精准服务目标客户。

客户画像就是将客户的信息标签化，通过挖掘与分析客户的相关数据，洞察客户行为、喜好，多维度刻画客户特征，帮助电子商务企业进行精准定位和精准营销。其核心在于对客户进行"标签化"管理。电子商务企业通过这种做法可以发现哪些潜在客户对营销活动响应度高；哪些客户接受新产品困难；哪些客户信用度低、风险高或存在欺诈可能。客户画像的五大维度如下。

1）自然属性标签

自然属性标签是指客户的基本信息，如姓名、性别、出生日期、学历、电话号码等。例如，通过客户出生日期可以分析出客户的年龄，进一步了解这个年龄段存在哪些共同的特征和偏好。

2）产品属性标签

产品属性标签主要刻画客户在电子商务企业已购买产品的特征、偏好、状态等，从而区分是高净值客户（忠诚度高）还是临界客户（具有成为客户的潜力）。

3）行业属性标签

行业属性标签是指通过行业属性可以分析出客户的大概收入水平，进一步判断客户是否为高潜客户。

4）行为属性标签

行为属性标签主要包括客户消费偏好、活动偏好、设计风格偏好和渠道偏好等，用来挖掘客户的兴趣爱好。

5）风险属性标签

风险属性标签主要衡量客户的信用状况及风险评级。

**2. 根据客户画像创建服务流程，精细化运营**

客户画像是通过不断地匹配客户属性与客户行为，提炼客户标签的过程。精细化运营就是基于客户画像认知客户，为客户提供个性化服务，促进产品核心转化，助力产品研发，进行差异化定价，提升业绩，实现精准营销。例如，针对客户群体、营销渠道、转化流程、使用场景、客户行为数据，把客户感兴趣的产品介绍给客户，展开针对性的运营活动和运营分析，增强客户留存、转换、裂变式发展，以实现运营目的。电子商务企业实现精细化运营，要做到流程精细化，并进行漏斗分析。

什么是漏斗分析？漏斗分析是一套流程式数据分析方法，它能够科学反映客户行为状态，以及从起点到终点各阶段客户转化情况。漏斗分析已经被广泛应用于流量监控、产品目标转化等日常数据运营与数据分析的工作中。例如，在一款产品服务平台中，客户购物路径通常包括激活App、注册账号、进入直播间、互动行为、购买礼物5个阶段。电子商务企业可以监控客户在各个阶段的转化情况，聚焦客户选购全流程中最有效的转化路径。常见的漏斗分析模型有以下4种。

1）AARRR模型

AARRR模型又称海盗模型，是客户运营过程中常用的一种模型。AARRR是

Acquisition、Activation、Retention、Revenue、Referral 这 5 个单词的缩写,翻译为中文就是实现用户增长的 5 个指标:获客、激活、留存、收益、传播。从获客到传播,整个 AARRR 模型形成了客户全生命周期的闭环模式。

2)AIDMA 模型

AIDMA 模型是消费者行为学领域很成熟的理论模型之一,由美国广告学家刘易斯在 1898 年提出。该模型认为,消费者从接触信息到最后达成购买,会经历如下 5 个阶段:Attention(引起注意)、Interest(产生兴趣)、Desire(唤起欲望)、Memory(留下记忆)、Action(购买行动)。这个模型可以很好地解释在实体经济中的购买行为。

3)AISAS 模型

AISAS 模型是电通公司基于 AIDMA 模型提出的一种用户决策分析模型,是消费者行为学领域很成熟的理论模型之一。该模型认为,互联网时代消费者决策主要经历的阶段包括 Attention(引起注意)、Interest(产生兴趣)、Search(搜索)、Action(购买行动)、Share(分享)。在 AISAS 模型当中,有两个"S",即搜索(Search)与分享(Share),这两个阶段是互联网对营销模式的一个突破,凸显了搜索和分享对客户决策的重要性,也标志着互联网对客户购买决策行为的改变。

4)电子商务漏斗模型

电子商务漏斗模型是根据典型的电子商务客户购买行为设计,将潜在客户逐步变为现实客户的过程。客户从搜索关键词进入平台,先后经历页面浏览、选择产品、加入购物车、购买成交等环节。电子商务平台开始推崇千人千面的展示,根据客户不同的搜索记录及以往的购买记录,平台会将最适合客户搜索关键词的产品放在第一位,提升产品转化率。

**3. 全方位的客户管理系统,将客户生命周期利润最大化**

随着互联网用户规模和增速逐步趋稳,流量红利消失,获客成本不断增加,整体电子商务市场正从"增量争夺"转入"存量竞争"。在这种背景下,对客户价值的深度挖掘和深度管理变得越来越重要。只有对客户进行全生命周期的管理,才能帮助电子商务企业实现价值最大化。首先企业要理解产品生命周期,因为客户是通过产品与企业发生关系的,而且在不同的产品生命周期阶段,客户的消费特点也不一样,管理的要求也不同。

1)产品生命周期

产品生命周期是指一款产品从进入市场到最终被淘汰,再到退出市场所经历的阶段。按照时间维度,可以将产品生命周期分为探索期、成长期、成熟期、衰退期 4 个阶段。

(1)探索期。产品刚刚研发出来,市场上没有该类产品,几乎没有知名度,消费者不认可、不接受。

(2)成长期。产品经过大量曝光及宣传后,消费者对产品有了较为深入的了解,经过部分前期使用者的介绍,普通消费者对产品的消费顾虑消除,产品市场需求大规模增加。

(3)成熟期。产品经过成长期的不断打磨,功能已经非常完备,这个阶段的产品升级进入瓶颈阶段,产品同质化严重。

（4）衰退期。此时的产品已不能满足客户日益拓展的需要，已经出现了新的全新替代品，存量客户大量流失，产品销量大幅下降。

2）客户生命周期

客户生命周期，简单来说就是客户从开始接触企业产品到最终不再使用本企业产品的整个过程。根据产品生命周期阶段，可以将客户生命周期分为考察期、形成期、稳定期、退化期。

（1）考察期，即获客阶段，是将市场中的潜在客户转化为实际客户的关键时期。企业通过各种市场活动吸引客户注意并促使其尝试购买。

（2）形成期和稳定期统称为高价值阶段。当客户开始使用产品后，企业需要想办法引导他们进一步使用产品的其他功能或升级产品，经过一段时间的沉淀后，最终让使用产品成为客户的习惯。对于任何企业而言，处于形成期和稳定期的客户都是其最核心的资产，因为这些阶段的客户不仅购买量大，而且购买频率高，能为企业提供稳定的资金流。

（3）退化期又称留存区，从这个时期开始，客户会因为有了新的选择而暂停购买或彻底停止购买。对于这个阶段的客户，更多的是存量的老客户，新进入客户极少。

3）不同阶段的运营重点

结合客户生命周期、不同生命周期阶段客户的行为表现，电子商务企业在不同阶段运营所关注的重点不同。

（1）考察期。该阶段运营的重点是拉新客并采取各种举措让已经加入的客户加强产品的使用，活跃消费数量与质量。

（2）形成期和稳定期。处在该阶段的客户消费活跃，是公司主要的利润来源，所以，企业在该阶段的主要运营重点是促进客户活跃、转化/付费、制造留存。

（3）退化期。该阶段对应的客户行为主要表现为减少购买种类和次数，直至完全停止购买。因此，企业运营的重点是安抚流失客户，并尝试通过新产品诱导其回流。

> 【思政小课堂】
>
> 客户生命周期的4个阶段的发展符合事物发展的客观规律。事物发展的规律是客观存在的，不以人的意志为转移。只有认识事物发展的客观规律，才能把握事物的发展方向。电子商务企业要想更了解客户，就要关注不同阶段的侧重点，优化营销、销售策略，帮助企业顺利度过每个转化漏斗，提升客户体验，最终以更小的成本将客户沉淀为忠诚客户。这就是了解客户生命周期的意义，也是推进企业持续发展的关键。

> 【知识拓展】
>
> **客户选择：小米的用户聚焦图**
>
> 小米在创立之初就定下了性价比的战略，用尽量低的价格来给用户提供尽量高的性能。那么，小米的用户群到底是什么样的一群人？这群人有哪些行为特征？他们的共性是什么？不同点又是什么？

如图 2-3 所示，小米用户男女比例现在趋于 7∶3，男性用户基数远远大于女性；男性中又以理工男占比最大，他们看待产品理性、客观。这就是小米的产品都格外注重性能、参数、配置、工艺等这些特性的原因。虽然女性用户占比很少，但是小米的女性产品销售情况也不错，一是因为这 30% 的女性用户质量很高，二是因为男性送礼消费需求。小米用户的年龄段集中在 16～30 岁，多为 90 后。90 后是这个社会的消费主力军，小米品牌和产品的影响力将会越来越强。

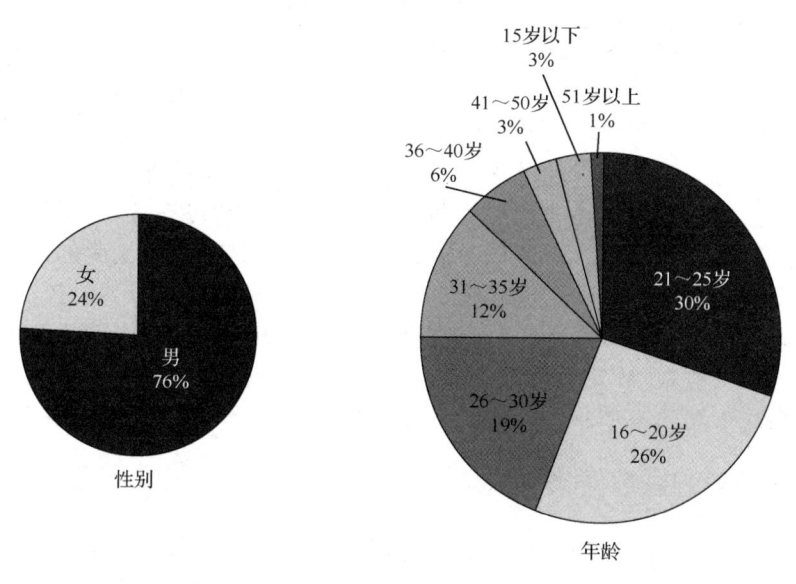

图 2-3　小米用户的性别、年龄分布

如图 2-4 所示，购买物品时小米用户首先考虑的是必需品，因为是工作、生活或者学习所必需的，占比为 46%。另一个大头是由于兴趣爱好而产生的下单，占比高达 40%，仅次于必需品。两者占比达 86%。

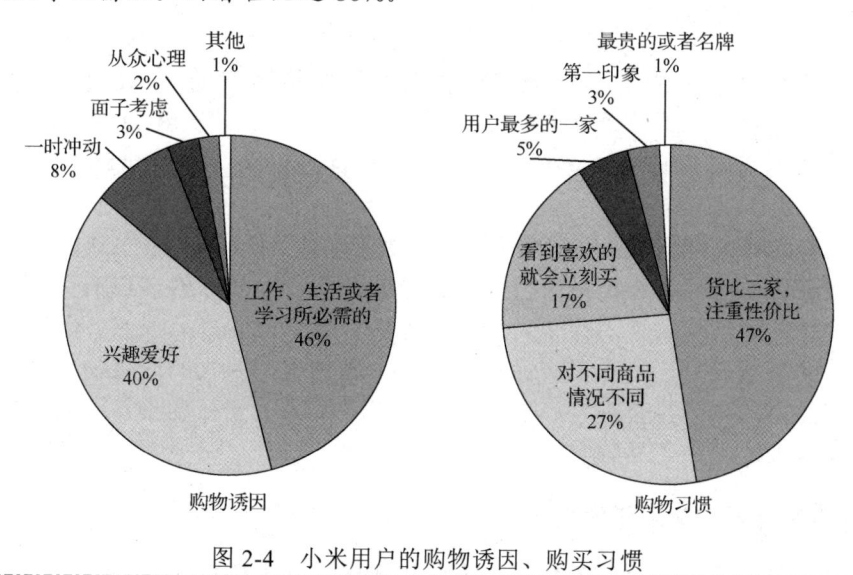

图 2-4　小米用户的购物诱因、购买习惯

因为年龄、从事职业及收入的原因，小米用户在购买物品的时候喜欢货比三家，看中物品的性价比，占比达到47%。所以，这就解释了为什么现在做测评、对比的网站、帖子、文章那么受欢迎，甚至出现了像"张大妈"这样的测评导购网站。

综合上面的特性分析，可以总结出"米粉"身上的共性特征：男性多、学生多、在乎性价比等。

## 2.3 电子商务客户开发

电子商务客户开发就是电子商务企业让目标客户产生购买欲望并付诸行动，促使他们成为电子商务企业现实客户的过程。对新企业来说，首要任务就是吸引和开发客户，对老企业来说，企业发展也需要源源不断地吸引和开发新客户。因为根据一般经验，每年的客户流失率为10%~30%，所以，老企业在努力培养客户忠诚度的同时，还要不断寻求机会开发新客户，尤其是优质客户的开发。这样，一方面可以弥补流失客户的缺口，另一方面可以壮大企业的客户队伍，提高企业综合竞争力，增强企业盈利能力，实现企业可持续发展。一般来说，客户开发策略分为营销导向的客户开发策略、推销导向的客户开发策略和线上与线下相结合的客户开发策略。

### 2.3.1 营销导向的客户开发策略

营销导向的客户开发策略是指企业通过适当的产品、适当的价格、适当的分销渠道和适当的促销手段，吸引目标客户和潜在客户产生购买欲望并付诸行动的一种策略。营销导向的客户开发策略的特点是"不求人"，是企业靠自身的产品、价格、分销和促销的特色来吸引客户。最终效果是客户满心欢喜地自愿被开发。所以，营销导向的客户开发策略是客户开发策略的最高境界，也是企业获客的理想途径。

**1. 有吸引力的产品或服务**

有吸引力的产品或服务是指电子商务企业提供给客户的产品或服务能满足客户需求，不仅包括产品或服务的功能效用、质量、外观、规格，还包括品牌、商标、包装及相关附加服务和保证等。客户只有认可了产品或服务，才会主动购买，成为企业的客户。

以某咖啡品牌为例，该品牌定位为"精品咖啡守护者"，着力吸引对品质咖啡有较高要求的消费群体。该品牌积极思考自身与客户的关系，不断探索客户消费需求和使用场景，邀请客户共同参与品牌的打造，为客户提供有吸引力的产品或服务。例如，品牌以IP形式设计"回收计划"——以产品包装兑换主题物资，回收的内容物也将再利用制成生活周边产品——邀请并鼓励客户参与，使客户不仅喝了一杯咖啡，还成为可持续发展的践行人，极大地提高了品牌黏性。

**2. 有吸引力的产品或服务价格**

客户购买产品或服务时一般都有一个期望价格，当市场价格高于期望价格时，就会有更多的客户放弃购买这个产品或减少购买量；当市场价格低于期望价格时，客户又可能产生怀疑而不购买,认为"便宜没好货"。可见,定价太高、太低都不行,因此,电子商务企业应该根据产品或服务的特点,以及市场状况和竞争状况,为自己的产品或服务确定一个对客户有吸引力的价格。电子商务企业常用的定价策略有以下 4 种。

1) 产品组合定价策略

电子商务企业一般采取 2 : 7 : 1 的产品组合定价策略。20%的产品要定低价,打造引流款、爆款的同时,在客户心中留下整个店铺性价比较高的印象。70%的产品参考行业整体市场的平均水平,依照低价+(高价-低价)×0.618 的公式设计出中等价位。这是电子商务领域用得比较多的定价方法。公式最早来源于统计学,其中的低价与高价是指同类型竞争产品的最低定价与最高定价。实践证明,在这个黄金分割点上的价格既可让卖家盈利也可让买家满意。10%的产品要定高价,用于提高店铺档次和形象。

2) 阶段定价策略

阶段定价策略是根据产品生命周期各阶段不同的市场特征而采用不同的定价目标和对策。探索期以打开市场为主,成长期以获取目标利润为主,成熟期以保持市场份额、利润总量最大为主,衰退期以回笼资金为主。例如,市场周期短、款式翻新快的产品,刚上市时可采用撇脂定价法,定高价以尽快收回成本,留下足够的降价空间,在出现竞争对手后再逐步降低价格;而对市场需求量大、价格敏感度高、通过多销获利的产品,可以采用渗透定价法,以一个较低的价格打入市场,以便短期内获得占有率。

3) 促销定价策略

促销定价策略一般用于特定时间点或特定商品,目的是在短期内快速提高销量。常用的方法有如下 4 种:团购定价法,只要预购人数超过一定数量,就给予较大力度的优惠价格;抢购定价法,设置具有时效性和数量限制的优惠商品,刺激规模消费;会员积分定价法,会员积分可兑换现金折扣,鼓励老客户消费;与产品未来利润增长挂钩的持续回报定价法,承诺在一定时期内,如果商品价格发生变化,卖家将返还差价,这种方法适用于价格波动比较大的产品。

4) 心理定价策略

心理定价策略是运用小技巧让客户感到心理满足,从而刺激消费的定价策略。常用的方法有如下 3 种:小数点定价法,把产品价格精确到小数点后一位,制造精准感;分割线定价法,将价格细分到最小的计量单位来报价,例如,市场上普遍售价为 200 元的商品如果定价为 198 元,会比较容易让客户感受到实惠,促成消费;高开低走定价法,先定一个较高的价格,再根据市场变化逐步调整定价。例如,相比于直接将产品定价为 398 元,运用"796 元打五折,优惠后 398 元"的定价策略效果更好。

**3. 有吸引力的销售渠道**

销售渠道,即企业生产或代理的产品从企业流向终端客户之间的所有环节和渠道。销售渠道对于企业的整个运营变现起到举足轻重的作用。电子商务企业需要选择合适的销售渠道,并巧妙地布局渠道结构,从而达到获客成本、获客效率、客户加购、回购的最优解。常见的电子商务销售渠道有以下 5 种。

1）品牌官网

对于大多数品牌来说，无论是 ToB 还是 ToC，都有属于自己的官网，而且绝大部分品牌官网除了品牌理念介绍、产品展示，还提供直接的购买服务，从而方便潜在客户和现实客户在浏览企业官网后直接进行购买。官网直销渠道在取得客户信任、无须支付第三方平台佣金或抽成等方面具有极大的优势，但是需要做足前期的营销和引流工作。

2）品牌 App

除了官网，个别品牌还会布局移动端的 App，从而更加方便已经在移动端下载了 App 的客户进行产品的选择和浏览。需要注意的是，随着 App 数量的激增，让客户选择保留单一品牌的官方直销 App 难度越来越大。因此，除非自身是人尽皆知的大品牌或者是拥有一定体量的忠诚客户，否则，运营官方直营 App 可能会面临收益低于成本的风险。

3）第三方电子商务、小程序官方直营（分销）店

众多品牌会选择在一些占据高客户体量的第三方电子商务平台包括综合类电子商务平台和专品类电子商务平台（如京东、淘宝等综合类电子商务平台，美团、饿了么等专业美食外卖平台，丝芙兰等专业美妆零售官网平台）、微信小程序平台开设官方直营店或分销店，从而实现触达范围最大化和平台 ROI 组合的最优解。

4）直播平台分销

直播平台分销，即凭借专业的直播平台，通过主播团队的前期准备（选品、定价、优惠策略、供应链等），在直播过程中通过主播对产品的体验和介绍，促使客户直接在直播间下单实现转化的销售渠道。一般来说，直播平台分销往往以新品牌问世推广、品牌定期推广、品牌上新、定期的营销事件（如京东"6·18"、天猫"双 11"等）为契机进行品牌与主播、品牌与直播平台之间的销售合作。

5）品牌实体店

品牌实体店往往是一些老字号、大品牌或者对线下体验/消费场景有需要的产品品牌选择布局的直销渠道，目的是满足客户在线下进行购物体验、服务消费的需求。品牌实体店以 ToC 品牌为主。

总而言之，销售渠道的选择和搭配组合，需要结合电子商务企业的业务性质、产品特性、预算、客户行为特征与画像等进行综合考虑，无论是线上销售还是全渠道销售，都需要从企业自身的实际出发。

**4. 有吸引力的产品或服务促销**

促销是指企业将产品信息传递给目标客户，激发其购买欲望，促成其购买行为，实现产品销售的一系列活动，如"双 11""双 12"的"满 300 减 80""买一送一""限时秒杀"等活动。达成促销活动目的的关键是让客户感受到实惠。电子商务企业常见的促销活动有以下 6 类。

1）赠送类促销

赠送类促销最常见的是买一送一（通常送同一产品或同类产品）、买二送一（可能送同一产品或其他产品），也有商家通过赠送新品小样的形式来实现买赠活动。例如，为客

户赠送新品小样既可以让客户感觉到自己获益,又可以带动销售。商家通过送新品小样,可以推广自己的新品,同时得到一些关于新品的反馈。如果客户使用体验后感觉良好,之后就会购买新品,这样就实现了以旧品带动新品销售。

2)限定式促销

限定式促销通过在特定时间段内限制商品购买或提供促销降价来吸引消费者。关键词包括"秒杀""仅限今日""限量"等。限定式促销的目的是在短时间内提高客户的下单率。通过营造时间上的紧迫感,限定式促销使消费者感到如果现在不购买,将来可能就无法享受到优惠,从而促使他们在优惠期间下单购买商品。

3)临界点促销

临界点促销类似于特价促销,商品定价通常低于市场价,接近成本价。关键词包括"全网最低价""最低 2 折起""50 元封顶"等。商家在年底时倾向于使用这种策略,旨在减少库存的同时实现薄利多销,以此扩大市场份额。

4)满减、满赠促销

满减和满赠是两种常见的促销策略,通常以优惠券的形式出现,可以由平台主动派发,也可以由消费者自行领取。满减策略允许消费者在消费总额达到特定数额时享受减价优惠,如"满 200 减 20,满 400 减 60,以此类推"。这种策略鼓励消费者为了获得更大的优惠而增加购买量,以达到优惠条件,实现所谓的"凑单"。满赠策略则涉及将店铺产品分类,包括高客单价、低客单价和中等客单价产品。具体做法是:买高客单价产品可以赠送低客单价产品,买中等客单价产品可以赠送具有强关联属性的搭配产品,买低客单价产品则可以赠送属性互补的产品或实施买一送一等优惠。

5)团购、拼团式促销

团购本质上是一种打折促销策略,通过设置低于正常价格的团购商品价格来吸引消费者。团购的主要优势在于能够吸引大量消费者,同时也为店铺内其他商品的销售创造了机会。拼团则是一种无需预付款的预售模式,它通过开团、参团和分享的方式在社交网络中迅速传播。利用熟人关系链,拼团能够实现高订单转化率,有效吸引新消费者,尤其是在群体效应的影响下,能够快速成团。

6)预售式促销

预售是指消费者在产品正式销售之前提前下单的行为。预售是近几年电子商务平台运用较多的促销手段之一,尤其是在"6·18""双 11"等大促期间。预售商品的价格一般较正式商品低或者有更多的赠品,因此也属于促销的方法之一。站在消费者的角度来看,他们获得了实质性的优惠;而对于商家来说,他们可以根据支付定金的人数来确定总订单量,从而决定要生产的商品总数,合理调控产量。

在具体执行中,电子商务企业需要根据自己的实际情况选用多种促销方式组合进行落地,以便达到更好的促销目的。在正式开始促销活动前,企业要对促销时机的选择、促销时长的控制、促销频率的设定、促销力度的规划这 4 个方面进行周密的布局,并最终确定这些方面的具体方案。

### 2.3.2 推销导向的客户开发策略

所谓推销导向的客户开发策略，就是企业在自己的产品、价格、分销渠道和促销手段没有明显特色或者缺乏吸引力的情况下，通过人员推销的形式，引导或劝说客户购买，从而将目标客户开发为现实客户的过程。实施推销导向的客户开发策略，首先要寻找目标客户。寻找目标客户不能盲目，要掌握并正确运用以下6种基本方法。

#### 1. 逐户访问法

逐户访问法又称"地毯式寻找法"，也称"地推"，是指推销人员在目标客户群的活动区域内，对目标客户进行挨个访问，然后进行说服的方法。地推与网络传媒是相辅相成的两种推广方式，都是为了更好地推广自己的品牌或者产品。很多互联网公司早期开拓市场的时候也是用专业的地推团队来迅速打开市场的，如美团、饿了么、阿里巴巴、滴滴打车等，这种引流方式成本比较低、性价比比较高。

#### 2. 展会寻找法

展会寻找法是指到目标客户参加的各种会议（如订货会、采购会、交易会、展览会和博览会）捕捉机会，与目标客户建立联系，从中寻找开发客户的机会。只要是符合行业属性、产品属性的展会，电子商务企业都可以参加，在线上或线下的会展上企业可以搜集到大量的客户资料，这有助于寻找潜在客户、联络感情、增进相互了解。

#### 3. 社群寻找法

社群是指在互联网时代，一群拥有共同兴趣、认知和价值观的客户聚集在一起形成的集体。在社群中，成员之间互动、交流、协作并相互影响，从而对产品或品牌产生积极的反哺效应。利用社群寻找客户，即通过互联网沟通工具，如微信群、QQ群等，将目标客户聚集在一起，通过群内的互动和沟通挖掘潜在客户，最终实现销售目标。

#### 4. 自媒体寻找法

利用自媒体寻找客户涉及使用关键词检索技术，在各大自媒体平台上搜索相关关键词，以识别和联系有特定需求的客户。目前，常见的自媒体平台包括微博、抖音、小红书、知乎和微信公众号等。电子商务企业可以通过关键词检索来搜索热门视频内容，并在视频的留言板中寻找表现出兴趣的潜在客户，进而与他们进行互动。此外，企业也可以通过在自媒体平台上发布自己的需求或产品信息，吸引并等待潜在客户的主动联系。

#### 5. 资料查询法

资料查询法是一种通过搜索引擎或其他信息渠道来搜集目标客户资料的方法，用以识别和接触目标客户。例如，可以通过电子地图查找目标商家的名称、地址和电话等信息，以了解商家客户。此外，还可以利用工商企业名录、统计资料、产品目录、工商管理公告、专业团体会员名册、电话簿等多种资料来源来获取客户信息。

#### 6. 抢夺客户法

抢夺客户法是指通过运用各种合理的竞争手段，如免费培训、优惠价格等方式从竞争对手手中获取目标客户的方法。当竞争对手的产品、服务明显不能满足目标客户的需求时,此方法最适用。

电子商务企业有效寻找客户的方法远远不止这些,应该说,寻找客户是一个随时随地的过程。不管怎样,电子商务企业采用推销导向的客户开发策略时必须以真诚的态度对待每个客户,主动为客户着想,以客户的需求为工作重心,并且一定要做好售前、售中、售后的全程服务,确保客户对工作的认可,这样才能吸引和保留更多的客户。

## 2.3.3 线上与线下相结合的客户开发策略

线上客户开发和线下客户开发各有其优势,同时也有其缺陷。线上与线下相结合的客户开发策略可以让客户开发取得更好的效果。线上的潜在客户和线下的潜在客户对电子商务企业同等重要。实施线上与线下相结合的客户开发策略需要注意以下几点。

### 1. 线上与线下的一致性

线上与线下的广告宣传应该是一致的,如果线下的宣传口号和线上的宣传口号不同,那么客户在了解时会产生怀疑,品牌可信度将大大降低。当然,除了宣传口号,产品的质量和服务也应该保持一致,这样才能在客户群体中形成良好的口碑,并实现相互宣传的效果。

### 2. 线上与线下相互引导

线下的宣传可以引导客户群体关注线上的营销渠道,如公司的网站等,而线上的宣传也可以引导客户在线下购买产品,让客户自主选择适合自己的消费方式。单纯的线下推广或线上推广都有太多的局限性,只有做到整合,才能解决很多矛盾点。当电子商务企业的线上渠道运营和管理经验不足时,可以加入第三方平台,如淘宝、京东等。在这种集中式的网络商城上开展线上营销,能够获得大量的线上客户。

### 3. 线上与线下互通是发展趋势

线下店最重要的功能将不再是销售,而是更多地提供产品展示和体验空间,因此,线下店不需要密集布局,这大大降低了库存风险和人力成本。线下体验、线上购买,线上与线下真正做到同质同价。线下门店需要做好数字化布局,打通数据,让门店服务升级。以数字化平台实现全渠道数据打通,订单、库存、会员、商品、门店、促销等数据和业务的打通,是实体门店线上与线下相结合的关键。线上与线下数据贯通后,可以根据精细画像为会员推荐商品,提高出单率、复购率,同时为门店沉淀更多会员资源,实现快速拉新。

【思政小课堂】

习近平总书记指出,我们要大力弘扬与时俱进、锐意进取、勤于探索、勇于实践的改革创新精神,争当改革的坚定拥护者和积极实践者。以改革创新为核心的时代精神历来是中华民族富于进取的思想品格。做好客户开发工作,必然需要客户服务人员具备改革创新、开拓进取的时代精神,深切践行"以脚力深入基层、以眼力明辨真伪、以脑力深入思考、以实力服务客户"的职业价值观。

**【知识拓展】**

### 客户开发：社群运营的 5 种裂变模型

1. 助力模型

助力模型是目前最常用的一种裂变模型，它的好处是用户理解容易、操作简单、效果明显，常用的助力方法主要有以下 3 种。

1）砍价

用户要想以零元或超低价获得某件商品，可以邀请好友帮忙砍价。价格从高到低逐步下降，邀请人数越多，成功概率越大。

2）领红包

领红包的逻辑和砍价恰好相反，领红包遵循积少成多的原则。这种设计的好处是，用户完成简单的任务之后得到现金，验证了活动的真实性，就会更加积极地参与其中。

3）点赞

点赞有两种形式，一种是朋友圈常见的点赞，这种点赞活动可以快速帮助吸引新客户。另一种点赞可以理解为投票，投票属于荣誉+物质双重激励的行为。根据投票数量，给予相应的奖励，奖励可以是优惠券、礼品、会员服务等，以激励参与者继续邀请好友参与活动。

2. 集卡模型

集福、集字或拼图等集卡活动，实际上对平台本身的用户体量要求比较高。它更多强调平台内的用户互动，可以当成用户留存和老用户重新激活的一种方法。想把集卡活动变成拉新方法，就需要对流程进行特殊的设计，如引入新人翻倍卡等激励措施。

3. 互利模型

无论是邀请别人帮忙砍价，还是集卡，都是单向的获利行为。这会让一部分推广者感到犹豫，不好意思去分享。所以，我们看到免费送、打车券、红包，都是以用户的名义送给助力者一份好礼。互利的逻辑就是助力者可以得到优惠，分享者也可以获得对应的奖励。

4. 邀请模型

目前的邀请模型属于嵌套式的邀请奖励，如邀请一位好友奖励 30 元。一般会把 30 元的现金奖励进行拆分，如好友注册奖励 5 元、好友下首单奖励 15 元、好友二次复购奖励 10 元。在单次获得奖励的基础上，可以设置业绩突破奖励或者排行榜奖励，刺激更多人冲击邀请任务。

5. 特惠模型

以上分享的裂变模型，最终的奖励几乎都是现金驱动的，而特惠模型是以现金等价物的方式作为裂变激励的条件，通过"一元秒杀"、免费、拼团的方式获得客户。例如，邀请多少好友获得"一元秒杀"、免费领取的资格，还要加上限定的时间条件。拼团可以是两人、三人或更多人参团。但要求参团的人越多，越要注意选品的受众属性。

## 课后反思与练习

### 一、多选题

1. 识别潜在客户的 MAN 法则包括（　　　）。
   A．金钱　　　　　　B．权力　　　　　　C．需求　　　　　　D．关系
2. 按需求属性分类，客户的需求可以分为（　　　）。
   A．功能需求　　　　B．体验需求　　　　C．审美需求　　　　D．社会需求
3. 客户选择的必要性体现在（　　　）。
   A．企业的有效客户的数量和类别是有限的
   B．不同客户为企业创造的价值是有差别的
   C．正确选择客户是客户关系管理的基础
   D．正确选择客户与企业精准定位相辅相成
4. 客户选择常见的漏斗分析模型包括（　　　）。
   A．AARRR 模型　　　　　　　　　　　　B．消费漏斗模型
   C．AIDMA 模型　　　　　　　　　　　　D．马斯洛需求模型
5. 电子商务客户开发策略主要包括（　　　）。
   A．营销导向的客户开发策略　　　　　　B．推销导向的客户开发策略
   C．线上与线下相结合的客户开发策略　　D．公共关系开发策略

### 二、简答题

1. 简述电子商务企业如何进行营销导向的客户开发。
2. 结合具体事例分析如何构建多层次的客户画像，开展精细化运营。

### 三、案例分析题

#### 小红书的客户开发

小红书是一个生活方式分享社区，全球有超过 3 亿名年轻用户在小红书 App 上分享吃穿玩乐买的生活方式。在 2016 年以前，小红书的口号是"找到国外的好东西"，主要关注如何提升用户的生活品质，即先作为一个社区，通过 UGC 的形式为想购买国外商品的用户提供实时的购物信息及使用心得。在 2016 年之后，小红书的口号变为"全世界的好生活""标记我的生活"。这意味着小红书将业务重心放在了社区内容的拓展及用户的增长上。内容社区成了新阶段小红书的主基调。

小红书采用社区口碑模式，让用户可以通过关注自己感兴趣的商品、小红书博主、模块来获取商品信息，并且可以直接通过商品笔记的标签或链接在小红书进行购买。此外，小红书每天都会发放优惠券，用户可以在功能栏的"领券中心"领取优惠券，优惠券可以抵扣部分金额。成为小红书黑卡会员，用户可以享受相应的会员权益，可以在原本低廉的价格基础上叠加会员折扣，并且购买即可享受顺丰包邮服务，不用付邮费或者凑单。

小红书在发展初期吸引了部分网红博主入驻，这些博主自带粉丝基础，为平台带来了初始流量。随后明星的入驻，给平台带来更多的关注和用户，而这些明星在小红书社区创造的内容又可以被不断地发酵，同时激励更多的普通用户在平台分享和标记自己的生活。

　　结合上述案例资料，思考以下问题：

（1）小红书是如何开发优质客户的？

（2）小红书的目标客户群体是否与企业定位一致？

# 第 3 章
# 电子商务客户信息管理

### 学习目标

- 了解客户信息收集的基本知识。
- 熟悉电子商务客户分级管理的方法和策略。
- 掌握客户信息安全管理的措施。

### 【思政案例】

#### 电子商务让希望的田野更有希望

2020年4月20日下午,正在陕西考察的习近平总书记来到柞水县小岭镇金米村。在村培训中心,几位村民正在做网上卖货的准备工作,习近平总书记走到直播平台前,同他们亲切交流。习近平总书记说:"电商,在农副产品的推销方面是非常重要的,是大有可为的。"

当前,农村电子商务蓬勃发展,淘宝村、电子商务小镇如雨后春笋般涌现,已成为农民创业、就业的新平台。商务部数据显示,2019年1—11月,全国农村网络零售额高达15229亿元。新冠疫情期间,电子商务为滞销农产品打通销售渠道,解决供需难题,也让我们见识了"网动力"。在希望的田野上,电子商务助农大有可为,也必将大有作为。

电子商务助农,打通城乡直供信息壁垒。在新冠疫情影响下,县长直播间"带货"、农民变"网红"、电子商务平台打通数字供应链……信息化助农驶上"快车道",借力"互联网+"拓宽特色农产品销售渠道，也为农户与消费者之间搭建了沟通桥梁。以拼多多为例，"拼农货"采用"山村直连小区"模式，为中国分散的农产品整合出一条直达用户的快速通道。线上线下齐发力，有效解决了农产品滞销、城市和农村基本生活和生产物资供应出现的"卖难"和"买难"现象，为解决疫情下的供需矛盾提供了有力支撑。

电子商务助农，让小乡村有了大舞台。在甘肃，陇南市54家同城配送平台积极开展农产品出村进城，把1000多个村的农特产品上线平台推送到市内外的消费市场；2020年2月，淘宝率先启动"爱心助农"计划……电子商务助力，让传统农产品销售突破了有形市场的地域限制，拥有了更宽广的发展空间。

电子商务助农，为产业扶贫注入动能。贫困地区往往地处偏远、信息闭塞，产品销售难是一个共性问题。滞销现象严重打击脱贫的积极性。为电子商务拓宽农副产品销路，也是推进产业扶贫的有效举措。例如，2019年10月，金米村开始采用电子商务直播的方式推销柞水木耳等农产品，网上平台的日均成交量达100余单；2020年"3·15"直播特卖活动中，当日成交量超过了700单。一笔笔订单的生成，为村民带来真金白银的收入，也为振兴乡村注入了强动能。

电子商务的发展使消费者有了更多的选择，也使许多好产品突破了地域限制，有了更广阔的市场。我国正在建设线上线下互动互补的农业信息服务网络体系。广大农民若能紧紧把握机遇，主动拥抱互联网，让电子商务成为推销农副产品的尖兵、锐器，必能汇聚成乡村振兴的最强动能。

电子商务助农使更多消费者可以有途径购买到之前很难买到的产品，而作为电子商务平台，要想让企业更好地发展，不仅要提供高质量的农产品，更要与电子商务客户建立良好的关系。电子商务平台要为客户提供高质量的服务，在客户管理中让客户感受到温度和情感，有时候这种情感的倾注会给企业的产品销量带来意想不到的结果。优秀的企业应该注重与客户的关系，为客户提供有温度的服务，让客户在消费的过程中感受到这一份温度，这样才能使企业获得更加长远的发展。本章将详细介绍电子商务客户信息管理的相关知识。

## 3.1 客户信息的收集

在传统市场中，受成本、时间、技术等条件的制约，可掌握的客户信息极其有限，而在电子商务中，互联网上信息的传播具有实时双向性，使电子商务平台或企业可以及时准确地收集客户的信息。企业可以通过收集客户注册信息、整理客户购买记录、与客户沟通等方式，了解客户的消费偏好、消费习惯及潜在的消费趋势。电子商务平台或企业充分利用互联网的优势，捕捉客户的信息，才能为客户提供更好的服务。

### 3.1.1 客户信息及重要性

客户信息是指客户喜好、客户细分、客户需求、客户联系方式等一些关于客户的基本资料。客户信息可以用来了解客户的基本属性、客户购买服务或产品的记录、客户与企业的联络记录、客户的消费行为、客户偏好和生活方式，以及与客户行为相关的反映和影响客户行为和心理等因素的相关信息。

在电子商务时代，客户选择产品的范围扩大、选择的成本降低，客户对不同企业的选择都体现在鼠标点击之间，因此，客户的获取、开发和保持至关重要。只有牢牢抓住了客户，向他们提供个性化的、满意的产品和服务，才能满足客户的价值需求，实现企业盈利的目的。而抓住客户主要依赖企业对客户信息的收集、处理、存储、分析和利用的程度。客户信息是电子商务企业了解客户、识别客户价值的基础，只有掌握了客户信息，才能对客户进行分类管理，合理配置企业有限的资源，提高企业的经营效率。客户信息的重要性主要体现在以下几点。

### 1. 客户信息是企业决策的基础

信息是决策的基础。如果企业想要维护好不容易与客户建立起来的关系，就必须充分掌握客户的信息，就必须像了解自己的产品或服务那样了解客户。任何一个企业总是在特定的客户环境中经营发展的，有什么样的客户环境，就应有与之相适应的经营战略和策略。如果企业对客户的信息掌握不全、不准，判断就会有失误，决策就会有偏差，而如果企业无法制定出正确的经营战略和策略，就可能失去好不容易建立起来的客户关系，因此，企业必须全面、准确、及时地掌握客户的信息。

### 2. 客户信息是客户分类的基础

企业只有全面收集客户的信息，特别是他们与企业的交易信息，才能识别哪些是优质客户，哪些是劣质客户，以及哪些是贡献大的客户，哪些是贡献小的客户，才能根据客户带给企业的价值大小和贡献的不同，对客户进行分类管理。例如，美国联邦快递公司根据客户的信息和历史交易来判断每位客户的盈利能力，把客户分为"好""不好""坏"3 种，并且为 3 种不同价值的客户提供不同的服务。

### 3. 客户信息是客户沟通的基础

随着市场竞争的日趋激烈，客户信息愈显珍贵。拥有准确、完整的客户信息，既有利于了解客户、接近客户、说服客户，也有利于与客户建立更紧密的关系。例如，中原油田销售公司设计了统一的"客户基本信息"表格，内容包括司机的姓名、性别、出生年月、家庭住址、联系电话、个人爱好、车型、车号、单位、承运类型、车载标准、动力燃料、油箱容量、经过本站时间，并有累计加油获奖记录。通过这些信息，中原油田销售公司建立了客户数据库，架起了加油站与客户之间的友谊桥梁。例如，加油站每天从计算机中调出当天过生日的客户，向其赠送蛋糕等生日礼物。

### 4. 客户信息是客户满意的基础

在竞争激烈的市场上，企业要满足现实客户和潜在客户及目标客户的需求、期待和偏好，就必须掌握客户的需求特征、交易习惯、行为偏好和经营状况等信息，从而制定和调整营销策略。如果企业能够掌握详尽的客户信息，就可以把握客户需求特征和行为偏好，有针对性地为客户提供个性化的产品或服务，从而提高他们的满意度。这对于保持良好的客户关系、实现客户忠诚起到十分重要的作用。例如，日本花王公司随时将收集到的客户信息、意见或问题输入计算机中，每年公司凭借这些资料开展回报忠诚客户的活动，以此来巩固与老客户的关系，并吸引新客户。

### 3.1.2 客户信息收集的渠道

收集客户信息的目的是将客户作为重要的企业资源,通过深入的客户分析来满足客户需求。有效地收集、追踪和分析每个客户的信息,才能知道他们是谁,现在需要什么,还可能需要什么,从而实现客户的循环化管理。企业需要了解与客户相关的各种信息,并根据这些信息调整自身的经营行为。电子商务的发展构建了一个企业与客户进行交流的信息平台。网络是商家与客户交流的窗口,是发布信息、获取信息的重要渠道,因此,电子商务能建立企业与客户之间双向的、畅通的、有效的信息通道。与传统商业相比,电子商务有其特有的客户信息收集渠道。

#### 1. 商品浏览记录

电子商务平台的客户想要购买某种产品,必定会先在平台上进行查询浏览,商家可以利用信息技术手段提供商品的多种检索方法,引导消费者进行选购,使消费者能方便、快捷地找到自己感兴趣的商品,同时又能通过消费者搜索信息的过程掌握消费者的消费趋势和需求动向。商家可以记录访问者特征、心理特征、技术特征及条款特征,访问者特征包括人口统计特征,如家庭地址、收入、购买力等;心理特征,如通过心理调查发现的个性类型等;技术特征,如访问者所采用的操作系统、浏览器、IP 地址和调制解调器的速度等;条款特征,包括网络内容信息(如介质类型、内容分类和 URL 等)和产品信息(如产品编号、产品目录、颜色、体积、价格、利润、数量和特价等级等)等内容。当访问者访问某网站时,有关访问者的数据便会逐渐积累起来。利用网络技术可以记录客户在浏览网站信息时所有浏览路径和点击的商品,通过对点击频率和浏览路径进行分析,可以了解客户的购买意向和交叉消费趋势。

#### 2. 客户反馈

如今,客户在电子商务平台购买产品时,常会和客户服务人员进行交流,这种交流分为售前和售后两类。客户售前与客户服务人员交流,主要是想对产品有进一步了解,企业可以收集客户售前的反馈,充分了解客户的需求,从而为客户提供更满意的产品。客户售后与客户服务人员交流,大多是为了反馈意见,企业可以收集客户售后的反馈,了解产品存在的问题,使客户的问题得到更快、更有效的解决,以提高客户满意度。客户反馈的信息一般都是其潜在需求的一种反应,如果企业能合理地收集这些信息,并在自身能力允许的范围内尽量满足客户的这些需求,就能更好地服务客户并留住客户。

#### 3. 客户回访

企业可以在客户购买产品之后,对客户进行回访,了解客户对产品的意见和建议。企业可以直接通过电子商务平台与客户交流,也可以通过电话、短信、邮件、微信等形式对客户进行回访。企业通过汇总客户回访结果,可以获取客户的反馈和对商品的意见与建议。通过回访得来的信息常常可以作为指导今后企业各项经营策略的基础,还能用于进行市场分析和市场预测。

#### 4. 会员服务

企业可以开通会员服务，客户填写一定的信息后即可注册成为会员，并能享受一定的优惠政策。会员服务有利于开发新客户，会员注册可以将无名的潜在客户变成一个记录在册的潜在客户，有利于企业了解其购买意向，并提高客户黏性。通过整理会员注册的信息，企业对自己的潜在客户有更加全面的了解，从而根据潜在客户的意向和需求改进和提升自己的产品。

#### 5. 第三方收集

企业通过与第三方数据服务机构合作，可以利用合理合法的途径系统收集客户的个性化数据和交易数据。通过对数据的分析和处理，企业能够对客户的潜在需求有更加全面系统的了解，从而为客户提供更加令其满意的服务。

> 【思政小课堂】
>
> 客户信息收集时应当遵循合法、合理、必要原则，按照法律法规要求和业务需要收集客户信息，公开收集、使用规则，明示收集、使用信息的目的、方式和范围，并经客户同意。对于收集的客户信息必须严格保密，不得收集与业务无关的信息或者采取不正当方式收集信息，不得非法存储客户信息；应当采取符合国家档案管理和电子数据管理规定的措施，妥善保管客户信息，防止客户信息遗失、损毁、泄露或者篡改。

### 3.1.3　客户信息整理的步骤

在收集客户相关信息之后，电子商务企业就要根据具体的目标对这些信息进行科学整理。整理客户信息时，不妨借助现代企业常用的目标分析方法来对客户信息进行有效管理，并将企业最优资源匹配到最能为企业带来利润的客户身上。电子商务企业对客户信息的整理通常要经历以下 3 个步骤。

#### 1. 客户分析

首先，根据明确的企业产品定位，确定哪些客户会对本企业的产品产生需求；其次，根据收集到的客户相关信息分析客户对企业产品需求量的大小；最后，根据以上分析结果，对客户进行有序的分类。在这一阶段的工作结束后，那些需求量大的客户会被列为重要的潜在客户。

#### 2. 确定潜在客户

潜在客户就是那些有购买意向的目标市场中的客户。他们是否对企业的产品或服务有购买意向，需要依赖企业的广告宣传和市场调查。电子商务客户服务人员在这一阶段不仅要认真分析自己掌握的客户相关信息，还要充分利用企业资源展开综合分析，最终确定哪些客户的购买意向较强，哪些客户无意向购买产品或服务。

#### 3. 锁定目标客户

目标客户就是那些有明确购买意向和购买力，而且在短期内有可能达成订单的潜在客户。值得注意的是，在对客户信息进行整理时，必须明确对方是否具有购买力，即客户是否有能力购买企业的产品或服务。因此，目标客户分为3种情况：第一，有明确购买意向，但是暂时没有能力购买；第二，有明确购买意向，但购买能力不强；第三，有明确购买意向，且购买能力强。

> 【案例分析】
>
> **美团外卖的客户信息收集**
>
> 美团外卖作为一个外卖平台，其有效的客户信息包括客户和商家两个方面。客户信息包括客户姓名、送餐地址、联系电话、消费情况、客户反馈等。商家信息包括菜品简介、图片信息、店家信息、销售价格、菜品预订方式等。
>
> 针对客户，美团外卖通过如下4个阶段的客户信息收集渠道进行信息收集。
>
> （1）注册时。在客户首次使用美团外卖App时，要求注册个人信息，填写联系方式、送餐地址等。
>
> （2）营销活动中。美团外卖通过开展广告促销活动，将收到的客户反馈加以记录，从而获取信息。例如，在日常活动"天天神券"等活动页面中，观察客户停留页面的时间及点击商品的种类，以判断客户的即时购买倾向。
>
> （3）点餐过程中。美团外卖通过互联网手段，在客户点餐时收集客户偏好，通过对客户历史信息的收集，形成准确、动态的客户信息系统。
>
> （4）售后服务过程中。点评管理"天眼系统"是美团外卖判定客户满意度的一个重要手段，通过客户的点评反馈收集信息。根据客户反馈的信息，利用算法等对客户针对配送、商家和菜品的反馈进行分类处理，判断客户的满意度，同时根据反馈责任到人，对服务不到位者进行警告或者处罚。
>
> 针对商家，美团外卖要求商家在首次注册时填写位置信息、主营品牌信息、实体店铺图、商业执照信息等，还可通过商家展示的菜单目录、菜品价格等收集商家信息。同时，平台还会将收到的客户信息汇总，与商家共享。
>
> 另外，美团外卖还通过线下走访与调研、询问老客户等方式，收集一些未入驻平台的商家信息，从而利用这些信息寻找潜在商家。美团外卖还通过线上与交通银行、平安银行等银行合作，推出联名信用卡，供客户在结账时使用，从而收集更多的客户信息。
>
> 【点评】美团外卖通过多种渠道收集客户信息，能更好地对客户进行管理，为客户提供服务。美团外卖将收集到的客户信息汇总，与商家共享，能够使商家了解客户、接近客户，更好地与客户进行沟通，生产出符合客户需求的餐饮，也能够为不同的客户提供更适合他们购买需求的商品，从而提高客户的满意度。

## 3.2 客户分级管理

电子商务市场竞争日趋激烈，电子商务平台和企业越来越强调以客户为中心，在研发、设计、市场、销售、服务等各个环节，越来越注重了解客户的需求、满足客户的需要。但是，客户这么多，需求也各不一样，企业到底应该以哪个客户为中心？面对不同客户的不同需求，企业如何做到让大部分客户都满意？这就体现出了客户分级管理的必要性。

### 3.2.1 客户分级的含义

客户分级是企业依据客户对企业的不同价值和重要程度，将客户区分为不同的层级，从而为企业的资源分配提供依据。尽管每个客户的重要性都不容低估，但是由于不同的客户为企业创造的价值不同，而企业的资源又有限，所以，把企业资源平均分配到每个客户身上的做法既不经济也不切合实际。"以客户为中心"并不代表以所有的客户为中心，有限的资源投入要能够产生最大的产出，就必须把资源投到最能够产生价值的客户身上。

1897年，意大利经济学家维尔弗雷多·帕累托发现经济及社会生活中无所不在的"二八法则"，即关键的少数和次要的多数比率约为2:8。也就是说，80%的结果往往源于20%的原因，这就是帕累托定律。对于企业来说，就是企业80%的收益总是来自20%的高贡献度客户，即少量的客户为企业创造了大量的利润，其余80%的客户是微利、无利甚至是负利的。

所以，客户应该根据其价值、需求和行为被分层次地管理，同时，企业的组织结构或服务流程也应该相应地调整为多层级的，以更好地满足不同层次客户的需求。具有最大价值的客户在最核心的位置，对他们需求的了解和满足也是最重要的；具有次要价值的客户处于次核心的位置，对他们需求的了解和满足也处于次重要的位置，这就是客户分级的概念。

总而言之，所谓客户分级管理，就是根据客户对企业的贡献率等各个指标进行多角度衡量与分级，最终按一定的比例进行加权。根据分类标准对客户信息进行分类处理后，在同类客户中根据销售信息进行统计分析，发现共同特点，开展交叉销售，做到在客户下订单前就能了解客户的需求，有针对性地进行商品推荐，实现精准营销。

### 3.2.2 客户分级的方法

企业根据客户为企业创造的利润和价值的大小，按由小到大的顺序叠加起来，就可以得到一个客户金字塔模型。给企业创造最大利润和价值的客户位于客户金字塔模型的顶部，给企业创造最小利润和价值的客户位于客户金字塔模型的底部，如图3-1所示。可以将客户金字塔模型进行层级划分，分别是重要客户、次要客户、普通客户和小客户。

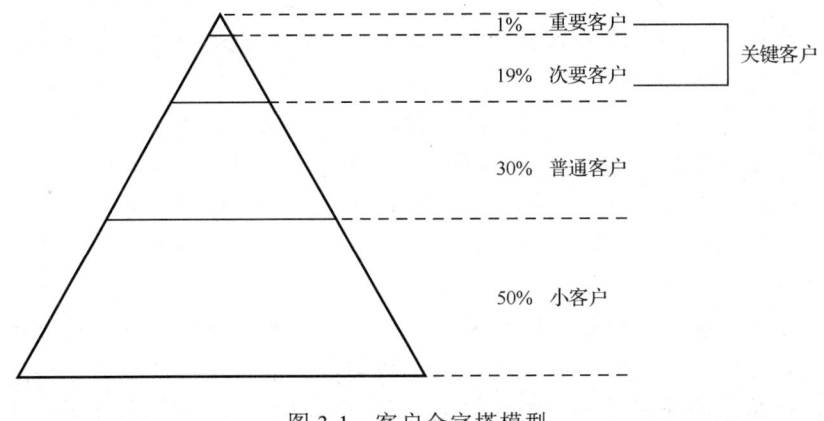

图3-1 客户金字塔模型

1. 重要客户

重要客户是客户金字塔模型中顶部的客户，是能够给企业带来最大价值的前 1%的客户。重要客户往往是产品的重度使用者，他们对企业忠诚，是企业客户资产中最稳定的部分，他们为企业创造了绝大部分和长期的利润，而企业只需支付较低的服务成本；他们对价格不敏感，也乐意使用新产品，还可以帮助企业介绍客户，为企业节省开发新客户的成本；他们不仅有很高的当前价值，而且有巨大的增值潜力，其业务总量在不断增大，未来在增量销售、交叉销售等方面仍有潜力可挖。重要客户是最有吸引力的一类客户，可以说，企业拥有重要客户的多少决定了其在市场上竞争地位的高低。

2. 次要客户

次要客户是除重要客户外，给企业带来最大价值的前 20%的客户，一般占客户总数的 19%。次要客户也许是企业产品或者服务的大量使用者，也许是中度使用者，他们对价格的敏感度比较高，因而为企业创造的利润和价值没有重要客户那么高；他们也没有重要客户那么忠诚，为了降低风险，他们会同时与多家同类型的企业保持长期关系；他们也在积极为本企业介绍新客户，但在增量销售、交叉销售方面，可能已经没有多少潜力可供进一步挖掘。

3. 普通客户

普通客户是除重要客户与次要客户之外的为企业创造最大价值的前 50%的客户，一般占客户总数的 30%。普通客户包含的客户数量较多，但他们的购买力、忠诚度、能够带来的价值远远比不上重要客户与次要客户，不值得企业去特殊对待。

4. 小客户

小客户是客户金字塔模型中底层的客户。除了上述 3 种客户，剩下的后 50%的客户是小客户。小客户的购买量不多，忠诚度也很低，偶尔购买，却经常延期支付甚至不付款；他们还经常提出苛刻的服务要求，消耗企业的资源；他们有时是问题客户，会向他人抱怨，破坏企业的形象。

【知识拓展】

除了根据客户为企业创造的利润和价值的大小对客户进行分级，还有许多其他的分级标准。

（1）根据成交阶段，把客户分为潜在客户、询盘客户、样单客户、成交客户和复购客户。潜在客户是指还未有过直接的沟通，仅仅处在访问、认知阶段的客户；询盘客户是指通过平台发起站内咨询或向卖家咨询的客户；样单客户是指已支付的订单类型全部为样品订单的客户；成交客户是指有且只有一笔已支付非样品订单的客户；复购客户是指有两笔及以上已支付的非样品订单的客户。

（2）根据交易过程，把客户分为洽谈中的客户、未成交的客户、跟单中的客户和售后中的客户，在此基础上，可以进一步进行细分，以便精准区分客户。洽谈中的客户可进一步细分为询盘未回复的客户、报价未回复的客户、多次跟进未回复的客户、待报价的客户、已发产品目录的客户、价格谈判中的客户、待推荐产品的客户、待确认图纸的客户、待寄样的客户、已寄样未下单的客户、待下单的客户等类型。未成交的客户可进一步细分为未到起订量的客户、工厂停产的客户、产品不符合预期的客户、报价高的客户、付款方式未谈妥的客户、交货期未谈妥的客户、验货未通过的客户、快递贵的客户、无清关能力的客户等类型。跟单中的客户可进一步细分为代付款的客户、已收预付款的客户、待验货的客户、待发验货报告的客户、待收尾款的客户、待定仓的客户、待发货的客户、待确认收货的客户等类型。售后中的客户可进一步细分为待处理售后及投诉的客户、售后处理中的客户、已解决售后问题的客户等类型。

（3）根据客户链路，把客户分为认知人群、兴趣人群、购买人群和忠诚人群4个群体。认知人群是指已对商品进行访问浏览的客户；兴趣人群是指对商品有购买倾向的客户；购买人群是指已经购买成交的客户；忠诚人群是指已进行复购的客户。

按照不同的标准对客户进行分级，并通过进一步细分精准区分客户，有利于更准确地了解客户信息，更好地进行客户管理，从而为客户提供更优质的服务。

## 3.2.3 客户分级管理策略

根据客户金字塔模型，可以探究客户类型、数量分布和创造利润能力之间的关系。图3-2所示为客户数量金字塔模型和客户利润倒金字塔模型。

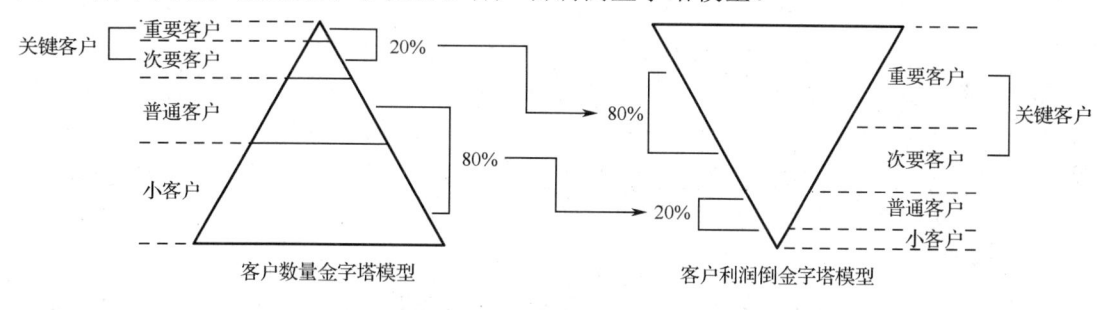

图3-2 客户数量金字塔模型和客户利润倒金字塔模型

图3-2表明，企业应为对本企业的利润贡献最大的关键客户，尤其是重要客户提供最优质的服务，配置最强大的资源，并加强与这类客户的关系，从而使企业的盈利能力最大化。

因此，客户分级管理是指企业在依据客户带来利润和价值的多少对客户进行分级的基础上，依据客户级别高低的不同设计不同的客户服务和关怀项目——不是对所有客户都平等对待，而是区别对待不同贡献的客户，将重点放在为企业提供80%利润的关键客户身上，为他们提供上乘的服务，给他们特殊的礼遇和关照，努力提高他们的满意度，从而维系他们对企业的忠诚；同时积极提升各级客户在客户数量金字塔模型中的级别，放弃劣质客户，从而使企业资源与客户价值得到有效的平衡。针对不同层级的客户，管理策略应有所不同。

### 1. 关键客户管理

重要客户和次要客户是给企业带来最大价值的前20%的客户，他们能为企业创造80%的利润，因此统称为关键客户。关键客户是企业利润的基石，是企业可以持续发展的最重要的保障之一。关键客户的管理在企业管理中处于重要的地位，关键客户管理的成功与否对整个企业的经营业绩具有决定性的作用。

一般来说，企业花了很大的代价才与关键客户的关系进入稳定、良好的状态，一旦失去关键客户，就会使企业的生产经营受到很大的伤害，因此，企业只有维护好与关键客户持久、良好的关系，才能保证其持续稳定的发展。关键客户的管理要做到以下几个方面。

1）集中优势资源服务于关键客户

由于关键客户对企业的价值贡献最大，因此对服务的要求也比较高。企业应保证足够的投入，集中优势，加大对关键客户的服务力度，为其提供个性化服务。

除了为关键客户优先安排生产，提供能令其满意的产品，还要主动提供售前、售中、售后的全程、全面、高档次的服务，包括专门定制的服务，以及针对性、个性化、一对一、精细化的服务，甚至可以邀请关键客户参与企业产品或服务的研发、决策，从而更好地满足关键客户的需求。

对于有些关键客户来说，除了价格上的优惠，他们更看重企业带给他们的超值服务及良好的企业形象，他们更需要的是表明其地位和身份的特殊对待，如关键客户的专享附加服务等，都会使关键客户觉得自己与众不同，有一种优越感，从而提高关键客户对企业的忠诚度。

2）通过沟通和感情交流，密切双方的关系

（1）有计划地拜访关键客户。企业在与客户的沟通中，要考虑客户给企业带来的价值的不同，进行"分级沟通"，即针对客户的不同级别实施不同的沟通。例如，对重要客户可以每个月打一次电话，对次要客户每个季度打一次电话。对关键客户的定期回访，有利于熟悉关键客户的经营动态，并且能够及时发现问题和有效地解决问题，有利于与关键客户搞好关系。

（2）经常性地征求关键客户的意见。企业经常性地征求关键客户的意见，有助于增加关键客户的信任度。例如，企业可以定期组织与关键客户之间的沟通，听取关键客户对企业的产品、服务、营销、产品开发等方面的意见和建议，以及对企业下一步的发展计划进行研讨等，这些都有利于企业与关键客户建立长期稳定的合作关系。

（3）及时、有效地处理关键客户的投诉或抱怨。客户的问题体现了客户的需求，无论是投诉还是抱怨，都是寻求答案的标志。处理投诉或抱怨是企业向关键客户提供售后服务必不可少的环节之一，企业要积极建立有效的机制，优先、认真、迅速、有效及专业地处理关键客户的投诉或抱怨。

（4）充分利用多种手段与关键客户沟通。企业要充分利用各种手段与关键客户建立快速、双向的沟通渠道，不断地、主动地与关键客户进行有效沟通，真正了解他们的需求及能影响他们购买决策的群体的偏好，只有这样才能加强与关键客户的关系，促使关键客户成为企业的忠诚客户。

3）成立为关键客户服务的专门机构

企业可以成立一个专门服务于关键客户的机构，这样有利于企业对关键客户的管理系统化、规范化。为关键客户服务的机构要负责联系关键客户，还可为重要的关键客户安排一名优秀的客户经理并长期为其服务,对于规模较小的关键客户,可以为几个客户安排一个客户经理。

关键客户服务机构还要为企业提供准确的关键客户信息,包括获取关键客户相关人员的个人资料,并协调技术、生产、企划、销售、运输等部门,根据关键客户的不同要求设计不同的产品和服务方案。

关键客户服务机构还要利用客户数据库分析每位关键客户的交易历史,注意了解关键客户的需求和采购情况,及时与关键客户就市场趋势、合理的库存量进行商讨,在销售旺季到来之前,要协调好生产及运输等部门,保证在旺季对关键客户的供应,避免出现因缺货而导致关键客户不满。

总的来说,企业与关键客户之间的关系是动态的,企业识别关键客户也应该是一个动态的过程。一方面,现有的关键客户可能因为自身的原因或企业的原因而流失;另一方面,又会有新的关键客户与企业建立关系,因此,企业应对关键客户的动向做出及时反应,既要避免现有关键客户的流失,又要及时对新出现的关键客户采取积极的行动。

### 2. 普通客户管理

根据普通客户给企业创造的利润和价值,对于普通客户的管理主要强调提升级别和控制成本两个方面。

1)努力培养有升级潜力的普通客户,使其升级为关键客户

对于有潜力升级为关键客户的普通客户,企业可以通过引领、创造、增加不同客户的需求来提高他们的贡献度。企业可以设计鼓励普通客户消费的项目,如常客奖励计划等,对一次性或累计购买达到一定标准的客户给予相应级别的奖励,或者让其参加相应级别的抽奖活动等,以鼓励普通客户购买更多的产品或服务。还可以根据普通客户的需求扩充相关的产品线,以充分满足他们的潜在需求,这样就可以增加普通客户的购买量。

例如,美国家居装修用品巨头家得宝锁定两大潜力客户群——想要大举翻修住家的传统客户和住宅小区与连锁旅馆的专业维护人员。因此,家得宝刻意在卖场内增加"设计博览区",为客户提供他们可能会需要的一切产品和服务,包括装修设计服务和装修用品,还提供技术指导、管理咨询等附加服务。由于家得宝为客户提供了"一条龙"服务,增加了客户对企业的需要,因此增强了客户与企业的关系,伴随着客户级别的提升,企业的利润也增加了。

2)针对没有升级潜力的普通客户,减少服务,控制成本

对于没有升级潜力的普通客户,企业可以采取"维持"战略,在人力、财力、物力等方面不增加投入,甚至减少促销,以降低交易成本,还可以要求普通客户以现金支付,甚至提前预付。另外,企业还可以减少对普通客户的服务时间、服务项目和服务内容,甚至不提供任何附加服务。

### 3. 小客户管理

1)努力培养有升值潜力的小客户,促使其升级为普通客户甚至关键客户

企业应给予有升级潜力的小客户更多的关心和照顾,帮助其成长,挖掘其升级的潜力,从而将其培养成普通客户甚至关键客户。例如,大学生对于银行而言暂时是小客户,

但在就业后就可能升级为普通客户甚至关键客户。招商银行的信用卡业务部一直把在校大学生作为业务推广的重点对象之一，并进行大规模的宣传促销活动，运用各种优惠手段，赢得大学生群体的青睐。通过前期的开发和维护，当大学生毕业以后，紧随而来的购房、购车、结婚、生子、教育等大项消费需要分期付款和超前消费时，招商银行巨大的利润空间开始显现。

2）针对没有升级潜力的小客户，提高服务价格，降低服务成本

针对没有升级潜力的小客户，企业不能简单地把他们淘汰，可以采取提高服务价格、降低服务成本的方法来获取小客户的价值。首先，企业可以向小客户收取以前属于免费服务的费用，这样就会增加企业的收入，并扩大普通客户群体。同时，企业还可以向小客户推销高利润的产品，从而使其变成有利可图的普通客户。例如，香港汇丰银行对存款不足5000港元的储户每月征收40港元的服务费，这样储户要么增加存款达到5000港元，要么自行退出。

其次，企业可以降低为小客户服务的成本：一是适当限制为小客户提供的服务内容和范围，减少为小客户服务的时间，从而降低成本，节约企业的资源；二是运用更经济、更省钱的方式为小客户提供服务，减少成本。

3）对于劣质客户，压缩、减少直至终止服务

对于有恶意评论等行为的劣质客户，企业应及早压缩、减少直至终止为其提供服务，以减少利益损失，将企业的资源尽快投入其他客户群体中。例如，银行对信用状况差、没有发展前途的劣质客户，采取停贷清算等措施，淘汰劣质客户。电子商务企业或平台也可以对有恶意评论、频繁退货等行为的客户采取一定的淘汰措施。

总之，企业针对不同级别的客户采取分级管理和差异化的激励措施，可以使关键客户享受企业提供的特殊待遇，刺激有潜力的普通客户升级为关键客户，鞭策有潜力的小客户升级为普通客户甚至关键客户，淘汰劣质客户，这样就可以使企业在成本不变的情况下产生可观的利润。

### 【案例分析】

#### 兴业银行家庭理财卡的客户分级管理

兴业银行推出的"自然人生"家庭理财卡分为黑金卡、白金卡、金卡和银卡4个层次。

1. 黑金卡

个人卡：在兴业银行的所有个人账户中，日均综合金融资产折合人民币总额达到100万元，即可凭相关证件申请开卡；也可申请同卡号换卡，直接成为黑金卡用户。

家庭卡：家庭成员日均综合金融资产平均达到80万元，即可凭有效证件申请开卡。如果家庭成员日均综合金融资产平均达到25万~80万元，在剔除为其他家庭成员申请白金卡所需25万元日均综合金融资产后，剩余综合金融资产仍达到80万元，也可单独申请办理黑金卡。

2. 白金卡

个人卡：在兴业银行的所有个人账户中，日均综合金融资产折合人民币总额达到30万元，即可凭相关证件申请开卡；也可申请同卡号换卡，直接成为白金卡用户。

家庭卡：家庭成员日均综合金融资产平均达到 25 万元，即可凭相关证件申请开卡。如果家庭成员日均综合金融资产平均达到 8 万～25 万元，在剔除为其他家庭成员申请金卡所需 8 万元日均综合金融资产后，剩余综合金融资产仍达到 25 万元，也可单独申请办理白金卡。

3. 金卡

个人卡：在兴业银行的所有个人账户中，日均综合金融资产折合人民币总额达到 10 万元，即可凭相关证件申请开卡；也可申请同卡号换卡，直接成为金卡用户。

家庭卡：家庭成员日均综合金融资产平均达到 8 万元，即可凭相关证件申请开卡。

4. 银卡

只需凭相关证件申请开卡。

兴业银行对于各类客户进行分级管理，因此，持有不同种类银行卡的客户可以享受不同的服务。

1. 黑金卡尊贵礼遇

黑金卡用户可以配备一对一的专属理财顾问，针对个人情况与独特需求提供贴身的理财分析与投资建议；提供订场专线、免果岭费畅打等多项高尔夫球增值服务；可在北京、上海、深圳等全国主要机场享受易登机特别服务；全球旅行医疗紧急支援及五星级全国道路救援（每年一次免费拖车）服务；免费提供精灵信使短信通知服务，还可及时传递最新的证券、外汇、期货等方面的金融信息与市场资讯；办理业务可以享受贵宾窗口和贵宾理财区域等全面优先和优惠待遇；每逢重大节日或特殊纪念日，将送上诚挚祝福，并选择顶级客户开展联谊活动；赠送保额高达 110 万元的商旅保险；在国内异地发生理财卡丢失、被盗等意外情况时，只需凭本人有效证件即可享受特别提供的应急支付服务。

2. 白金卡尊贵礼遇

白金卡用户可以配备专属客户经理，实施优先一对一投资理财服务；提供订场专线、免果岭费畅打等多项高尔夫球增值服务；可在北京、上海、深圳等全国主要机场享受易登机特别服务；全球旅行医疗紧急支援及五星级全国道路救援（每年一次免费拖车）服务；免费提供精灵信使短信通知服务，还可及时传递最新的证券、外汇、期货等方面的金融信息与市场资讯；办理业务可以享受贵宾窗口和贵宾理财区域等全面优先和优惠待遇；每逢重大节日或特殊纪念日，将送上诚挚祝福；赠送保额高达 110 万元的商旅保险。

3. 金卡礼遇

金卡客户可以配备专属客户经理，提供一对一投资理财服务；免费提供精灵信使短信通知服务；提供转账汇款、异地通存通兑等规定项目的手续费折扣或免费的贵宾礼遇；逢重大节假日或特殊纪念日，将通过电话短信或寄送贺卡等方式传达问候和祝福；将友情提醒客户的贷款还款期、信用卡还款日、汇款到账等重要业务的办理时限，以免减少不必要的利息损失。

4. 银卡礼遇

只提供最基本的服务，但保证服务是高质且令绝大多数客户满意的，以免小客户过多流失。虽然小客户价值低，也要尽力维持，不能任其自由流失到竞争对手那边。

## 3.3 客户信息安全管理

电子商务高效率、低成本的特性，为企业提供了丰富的商机和广阔的市场空间。然而，由于互联网的开放性、共享性，在开展电子商务活动时，客户的一些机密信息有可能会成为非法入侵者的攻击目标，引发隐私泄露、信息篡改等安全问题。随着电子商务市场竞争的日益激烈，企业之间的竞争转向了客户信息资源的竞争。客户信息资源对电子商务企业至关重要，而互联网的飞速发展也使电子商务企业的客户信息面临着巨大的安全威胁。因此，做好客户信息安全管理，制定安全策略，防止客户信息遭到泄露或破坏，是电子商务企业的关键工作之一。

### 3.3.1 客户信息安全涉及的内容

信息安全是指信息系统（包括硬件、软件、数据、人员、物理环境及其基础设施）受到保护，免受偶然或恶意原因的破坏、更改或泄露。系统应连续、可靠且正常地运行，确保信息服务不中断，并最终实现业务连续性。

电子商务客户信息安全是指企业的客户信息不受未经授权的访问、使用、篡改或破坏等。生活中常有电子商务客户发现自己的账户名或密码被非法修改，导致账户安全受到威胁，甚至账户余额被盗取。因此，客户信息的安全问题涉及客户的切身利益，已经引起了人们的广泛关注，同时，这也是电子商务企业最亟待解决的关键问题。客户面临的信息安全问题主要有以下两个方面。

#### 1. 技术方面

首先，服务器及软件的安全威胁。服务器是整个电子商务活动中最关键的环节，所有的交易活动都要在服务器上进行。而服务器常常面临着数据泄露、密码设置不当或证书安全性不足、界面和 API 非法入侵、系统代码存在漏洞、账户被劫持、内部人员破坏、APT 攻击、数据永久性丢失、数据共享引发的潜在危机等九大安全威胁。这些都威胁着电子商务客户信息的安全。

其次，通信信道的安全威胁。互联网是将电子商务资源和客户连接起来的重要环节，而互联网通信信道面临着对保密性的安全威胁、对完整性的安全威胁和对即需性的安全威胁。

最后，数据信息存储的安全威胁。电子商务系统使用数据库存储用户数据和商务资料，现在大多数大型数据库都使用基于用户名和口令的安全措施，这些安全措施是通过权限实施的。一旦这些安全措施遭到破坏，数据信息发生泄露，也会对客户的信息安全造成威胁。

#### 2. 内部管理方面

一是电子商务企业缺乏网络安全管理制度。有些电子商务企业内部缺乏严密的计算机网络安全制度与策略，没有一套完备的安全管理制度。

二是缺乏对内部人员的监管。客户信息经过收集、整理、存储、整合,用于企业的各个部门进行管理和决策,涉及信息的人员非常广泛。图 3-3 统计了企业客户信息泄密的渠道,在企业信息安全破坏因素中,内部员工泄密占 60%。

三是企业员工的频繁流动。客户信息管理人员流动频繁导致数据管理难以系统化,并且容易造成数据丢失或泄露,这是电子商务企业面临的一大难题。

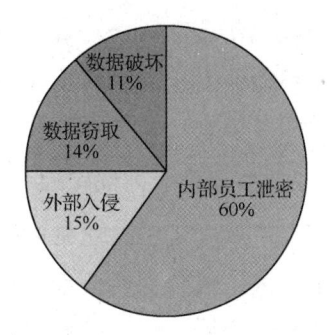

图 3-3 企业客户信息泄密的渠道

> 【案例分析】
>
> **淘宝网"错价门"事件**
>
> 淘宝网曾出现"错价门"事件。在淘宝网开设的团购当中,大量商品被标价 1 元,引发网民争先恐后哄抢,但是之后许多订单被淘宝网取消,随后淘宝网发布公告称此次事件为第三方软件"团购宝"交易异常所致。部分网民和商户询问"团购宝"客户服务人员,得到自动回复称:"服务器可能被攻击,已联系技术人员紧急处理。"这起"错价门"事件暴露出电子商务安全问题不容小觑。有专家评论称,在此次事件中,消费者与商家完成交易成功付款下了订单,买卖双方之间形成了合同关系。作为第三方交易平台的淘宝网关闭交易,按照我国现行的法律法规,这种行为已侵犯了消费者的自由交易权,损害了消费者的合法权益,应赔礼道歉并赔偿消费者的相应损失。
>
> 【点评】目前我国电子商务领域安全问题日益凸显,这些现象对网络交易和电子商务提出了警示。公安机关和电信管理机关、电子商务及管理机关应当高度重视电子商务暴露的安全问题,严格执法、积极介入,彻查一些严重影响互联网电子商务安全的恶性事件,切实保护消费者权益,维护我国电子商务健康有序发展。

### 3.3.2 客户信息隐私保护

面对客户信息安全问题,电子商务企业需要采取安全防护措施,制定完善的安全策略,保护客户信息隐私。安全策略的制定,既要包括技术和网络安全防护体系方面,又要包括企业内部管理制度。技术网络安全防护体系用于防止电子商务企业网络遭到破坏,保证企业数据存储和传输安全;企业内部管理制度用于管理企业内部员工,增强他们的职责意识、法律意识,防止客户信息从内部泄露。保护客户信息隐私的安全策略通常包括以下 4 个方面。

**1. 技术防护手段**

充分利用各种先进的安全技术,如保护主机安全的防火墙技术、系统漏洞检测技术、黑客跟踪技术等,保护数据存储和传输安全的身份认证技术、访问控制技术、密码技术、安全审计技术等,在恶意攻击者和受保护的企业信息资源之间建立多道严密的安全防线,提高恶意攻击的难度,并通过增加审核信息的数量跟踪入侵者。

例如,数据库的防护要利用数据存储技术加强数据备份和恢复措施,对敏感的设备和数据要建立必要的物理或逻辑隔离措施。对于数据传输过程中信息的安全防护,应从路由器到用户各级建立完善的访问控制措施,安全防火墙加强授权管理和认证,对在公共网络上传输的敏感信息采用非对称密钥加密技术进行高强度加密,保障 Web 站点之间信息传输的安全性。对于整个电子商务系统的防护,安装防病毒软件,加强内部网的整体防病毒措施;建立详细的安全审计日志,以便检测并跟踪入侵攻击等。

### 2. 加强企业内部管理

为了保障电子商务正常运行,企业要加强内部安全管理,建立系统维护制度,包括审批制度、维护方法、维护内容测试、维护文档编制的规范化制度,维护用机、测试数据域营运机器、实际数据的分割制度,源程序保管控制制度等。

建立信息系统的访问管理制度和操作流程,对员工进行有效的监管。在电子商务信息系统内部建立操作流程规范和职责体系,对信息的访问进行授权和数据接触监管。对于那些对企业的程序和数据具有访问特权的员工,运用信息技术,通过设置操作日志功能和控制程序等来完成监督,从而达到对系统和数据库操作的实时监控与记录,并对日志文件定期进行安全检查和评估,以此避免信息系统故障和客户信息泄露。

建立和完善人力资源管理制度,保证和提高员工的素质和品行。加强人员素质培训,明确聘用政策和对内外交流规定等,在一定程度上规避道德风险。建立激励约束机制,提升员工的心理契约,把核心人员及其下属的短期行为长期化,使他们更关注公司长远的发展,以减少员工的流动性。加强企业员工之间的交流与沟通,创造积极且寻求进步的、支持性的企业文化,提高员工的自我效能和企业凝聚力。

### 3. 依靠网络安全法律法规

电子商务企业可以通过法律法规获得政府和行业的支持与保护,同时可以借鉴电子商务发展较为成熟的国家和国际组织的先进经验,这些国家和国际组织的示范作用不容忽视,它们的技术规范和最佳实践可以直接为我们所用。

---

**【思政小课堂】**

依法治国是我国治理国家的基本方略。2020 年 12 月,中共中央印发的《法治社会建设实施纲要(2020—2025 年)》指出,"全面推进网络空间法治化,营造清朗的网络空间"。2021 年 1 月,中共中央印发的《法治中国建设规划(2020—2025 年)》指出,"推进法治中国建设的数据化、网络化、智能化"。两份文件均强调把现有的法律延伸到网络空间。坚持依法治网,实现网络空间法治化治理,是维护国家网络安全的有效途径。

---

### 4. 加强电子商务客户的个人信息保护意识

在电子商务环境中,客户自身的安全意识对于保障个人信息安全具有重要作用。如果客户安全意识足够,那么将大大减少相关的维权工作。

首先,要加大普法力度。政府有关部门应当利用官方平台,创建专门版块,致力于维护消费者权益及个人信息安全。该版块应整合相关法律法规、政策规定、典型案例、专家解析等内容,以通俗易懂的方式向公众普及。

其次,电子商务客户应在具体消费行为中增强保护意识。电子商务客户在进行电子消费时应当选择正规的网站进行购物,注册账号信息时应当避免填写非必要信息,设置账户密码及支付密码时,应当选择相对复杂的密码,以保证账号的安全性。购物结束养成定时删除浏览记录的习惯。遭遇侵权行为时,要积极利用法律武器维护自身的合法权益。

**【知识拓展】**

在信息化时代,电子商务想要进一步发展,就必须保障消费者个人信息的安全。目前,我国有关保护个人信息安全的立法主要有:全国人大常委会于2000年通过的《关于维护互联网安全的决定》,这是我国规范互联网个人信息保护的首部立法;2015年出台的《网络安全法》规定,如网络运营者需要收集和使用消费者的个人信息,需征得消费者的同意并表明其目的、途径和范围。

2015年实施的《刑法修正案(九)》重新整合"侵犯公民个人信息罪",进一步规定了侵犯公民个人信息的行为属于刑事犯罪。2016年的《电子商务法(草案)》中明确规定了电子商务平台提供者的相关技术手段,同时,也进一步明确了其经营者在消费者个人信息泄露时应履行的相关义务。2021年生效的《民法典》中进一步对其做出规定,自然人的个人信息受法律保护,任何组织或个人需要获取他人个人信息的,应当依法取得并确保信息安全,不得非法收集、使用、加工、传输他人信息,不得非法买卖、提供或者公开他人个人信息。

## 课后反思与练习

一、多选题

1. 客户信息的收集渠道包括(     )。
   A. 商品浏览记录    B. 客户回访    C. 售前收集    D. 客户反馈
2. 下面针对关键客户的管理说法正确的是(     )。
   A. 集中优势资源服务于关键客户
   B. 通过沟通和感情交流,密切双方的关系
   C. 成立为关键客户服务的专门机构
   D. 提高服务价格,降低服务成本
3. 在根据客户创造利润的能力进行客户分级管理时,可以将客户分为(     )。
   A. 关键客户    B. 次要客户    C. 普通客户    D. 小客户
4. 下列关于客户信息安全,说法正确的是(     )。
   A. 电子商务企业员工的频繁流动与客户信息安全没有关系
   B. 电子商务客户信息安全是指企业的客户信息不受未经授权的访问、使用、篡改或破坏等
   C. 互联网通信信道只面临着对保密性的安全威胁
   D. 有些电子商务企业内部缺乏严密的计算机网络安全制度与策略,这也会使客户面临信息安全问题
5. 保护客户信息隐私的安全策略包括(     )。
   A. 技术防护手段
   B. 加强企业内部管理

C．依靠网络安全法律法规

D．加强电子商务客户的个人信息保护意识

## 二、简答题

1．你认为如何利用先进的技术手段使客户分级的方法更科学高效？

2．请结合自己的网购经历，谈谈从电子商务客户的角度如何保护自己的信息安全。

## 三、项目实训题

1．实训内容与要求

以"6·18"年中购物节为背景。以某品牌天猫旗舰店卖家的身份，对店铺客户进行分级（客户信息自行拟定），制定针对不同等级客户的促销活动和优惠措施。

2．项目实训完成情况评价（自我评价）

| 评价内容 | | 自我评价等级（在符合情况下画√） | | | |
|---|---|---|---|---|---|
| | | 优秀完成 | 较好完成 | 基本完成 | 没完成 |
| 能对客户进行合理分级 | | | | | |
| 能针对不同层级的客户制定相应的管理措施 | | | | | |
| 能保护客户的信息安全 | | | | | |
| 自我评价 | 我的优势 | | | | |
| | 我的不足 | | | | |
| | 我的努力目标 | | | | |
| | 我的具体措施 | | | | |

# 第 4 章
# 电子商务客户服务管理

> 学习目标 →

- 了解电子商务客户服务的含义、工作范畴和发展阶段。
- 熟悉高效、标准化的电子商务客户服务流程。
- 掌握电子商务客户投诉处理与服务补救。

**【思政案例】**

"遇到了就出点力"——一个电子商务人朴素的家国情怀

一波又一波新客人涌来,二话不说,下单,付款……这是最近拼多多上一家名为"农夫口袋小东家"的涌泉蜜橘网店所遭遇的"离奇"事件。直播间里,有刚进来的人在急切询问"是这家吗""这是大学生说的那家吗""请问你是送浙大学生橘子的老板吗"……

原来,一名浙大博士生之前曾在此订购橘子,沟通中店主得知买橘子是为做科研,决定免费寄一箱,还说"帮不了国家大忙,遇到了就出点力"。这段聊天记录被博士生发出后,引来同学们纷纷下单"手动点赞",完成了一场爱心接力。以至于店家都不得不劝大家理性消费。

"赠人橘子,手有余香""橘子虽小,格'橘'很大"……消息刷屏后,网店店主陈凯被送"最美卖橘人"称号。店家这一颇具"人情味"的服务,行为虽小,可其中饱含的情谊却真挚而动人。据后续报道,这位95后店主的善意举动,也实现了一个年轻人与国家间"爱的循环"。他在接受采访时表示,此前自己创业时,因成功申请到国家的大学生创业补贴,才解决了启动资金问题。"现在是回馈社会的时候。"陈凯的话平实朴素,却因其真实和具象而温暖人心。

"为涌泉蜜橘打 Call"的暖闻看似偶然,却有着不少必然性。一群做农科研究的大学生、一位 95 后农产品店家、一个致力于推动乡村振兴的新电子商务平台,都有自身用于立足的学业、事业、产业。他们一步步脚踏实地、努力前行,在国家、社会需要时主动奉献自己的力量,哪怕是微薄之力、举手之劳,都是社会责任感的生动表达。

从中我们也可以看出,互联网应该是有温度的,电子商务客户服务不是冷冰冰的机器。以客户为中心,提供具有"人情味"的服务,才是电子商务企业的长久生存之道。电子商务客户服务的目的就是提升客户的满意度、喜爱度,电子商务企业要留住客户、扩大客户,就不能让服务温度缺失。本章将详细介绍电子商务客户服务的基本知识。

## 4.1 电子商务客户服务管理概述

随着电子商务的蓬勃发展,其市场也日臻成熟,传统的比拼价格的粗犷式销售方式已经无法满足消费者的需求。电子商务企业越来越关注销售的方式与质量,管理理念正在由"以产品为中心"向"以客户为中心"转变。电子商务企业与客户之间只有建立良好的沟通渠道,充分了解对方的价值追求和利益所在,才能实现双赢。

### 4.1.1 电子商务客户服务的含义

电子商务环境下的客户服务与传统实体店的导购服务一样,承担着迎接客户、解答客户的疑问等责任,只不过是借助互联网途径来传递信息。买卖双方通过文字、图片、语音、视频等信息的传递形成互动和交流。一个平台或者电子商务企业如果没有一个高效、合理、人性化的客户服务模式,将难以生存和发展。

电子商务客户服务是基于互联网的一种客户服务工作,承担着客户咨询(价格、物流)解答、订单业务受理、商品推广、处理纠纷和投诉等职能。电子商务客户服务作为承上启下的信息传递者,还肩负着将客户的建议、网站平台操作意见等反馈给公司内部其他部门的重任。电子商务客户服务也是一种服务理念,是一种无形的却可以给客户带来某种利益和满足感的活动,是产品的重要附加价值,与其他有形的产品一样,强调满足消费者的需求和期望。

### 4.1.2 电子商务客户服务的工作范畴

电子商务的发展让传统贸易实现了电子化、数字化和网络化,无论是产品咨询、订购还是支付环节,都可以经由互联网完成。电子商务客户服务管理是在传统客户服务管理的基础上,以信息网络技术为平台的一种新的客户服务管理理念和模式;是电子商务企业充分利用数据仓库和数据挖掘等先进的智能化信息处理技术,把大量的客户资料加工成信息和知识,为企业经营决策提供支持,以提高客户满意度和企业竞争力的一种过程或者系统解决方案。电子商务客户服务人员和客户之间建立良好的沟通交流对于电子商务的整个经营销售过程至关重要。电子商务客户服务的工作范畴主要包括如下 4 个方面：解答客户咨询、促进销售、售后服务、监控管理。

**1. 解答客户咨询**

解答客户咨询是电子商务客户服务最基本的业务范畴。作为工作在获取各类信息的最前线的人员、广大客户的直接接触者，电子商务客户服务人员需要聆听并解决所有客户提出的问题。电子商务客户服务人员在解答客户咨询时，关于产品涉及的专业术语、属性特征等，需要介绍得简明扼要，并进行适当简化，用通俗易懂的方式向客户解释和说明；针对客户问题，需要提出负责而有效的解决方案，不能搪塞拖延；从长远来看，对客户咨询的问题耐心细致地进行解答，能十分有效地增强客户对电子商务企业的信任感，从而形成客户黏性。

**2. 促进销售**

由于线上的商品都是通过图片或者视频来展示的，因此，客户无法真实地了解商品的情况。电子商务客户服务人员不仅可以回答客户的提问，还能让客户更好地了解商品，打消客户对商品的疑惑，促成交易。对于一个犹豫不决的客户，一个有着专业知识和良好的销售技巧的电子商务客户服务人员可以帮助客户选择合适的商品，促成客户的购买行为，从而提高成交率。电子商务客户服务人员还可以配合营销人员，定期推送店铺上新、营销活动信息，促成二次交易的达成。

**3. 售后服务**

客户下单付款，并不意味着电子商务客户服务的结束，售后服务是电子商务企业保持和扩大市场份额的重要保障。美国著名销售人员乔·吉拉德曾说："真正的销售始于售后，售后是下一次销售的开始。"为减少纠纷，电子商务客户服务人员应该根据订单处理过程主动联系客户，让客户及时掌握最新的动态，同时感受到卖家的重视，提高客户对服务的满意度。电子商务客户服务人员售后服务主要包括鼓励客户好评与分享、妥善处理客户纠纷与投诉等。

**4. 监控管理**

电子商务客户服务人员作为客户最直接的接触者，一方面，需要对客户信息进行收集整理，如购买频次、购买数量、所处地区、评价等信息，然后做出总结和分析报告，并对客户进行归档和分类，完善客户档案；另一方面，需要对销售过程进行监控管理，定期将遇到的客户问题进行分类归纳，并及时反馈到电子商务企业内部部门，为部门决策提供建设性意见。

### 4.1.3 电子商务客户服务的发展阶段

电子商务企业与客户的沟通互动正在经历一场深刻的变革，从点到面，再向三维立体方向发展。具体而言，在增量时代，客户和电子商务企业间的沟通更多的是单向生硬的广告。但在存量时代，电子商务企业和客户间需要更为深入和全面的沟通。例如，企业和客户的沟通互动服务需要覆盖客户全生命周期，从售前、售中、售后到复购，以此深化品牌印象；需要进行社交化沟通互动，覆盖线上线下全渠道，以此增加客户的参与度；需要跨越所有业务板块，与合作伙伴组织一起，为客户提供一致的体验。受客户全生命周期的服务驱动，电子商务客户服务逐渐从传统客户服务向智能客户服务进化，电子商务客户服务的发展大致可以分为如下3个阶段。

### 1. 电话呼叫中心阶段

从20世纪90年代客户服务系统引入中国到21世纪初，客户服务沟通主要以电话为主，是最传统的第一渠道客户服务形态。在CTI（Computer Telecommunication Integration，计算机电话集成）技术的辅助下，企业自建呼叫中心。该阶段主要满足大中型企业客户服务的需要，客户服务人员与客户之间沟通不顺畅，沟通效率低下，受限于时间与空间，沟通成本高。

### 2. 多通路融合阶段

互联网技术的发展使电子商务客户服务增加了即时通信、社交工具、互动社区、Web、App、音视频等实时沟通方式，融合渠道拓宽了电子商务企业与客户的联系方式，使客户服务从有限接触点变成支持客户全生命周期的所有关键接触点。客户可以使用任何他们认为方便的方式与电子商务客户服务人员或服务程序沟通，此阶段仍然以人工客户服务为主。

### 3. 全场景智能客户服务阶段

全场景智能客户服务为客户创建了一个虚拟的办事环境，按照业务逻辑引导客户找到解决问题的相关信息。它就像一个耐心和智能的机器解答者，通过引导客户做几步简单的选择，便可提供合适的信息和针对性的服务。客户使用多通路接触方式，获得场景化的服务，如视频智能导购场景、扫码智能维修场景。通过人机客户服务接待，连接售前、售中、售后服务，实时响应客户诉求，尤其是在"6·18""双11"高峰期间，机器人接待可以避免商家出现无人值守的尴尬。智能客户服务的出世无疑会对现有客户运营业务的格局产生重大影响。

> **【知识拓展】**
>
> **智能客户服务与传统客户服务对比**
>
> 相比传统的人工客户服务，智能客户服务在接入渠道、响应效率、数据管理等方面具有突出优势，如图4-1所示。智能客户服务是在人工智能、大数据、云计算等技术赋能下，通过客户服务机器人协助人工进行会话、质检、业务处理，从而释放人力成本、提高响应效率的客户服务形式。例如，在响应效率方面，因为存在前向或后向服务的连续性要求，客户可能会在任何时间以任何方式提出任何问题，传统客户服务在服务响应速度和准确性等方面的体验不尽如人意。智能客户服务的最大优势是其与客户的即时和直接接触，这是其他服务模式不具备的。在数据管理方面，智能客户服务能对数据进行快速处理，形成对数据的统一管理，而传统客户服务因数据处理环节较多、数据分散不易管理等原因导致效率低下。
>
> 尽管智能客户服务呈现出诸多优势，但其核心功能仍在于辅助，而非替代人工。智能客户服务在实际应用中仍存在一些痛点，需要人力补充及优化。

| 对比维度 | 智能客户服务 | 传统客户服务 |
|---|---|---|
| 特点 | 以各技术为基础；通过机器人进行服务 | 以呼叫中心为基础；通过人工进行服务 |
| 接入渠道 | 多元化接入渠道；各渠道呈互通的发展态势 | 接入渠道单一，以电话为主；各渠道相对封闭 |
| 响应效率 | 7×24小时响应；响应效率高 | 全天候响应受限；响应效率因人而异 |
| 数据管理 | 数据处理快速；形成对数据的统一管理 | 数据处理环节较多，效率较低；数据分散不易管理 |

图 4-1　智能客户服务与传统客户服务对比

## 4.2　建立高效、标准化的电子商务客户服务流程

根据美国营销协会的研究，客户不满意的原因有 1/3 是产品或服务本身不足，其余 2/3 是因为电子商务企业客户服务沟通不畅。电子商务客户服务作为直接与客户沟通且与客户关系最为紧密的一个环节，直接关系着客户满意度。电子商务客户服务人员与客户沟通，可以把产品或服务信息传递给客户，把电子商务企业的宗旨、理念介绍给客户，把有关政策向客户传达、宣传，使客户知晓电子商务企业的经营意图。电子商务客户服务人员还可以主动向客户征求对产品或者其他方面的意见与建议，以此来提高客户满意度。在客户服务环节，客户的满意度越高，就越容易促成交易的完成，因此，需要通过建立专业性的客户服务来优化客户体验，如高效、标准化的客户流程可以让客户感受到可靠性。电子商务客户服务工作贯穿整个业务流程，按照电子商务客户服务所处的流程不同，可以划分为售前服务沟通、售中服务沟通和售后服务沟通。

### 4.2.1　售前服务沟通

售前服务是指在产品销售之前，电子商务客户服务人员就产品相关信息、产品选择、产品使用等问题为客户提供的一系列服务。售前客户服务人员必须掌握足够的商品相关知识，包括商品专业知识、商品周边知识、同类商品信息和商品促销方案等。其中，商品专业知识包括产品质量、性能、规格、安全性、使用方法等；商品周边知识包括商品附加值和附加服务等。与此同时，售前客户服务人员在与客户沟通过程中，需要了解客户的需求，为客户提供满意的服务。

图 4-2 所示为售前客户服务沟通的基本流程。售前客户服务沟通大致可以分为欢迎语、明确客户需求、活动告知、关联推荐、下单行为跟进、确认收货地址、推送关注型优惠、告别语、整理客户信息等步骤。

**1. 欢迎语**

来店铺询单的客户对店铺的回复速度是有期望的，因此，很多商家会设置自动应答来实现对客户首次接入的及时响应。首次接入回复的内容通常是欢迎语，如："您好，欢迎光临××旗舰店，我是客户服务××，有什么可以帮助您的呢？"很多商家会使用一些"鲜花"等表情符号，给人以亲切感，拉近与客户的距离。客户服务人员需要及时跟

进，避免客户长时间等待。欢迎语的形式多种多样，客户服务人员可以根据店铺的风格进行调整和改变，找出最有效的欢迎形式。

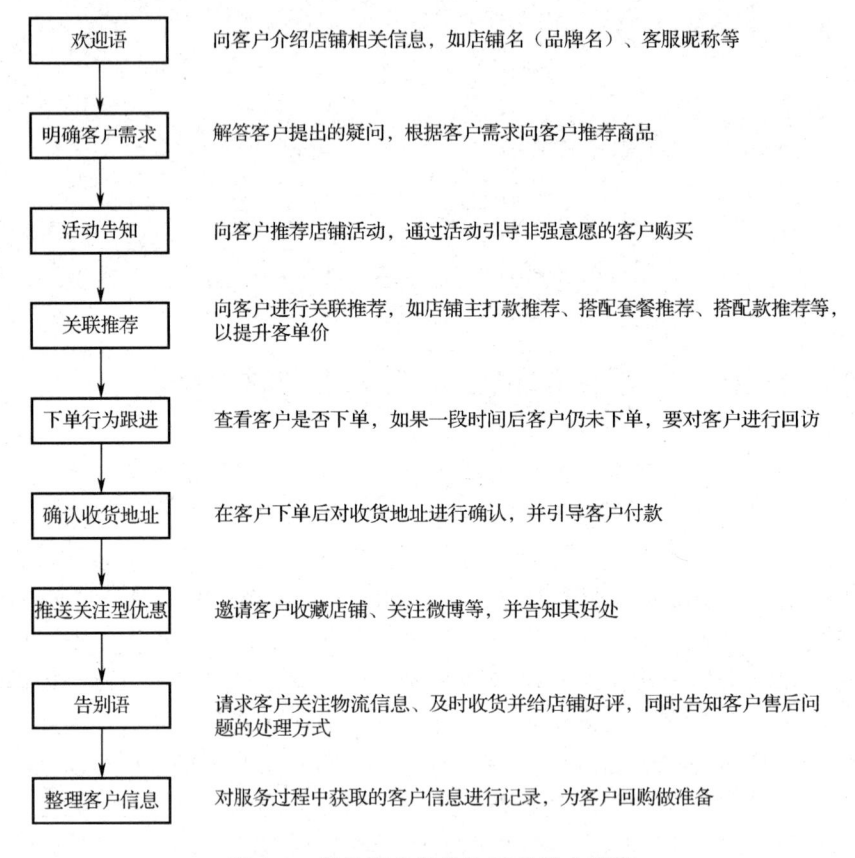

| 流程 | 说明 |
|---|---|
| 欢迎语 | 向客户介绍店铺相关信息，如店铺名（品牌名）、客服昵称等 |
| 明确客户需求 | 解答客户提出的疑问，根据客户需求向客户推荐商品 |
| 活动告知 | 向客户推荐店铺活动，通过活动引导非强意愿的客户购买 |
| 关联推荐 | 向客户进行关联推荐，如店铺主打款推荐、搭配套餐推荐、搭配款推荐等，以提升客单价 |
| 下单行为跟进 | 查看客户是否下单，如果一段时间后客户仍未下单，要对客户进行回访 |
| 确认收货地址 | 在客户下单后对收货地址进行确认，并引导客户付款 |
| 推送关注型优惠 | 邀请客户收藏店铺、关注微博等，并告知其好处 |
| 告别语 | 请求客户关注物流信息、及时收货并给店铺好评，同时告知客户售后问题的处理方式 |
| 整理客户信息 | 对服务过程中获取的客户信息进行记录，为客户回购做准备 |

图 4-2 售前客户服务沟通的基本流程

**示例 4-1 关心问候**

"MM（网络术语，对女性的称呼），最近天气变冷了，要注意保暖哦。冬天的话，天气比较干燥，要多用一些补水保湿的产品，保护好自己的皮肤哦，有什么可以帮到您的呢？"

**示例 4-2 利用节日等活动**

"亲（网络术语，对客户的称呼），××旗舰店祝您新年快乐哦，过年回家别忘了给家人带份祝福，有什么可以帮到您的呢？"

### 2. 明确客户需求

商家应该根据店铺商品的特点，制定特殊情景应答方案，通过分析与客户的聊天记录，找到客户经常会咨询的问题，针对这些问题，制定相应的方案。情景应答方案不是一成不变的，需要及时更新与升级。电子商务客户服务人员需要对各种情景的应答方式进行规范，这样有利于降低询单过程中的出错率，为客户创造友好、专业的询单体验。另外，对于店铺内部而言，流程化的模式也有利于店铺考核和管理。表 4-1 列举了箱包类常见咨询问题，主要是关于尺寸、颜色、材质、内部结构、气味、清洗方式等。不同电子商务企业应根据商品特点制定相应的特殊情景应答方案，这能极大地提高工作效率。

表 4-1　箱包类常见咨询问题

| 被询问的方向 | 具 体 问 题 |
| --- | --- |
| 尺寸 | 体积大小、肩带长度、容量等 |
| 颜色 | 颜色种类、适合的年龄等 |
| 材质 | 是否皮质、是否变形、软硬程度、里衬材质等 |
| 内部结构 | 隔层数量、内层口袋数量等 |
| 气味 | 是否有异味 |
| 清洗方式 | 是否可擦洗、是否可水洗 |

针对客户的常规性问题，如是否有货、询价、质量、售后保障等问题，电子商务客户服务人员应该以专业的态度、热情的服务及时解决客户的问题，如示例 4-3，客户比较关注商品是否是正品，电子商务客户服务人员应向客户说明店铺的资质、商品的相关合格证书，或者以一些客户购买并使用后的反馈等方式打消客户的疑惑，促成客户下单行为。在示例 4-4 中，客户对价格有些犹豫，电子商务客户服务人员应向客户说明商品的营销活动、价格优惠、产品质量保障等，让客户感受到现在下单是最划算的时候，促成下单行为。

### 示例 4-3　关于产品质量

问：请问你家这个是正品吗？

答：亲，×××旗舰店品牌直销哦，旗舰店是需要公司营业执照、注册商标、税务登记证、产品质检报告等手续证明才能开的。所以对于这个问题您大可放心，不仅确保正品，而且确保实惠。

答：亲，我们的商品是 30 天无条件退换货，退货邮费我们承担哦。而且亲，给您看看我们的客户评价——"质量还挺不错，给 5 分"（截图）。

### 示例 4-4　关于议价

- 活动期间可以便宜点儿吗？

答：亲，抱歉啊。我们不议价的哦，现在是活动期间，您拍下的价格已经非常优惠了。

- 买得多有优惠吗？

答：亲，我们的活动是……而且都是包邮的哦。价格上请您放心，这个……活动是我们线上独享的活动，线下是没有这个优惠活动的，所以您已经享受最大的实惠啦！

- 买了还会再来，能优惠吗？

答：亲，买过且交易成功后您就是×××旗舰店的尊贵会员了，再次来购买，亲就可以享受会员价格购买了。

- 别家的比你们便宜。

答：亲，我们的商品价格都是线上线下统一的，质量是有保证的。别家商品不是很清楚呢，我们是×××旗舰店品牌直销，保证正品哦！

- 多次议价的客户。

答：我只是一个小小的客户服务人员，没有权限修改价格，这样吧，我去帮您向我们主管申请一下，看看能不能拿到折扣，不过拿到折扣的概率很小，我尽量帮您申请吧，麻烦您稍等两分钟。

……等待 2～3 分钟后再回复客户下述语句：

答：亲，主管说价格修改不了，不过我给您争取到了精美礼品一份。这个礼物质量很好，您看这样好吗？

### 3. 活动告知

电子商务客户服务人员应该主动向客户推荐店铺活动，通过活动引导非强意愿的客户购买。在向客户告知商品活动时，忌过分热情、功利求成，不停地向客户介绍店铺中的各种商品，避免让客户产生压迫感。

**示例 4-5 减免优惠券活动**

"亲，现在我们家购满××元可以使用×元优惠券，您还有什么别的需要的就一起拍下吧。"

"亲，今天我们家所有产品 7 折包邮，今天是活动最后一天，是本年度最大的一次优惠活动了，机不可失哦。"

**示例 4-6 抽奖活动**

"亲，如果购满××元可以参加我们家的抽奖活动，您购物完了去看一下，一等奖的话有×××，祝您中奖哦。"

### 4. 关联推荐

电子商务客户服务人员可以根据客户提出的问题有的放矢地推荐客户感兴趣的商品，如店铺主打款推荐、搭配套餐推荐、搭配款推荐等，以提高客单价。

**示例 4-7 关联商品推荐**

"您喜欢的这款商品现在和××商品做搭配销售，一起购买会有很大的优惠，购买套餐更加划算哦。"

"亲，您喜欢的这款商品主要功效是祛痘的，搭配××面膜使用效果更好（附链接），您这边需要考虑下吗？"

### 5. 下单行为跟进

在网购过程中，常常会出现电子商务客户服务人员询问需求后客户无应答、客户下单后迟迟未付款、下单后取消订单等情况，电子商务客户服务人员需要及时跟进客户的下单行为。在这个环节中，如果电子商务客户服务人员不能很好地参与进来，很容易导致本来可以成交的订单流失，特别是客户下单但未付款的情况，催付款就像买家的最后一道防线，电子商务客户服务人员需要用精湛的技巧，精准把握催付节奏，提升店铺整体的付款成功率。

一般情况下，客户会在下单之后 15 分钟之内完成付款，这 15 分钟为"付款冲动期"，这个时间段内客户对购物有非常明显的冲动。超出这个时间段之后，客户的付款意愿会明显下降，也说明客户逐渐冷静下来，变得理性。客户未付款的可能原因有客户对价格仍在犹豫、对店铺和商品存在不信任、还在比价、忘记支付等。对于电子商务客户服务人员来说，趁热打铁催付款是比较科学的方法。掌握灵活的催付款话术能起到事半功倍的效果。下面介绍几种常用的催付款话术。

**示例 4-8 核对地址和快递方式**

"亲，很高兴看到您下单了，××××××××××地址对吗？我们发顺丰快递，宝贝很快就能与您见面了。为了尽快给您发出，请尽快付款哦。"

#### 示例 4-9 告知客户优惠时效

"亲，您在我们店拍的商品已经确认，现在我们每天前 1000 名付款买家都有精美赠品送哦，您付款还来得及。"

"亲，我看您已经下单了，今天是我们满××减××（七折）优惠的最后一天，现在购买非常划算，您不要错过这次机会哦，请尽快支付。"

#### 示例 4-10 告知客户质量和售后保障

"亲，您还有其他方面的问题吗？咱们家的商品都是官方正品保障，支持 7 天无理由退换货，包运费险，收到以后包您满意，如果不满意也没有后顾之忧，不适合或不喜欢您都可以随时退呢！"

#### 示例 4-11 告知客户商品热销及库存

"亲，这款是咱家的爆款，很多亲都在抢购！咱拍下是减库存的哦，为了防止您拍下的宝贝被别的亲抢走，请尽快付款吧！"

"亲，您的眼光真好，这个宝贝很热销，不知道亲是哪方面还有疑问呢？有没有需要我帮助的地方呢？"

### 6. 确认收货地址

当客户下单并付款完成之后，电子商务客户服务人员应该及时与客户核实收货地址、电话等个人信息是否准确。另外，要特别关注个性化留言，做好备忘录，避免错发、漏发等情况，尽可能控制售后不必要的麻烦和纠纷。

#### 示例 4-12 与客户确认收货地址

"亲，很高兴您选择我家这款商品，请核对收货地址×××××××，您的备注信息（红色，L 码）已记录，我们将尽快为您发货。"

### 7. 推送关注型优惠

电子商务客户服务人员在与客户确认地址时，可以邀请客户收藏店铺，关注公众号、微博等，为建立长久的客户关系打下基础。

#### 示例 4-13 推送关注型优惠

"亲，很荣幸您选择我家这款商品，欢迎您点赞和收藏店铺哦，现邀请您加入我们 VIP 优惠群（附链接），我们将定期给您推送店铺优惠活动，期待您的下次光临！"

### 8. 告别语

无论成交与否，电子商务客户服务人员都要展现出诚恳热情的态度，给客户愉快的购物体验，特别是因为议价没有成交的客户，可能最终会因为卖家的专业服务而回头购买产品。

#### 示例 4-14 告别语

"亲，很高兴您选择我家这款商品，您选购的宝贝正在向您飞奔而去，期待您的下次光临！"

### 9. 整理客户信息

售前电子商务客户服务人员在结束与客户交谈之后，需要对服务过程中的客户信息进行整理，对客户提问进行归纳总结，不断完善情景应答方案，为下次客户回购做准备。

> **【思政小课堂】**
>
> 诚信是社会主义核心价值观的重要内容之一。人无信不立，一个人失信尚且没有立足之地，更何况是企业。电子商务企业面对的是更为庞大的受众，谋求的是一种长久的良性发展。电子商务客户服务人员作为电子商务企业的"发言人"，其一言一行在客户看来体现的都是店铺或公司的形象。因此，电子商务客户服务人员一定要明白，你的行为对你代表的企业将产生非常大的影响，切不可在沟通过程中失信于客户。

### 4.2.2 售中服务沟通

售中服务是指客户已经付款但还没有收到货的阶段，由电子商务客户服务人员提供的服务。售中服务主要包括查询订单状态、换货/更改物流和取消订单。电子商务客户服务人员需要掌握售中服务标准流程及相关的沟通术语。图4-4所示为售中服务中查询订单状态、换货/更改物流和取消订单的处理流程。

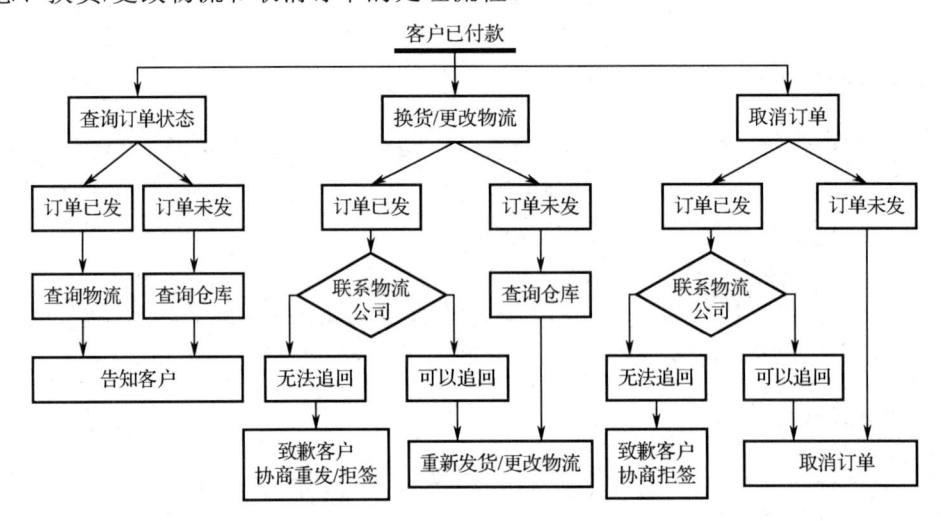

图4-3 售中服务中查询订单状态、换货/更改物流和取消订单的处理流程

**1. 查询订单状态**

客户在付款之后，对商品的期待之一就是尽快发货，商家不仅要做到快速发货，还要做到发货后快速告知，满足客户对付款后商家发货动作的期待。告知的内容一般包括发货时间、物流公司和物流单号。对于未发货的订单，电子商务客户服务人员需要查询仓库，催促发货，并安抚客户。客户对商品的期待之二就是尽快到达，因此，电子商务客户服务人员需要做好包裹的在途关怀，同时对于突发的物流事故需要进行有效处理。

1）未发货安抚

在大型电子商务促销活动，如"6·18""双11""双12"期间，商家可能因为订单量大、物流紧张，未能及时发货（仍在发货期限内），客户查询订单信息，显示商品仍然是未发货状态，此时会咨询客户服务人员发货时间等相关问题，电子商务客户服务人员需正面引导，并安抚客户情绪。

**示例 4-15 未发货咨询**

问：已经下单两天了，怎么还没有发货呢？

答：亲，不好意思，这边查询了仓库，显示商品等待发货状态中，因"双11"期间订单量大，商品会按照订单顺序依次发货，我们会尽快发货，并第一时间通知您发货状态，祝您生活愉快！

2）包裹在途关怀

包裹进入运输环节之后，即包裹的在途期。在此期间，客户的期待感会更加迫切。商品运输期是开展客户关怀的重要时机，最有效的方式是一旦有物流信息更新便及时告知客户。这样不仅能带给客户良好的物流体验，还能增强客户对品牌的印象。到达提醒是指当商品到达收件人同一个城市的时候，给收件人发送短信提醒。为降低客户服务人员的工作压力，相关信息可以通过设置模板来完成。

**示例 4-16 包裹在途关怀**

"亲，您的快递已经在派送了，收货时，请检查快递外包装是否完整，确认无误之后再签收哦，祝您购物愉快！"

3）突发物流事故处理

快递在派送期间可能会出现超区、超时、退回等情况，当遇到这些问题时，物流的整体流转时间会拉长，部分包裹可能被延时十几天，出现这种情况是最容易引发差评和投诉的。最好的物流体验应该是及时监控这些异常物流并及时解决，同时向客户及时告知并做好安抚工作。一方面，能够降低客户的焦虑感；另一方面，能加深客户对店铺和品牌的印象。

**示例 4-17 包裹被退回**

"亲，因××原因，寄给您的物流包裹被退回，有如下几种解决方案供您选择：1. ××结束，立即给您补发；2. 申请售后，取消发货。给您造成不便，敬请谅解！"

2. 换货/更改物流

客户下单后，由于操作不当，对商品规格等选择错误，咨询客户服务人员更改订单信息或者换货，客户服务人员应该根据订单的物流状态，为客户解决问题。如果订单处于未发货状态，客户服务人员需要备注客户更改订单信息，并向客户确认，重新发货。如果订单已发货，且处于不可追回的状态下，需告知客户可以选择货物抵达后申请售后进行换货或者退货处理。

**示例 4-18 客户申请换货**

"亲，这边显示订单还未发货，您是要确定更改订单信息吗？XL码换成L码，这边已经备注，请您放心。"

3. 取消订单

客户在15分钟付款冲动期下单后，由于某些原因需要取消订单，前来咨询客户服务人员。如果订单处于未发货状态，电子商务客户服务人员首先可以咨询客户取消订单的原因，试图打消客户疑虑。如果客户坚持取消订单，客户服务人员告知取消订单的流程，取消订单原因选择"错拍、多拍"。若订单已经处于发货状态，则告知客户此时订单处于不能取消状态，客户收到货后，可以申请售后来退换货。

**示例 4-19 客户申请取消订单**

"亲，物流显示订单已经在途了，您可以在货物到达后申请售后退换货，具体的退换货流程如下（提供退换货操作图片）。"

### 4.2.3 售后服务沟通

售后服务发生在商品到达客户手中，客户签收之后，电子商务客户服务人员提供的服务主要包括签收关怀、提醒好评，以及处理错发货、少发货、商品质量问题。

良好的售后服务是下一次销售前最好的促销。良好的售后服务带来良好的口碑，带来更多的消费者，在营销中，谁拥有更多的消费者谁就是胜者。因此，良好的售后服务可以稳定业绩，增加收入，一位电子商务企业负责人如是说："唯有以优质服务来代替销售，才是业绩增长的第一因素。"电子商务售后服务人员需掌握相关售后服务标准流程及相关沟通术语，才能为客户带来优质的售后体验。

**1. 签收关怀**

客户签收包裹之后，商家一定希望客户能够正确地使用商品，避免因商品使用不当造成客户的不满。商家可以在包裹中附带使用说明、售后服务流程等，也可以向客户发送有效的商品使用建议等温馨提示，以一种更具亲切感的方式来拉近与客户的距离，赢得客户的好感。对于一些复杂的安装操作流程，电子商务客户服务人员可以提供图片、视频等操作指南，指导客户正确安装和使用商品。

**示例 4-20 客户签收关怀短信**

"亲，快递显示您已经签收包裹，请注意不要用含有漂白剂或荧光剂的洗涤用品清洗包包，可使用干净的布巾擦拭哦。最好将包放于棉布袋中，包内最好塞入一些软卫生纸，以保持包包的形状。"

"亲，感谢您选择我们的商品，××洗衣机提供送货上门安装服务，使用方法您可以参考这条视频（附视频链接），您在使用过程中有任何问题，请随时跟我们联系，也可以拨打全国售后热线××××××，会有专门的工作人员为您解答，让您无后顾之忧。"

**2. 提醒好评**

客户好评对于电子商务企业来说意义重大。对于潜在客户而言，他们在购物时往往会参照以往客户的购买反馈与评价做出决策，能大大提升购买的冲动性；对于已成交的客户而言，越多的优质评价意味着越坚信自己的购买决定，同时大大提升了复购的可能性；对于电子商务企业而言，客户好评影响店铺评级及商品的曝光率，因此，客户服务人员对客户的评价及时跟进，有利于店铺的长久发展。在现实生活中，很多客户签收后没有评价的习惯，在这种情况下，电子商务客户服务人员可以主动联系客户，委婉提醒客户给予好评，并给客户提供一定的指导。图 4-4 所示为某店铺发送给客户的感谢信，并对客户好评操作给予一定的指导。电子商务客户服务人员也可以通过发送留言、短信的方式咨询客户对商品是否满意。如果满意，可请求其给予好评；如果有不满意的地方，售后客户服务人员应及时给予解释和疏导。

图 4-4　某店铺提醒好评卡片

**示例 4-21　店铺提醒好评**

"小店每天最开心的事莫过于看到亲的好评，亲的好评就像清泉一样滋润我们的心田，小店会更加珍惜亲的好评，不断改进自己、完善自己，力求让小店的服务做得更好。您的好评就是对我们最大的肯定和鼓励，相信亲再次光顾我们店铺的时候，定能看到小店的进步。"

"亲，您在××店购买的×××已被××快运揽收，它正以火箭般的速度飞到您手中！期待您的 5 星好评！谢谢！"

"您好，快递运单显示您的快递已被签收，亲，是否还满意？若是满意，能否麻烦给小店一个好评。亲的好评对小店来说非常重要，也是对小店服务的肯定，更是对小店工作的默默支持。感谢亲的支持，相信小店会做得更好，让亲每次都满意。"

### 3. 处理错发货、少发货、商品质量问题

有效解决因商家原因造成错发货、少发货、商品质量问题给客户带来的不好体验，也是电子商务客户服务人员的重要内容。商家在发货前应当仔细核对客户订单信息和商品质量，这样能有效避免出现错发货、少发货和商品质量问题，避免造成客户的不满。由于工作人员的疏忽，不可避免地造成以上问题时，电子商务客户服务人员应当站在客户的角度，仔细聆听客户的需求，缓解客户的焦躁情绪，妥善解决问题。

图 4-5 所示为电子商务企业售后服务遭遇问题时的处理流程。因商家原因造成错发货的，电子商务客户服务人员应积极为客户提出解决方案：退货或者换货；请客户提供收到的商品图片，告知客户退货或者换货流程，并由商家承担相关责任。对于少发货的问题，电子商务客户服务人员可以选择以退货、补发或者部分退款的方式弥补客户。对

于有质量问题的商品，在了解情况，排除因客户操作不当带来的商品不能使用等因素之后，按照相关流程，进行退换货处理。

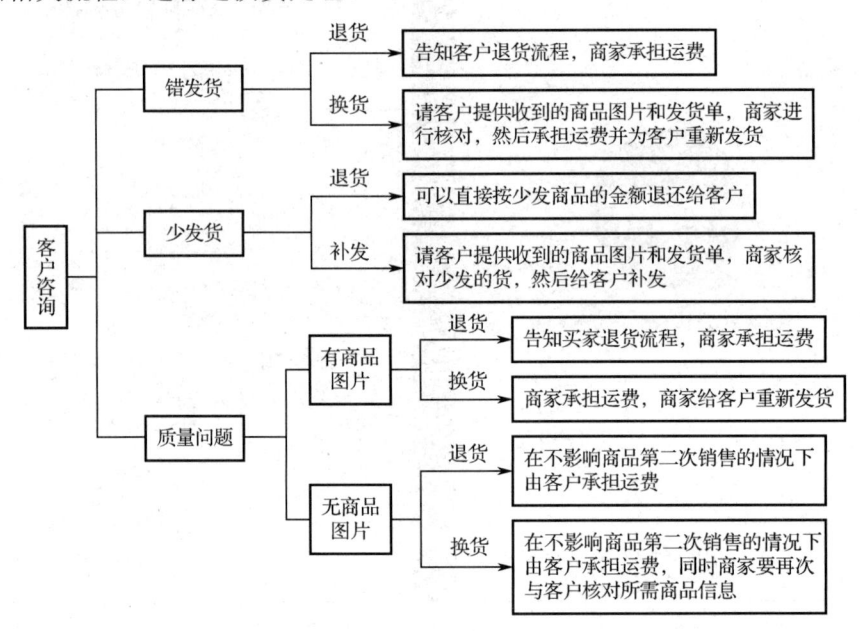

```
客户咨询 ─┬─ 错发货 ─┬─ 退货 ── 告知客户退货流程，商家承担运费
         │         └─ 换货 ── 请客户提供收到的商品图片和发货单，商家进行核对，然后承担运费并为客户重新发货
         │
         ├─ 少发货 ─┬─ 退货 ── 可以直接按少发商品的金额退还给客户
         │         └─ 补发 ── 请客户提供收到的商品图片和发货单，商家核对少发的货，然后给客户补发
         │
         └─ 质量问题 ─┬─ 有商品图片 ─┬─ 退货 ── 告知买家退货流程，商家承担运费
                    │             └─ 换货 ── 商家承担运费，商家给客户重新发货
                    │
                    └─ 无商品图片 ─┬─ 退货 ── 在不影响商品第二次销售的情况下由客户承担运费
                                 └─ 换货 ── 在不影响商品第二次销售的情况下由客户承担运费，同时商家要再次与客户核对所需商品信息
```

图 4-5　电子商务企业售后服务遭遇问题的处理流程

### 示例 4-22　售后服务遭遇问题

（错发货）：不好意思，我们出现这样的失误，太抱歉了；请您不要着急，我非常理解您的心情，我们一定会竭尽全力为您解决；您可以申请退货或者换货，具体操作流程如下（操作流程图），运费将由我方承担，对此给您带来的不便，我们深表歉意。

（少发货）：亲，不好意思，因为工作人员的失误，给您漏发了×××这件商品，我们将立即给您补发，请您留意物流信息，同时为了表达我方歉意，送给你×××优惠券，已发送到您账户，下次购物可以直接减免，祝您生活愉快。

（质量问题）：亲，由于物流运输不当，使您购买的商品有破损，非常抱歉给您带来了不好的购物体验，您可以申请退货或者换货，具体流程如下（操作流程图），再次表示抱歉。

【思政小课堂】

电子商务客户服务是为客户提供高品质服务的重要途径，也是客户遇到商品使用问题后寻求解决方案的首选渠道，应该始终拥有浓浓的"人情味"，只有如此，才能提高客户满意度，提升客户体验度。电子商务客户服务人员的"人情味"体现了"以人为本"的理念。"以人为本"是科学发展观的核心，是企业健康可持续发展的指导思想。

【知识拓展】

### 亚马逊客户服务绩效打造客户满意的好卖家

客户在判断商家是不是亚马逊上的好卖家时，客户满意度是其中一个最重要的因素。客户服务绩效页面可以让客户清楚地看到商家在客户满意度上的表现。以下项目的表现包括在客户服务绩效页面中。

（1）订单完成率（Perfect Order Percentage，POP）：订单被完美地接收、运送并完成的比率。

（2）订单缺失率（Order Defect Rate，ODR）：一般而言，ODR是由负面的卖家评价、A-to-Z Claim及交易失败的比率决定的，让客户能用单一数字来评价整体表现。

（3）配送前取消率（Pre-fulfillment Cancellation Rate）：配送前取消率的计算是在一定时间段内卖家在确认订单前取消的订单数量除以订单数。配送前取消率=已取消订单÷订单总数×100%。

（4）延迟出货率（Late Shipment Rate）：准时送货是商家对客户的承诺，订单在下订后3天或以上才被确认将被视为延迟。

（5）准时送达率（On-Time Delivery Score）：准时送达率显示买家在预计送达时间之前收到亚马逊全球开店卖家配送包裹的百分比。

（6）订单退款率（Percentage of Orders Refunded）：订单退款率指的是买家被退款的比率，可能显示的是因商品库存不足卖家需要取消买家的订单。

（7）客户体验（Customer Experience，CX）：该指标可在名为"客户之声"（Voice of the Customer）的仪表板上找到。卖家的CX健康指标，将根据卖家近期的订单情况和客户反馈情况，为卖家提供信息，帮助他们了解自己相对同类产品卖家表现如何。

（8）负面客户体验（Negative Customer Experience，NCX）：NCX为客户报告产品或listing（在电商中通常指商品详情页）问题的订单数量/总订单数量。亚马逊公司解释说："我们通过买家退货、退款情况和产品评论等来了解客户反馈。"卖家需注意的是，亚马逊会根据该信息，比较各个卖家的表现，这在某种程度上是有可能影响卖家排名的。

## 4.3 电子商务客户投诉处理与服务补救

每年"电子商务促销节"过后，电子商务企业看到的不仅是不断递增的订单量，还有居高不下的退货率和投诉率。客户投诉已经成为电子商务企业日常经营活动中普遍存在的现象，如果对客户投诉处理不当，则会给电子商务企业带来危机，不仅会使客户会流失到竞争对手那里，还会将不满传播，带来口碑负效应。研究表明，一位不满意的客户会把自己的经历告诉其他至少9位客户，在互联网时代，网络的快速传播，一个投诉可能会激起惊涛骇浪。例如，一位客户在互联网上宣泄自己的不满时写道："只需要5分钟，我就可以向数以万计的客户讲述自己的遭遇，这是对厂家最好的报复。"电子商务客户服务人员需要具备处理客户投诉的技能，要积极认识和分析投诉的原因，以此找到处理客户投诉的对策，并在此过程中运用客户投诉处理技巧。

### 4.3.1 正确认识客户投诉

由于电子商务数字化的特点，客户对商品的感知只能集中在商家提供的图片、文字与视频上。在签收货物后，往往会出现客户对商品的预期值大于实际商品实际使用效果的情况，如出现货物与描述不符、质量问题、货物短装等问题，客户就会产生对商品质量、效能、可靠性、安全性等的不满。在物流环节，由于包装和搬运不当、物流爆仓等原因造成货物破损、物流延误，都会影响客户的购物体验，引发客户投诉。

如表 4-2 所示，传统观念将客户投诉等同于麻烦，认为投诉者就是麻烦制造者，处理纠纷与投诉就是在解决麻烦，客户服务人员往往采取消极应对的态度。在电子商务企业日常经营过程中，客户投诉在所难免。电子商务企业应该充分认识到传统观念的局限性，积极转变观念，正确对待客户的投诉。

表 4-2　对待客户投诉的不同观念

| 传 统 观 念 | 新 的 观 念 |
| --- | --- |
| 客户投诉=麻烦 | 客户投诉=机会 |
| 对客户不耐烦 | 对客户心存感激 |
| 投诉者是麻烦制造者 | 投诉者是下一个服务对象 |
| 处理投诉是解决麻烦，消极对待 | 处理投诉是一种服务，需积极主动 |

电子商务企业要与客户建立长期的相互信任的伙伴关系，就要转变传统观念，把处理客户投诉看作一个弥补产品或服务过失的绝佳机会，是恢复客户对电子商务企业信任、避免引起更大纠纷和恶性事件的大好机会，也是促使自身进步和改善客户关系的契机。电子商务企业应该从以下 3 个维度正确认识客户投诉。

### 1. 客户投诉是忠诚客户对商家的信任

美国消费者协会调查显示，投诉的客户只占全部客户的 5%，其余 95%的客户即使不满意也不会投诉，他们会停止购买或转向竞争品牌。愿意投诉，说明客户对电子商务企业有所期待，期待电子商务企业有所改进。客户愿意花时间和精力来宣泄内心想法，表明客户对商家的信任。客户投诉的成功解决可以带来客户的复购，甚至是口碑宣传，发展成为忠诚客户。美国 TPAP 公司研究表明，对商品不满意选择不投诉的客户只有 9%会回购，投诉客户会有 15%会回购，投诉得到解决的客户则有 54%会回购，投诉得到迅速妥善解决的客户，回购率高达 82%。可见，客户投诉并不一定是坏事，妥善解决客户投诉，可以提高客户的忠诚度。

### 2. 客户投诉是升级产品与服务的动力

客户投诉是客户对产品和服务不满的内心的真实表达，也是对产品和服务期望及信赖落空而产生的不满及愤怒，因此，客户投诉可以为电子商务企业带来珍贵的信息，成为商家升级产品与服务的动力。同时，客户投诉也蕴含了新的商机，电子商务企业通过整理客户投诉内容，获得新产品或新服务的灵感，从而开发出更符合客户需求的产品。

### 3. 客户投诉是维护客户关系的良机

有些电子商务企业在处理客户投诉时常常表现得不耐烦，态度敷衍，甚至有反感情绪，这是一种危险的做法，往往会使电子商务企业丧失宝贵的客户资源。妥善解决客户投诉问题，能让客户感知到商家"以客户为中心"的服务理念，降低先前购物体验的失落感，增强客户对品牌的信心，改善和维系客户关系。

**【思政小课堂】**

矛盾分析法是马克思主义哲学唯物辩证法的根本方法,对研究社会现象具有普遍适用性。矛盾分析法要求我们看问题要一分为二,坚持"两点论"。客户投诉几乎是每个企业都会遇到的问题,处理好客户投诉是企业提升服务水平的重要环节,客户服务人员应树立正确积极对待客户投诉的态度,学会用"一分为二"的观点看待"客户投诉"。客户投诉就像企业遇到的小型"危机",若能正确对待,并根据投诉原因及时、合理地进行处理,就可以迅速化解客户的抱怨和不满,变"危机"为"良机",再度赢得客户的信任,提高客户对企业的忠诚度;反之,则会扩大企业的负面效应,极大地影响企业信誉和口碑。

### 4.3.2 客户心理与投诉表现

客户投诉是客户寻求问题解决比较激进的方式。导致客户最终发起投诉的原因很多,电子商务客户服务人员需要了解客户投诉时的心理状态及不同类型客户的投诉表现,才能对症下药,真正解决客户问题,改善电子商务企业与客户之间的关系。客户投诉常见的5种心理如下。

1. 发泄的心理

客户投诉的一个基本需求就是发泄不满。专家指出,人在愤怒时,最需要的就是情绪宣泄。这样,客户不愉快的心情便会得到缓解,恢复心理上的平衡。电子商务客户服务人员应当做到充分理解客户发泄的心理需求,认真倾听,筛选出关键信息,待客户平静之后,及时做好安抚工作,针对性解决问题。避免与客户争吵,不能言辞激烈,更不能带有攻击性。

2. 被尊重的心理

情感型客户关注更多的是商家对其遭遇问题的重视,以感到被尊重。电子商务客户服务人员要善于使用共情语言,如"您的心情我可以理解""您说得有道理""是的,我也这样认为""碰到这类问题我也会像您这样",来表示对客户的尊重,同时要注意接待及时,并采取有效措施妥善解决客户问题。

3. 补救的心理

客户投诉的目的在于补救受损的利益,包括两个方面,经济的补救和心理的补救。电子商务客户服务人员在提出解决方案时,一定要站在客户的角度,赔偿措施要实际可行,便于操作,不能人为地增加客户索赔的时间成本和经济成本。通过优惠券补贴客户很重要,通过倾听、道歉等方式给予客户精神上的抚慰也很有必要。

4. 认同的心理

客户在投诉过程中,有时候不仅关注其自身遭遇的问题,还向电子商务企业提出意见和建议,希望获得商家的认同。此时,电子商务客户服务人员对于客户的意见和建议需要表示肯定,并耐心记录下来。

**5. 报复的心理**

当客户对于投诉的得失预期与电子商务企业相差过大,或者客户在宣泄过程中受阻或受到新的"伤害"时,一些不理性的客户会产生报复心理,可能会夸大电子商务企业的过错,做出诋毁商家名誉的事情。对于这类客户,客户服务人员首先需要做好充分的预警准备,通过各种方式让其冷静下来,同时要注意保留证据。

基于不同的客户投诉心理,客户投诉表现可以分为消极抱怨型投诉、理性从容型投诉、负面宣传型投诉、愤怒发泄型投诉和极端激进型投诉等多种不同类型。如表4-3所示,不同类型的投诉表现形式各不相同。

表4-3 客户投诉具体表现形式

| 投诉类型 | 具体表现形式 |
| --- | --- |
| 消极抱怨型 | 客户不断抱怨并且重复提及自己的不满,带有强烈的感情色彩 |
| 理性从容型 | 客户条理清晰,诉求明确,准备充分,有理有据 |
| 负面宣传型 | 客户在公开网络平台表达自己对企业或者产品的不满 |
| 愤怒发泄型 | 客户情绪激动甚至失控,愤怒、冲动,言语激烈 |
| 极端激进型 | 客户情绪极端化,带有极强的攻击性,不听劝阻 |

对于不同类型的投诉,客户服务人员一定要对症下药,专业地解决问题。对于感情用事者,务必保持冷静、镇定,让其发泄,仔细聆听,并表示理解,尽力安抚,告知客户一定会有满意的解决方案,语气谦和但有原则;对于固执己见者,客户服务人员要先表示理解客户,然后力劝客户多多理解,并耐心解释所提供的解决方案;对于有备而来者,客户服务人员要谨言慎行,充满自信,明确表达解决问题的诚意。如何专业地解决客户投诉,给电子商务企业带来新的挑战和机遇,接下来具体分析客户投诉处理对策。

### 4.3.3 客户投诉处理对策

客户投诉是每个电子商务企业都会遇到的问题,它是客户对电子商务企业产品或服务表达不满的方式,也是电子商务企业有价值的信息来源,为电子商务企业创造了许多机会。因此,如何利用客户投诉的时机来赢得客户的信任,把客户不满转化为客户满意,锁定他们对电子商务企业和产品的忠诚,获得竞争优势,已成为电子商务企业营销实践的重要内容之一。解决客户投诉可以从以下几个方面开展:一是客户未投诉时,电子商务企业应该加强自身产品、质量管理和内部文化机制建设,减少投诉的产生;二是投诉产生时,电子商务企业应该积极处理客户投诉,尽最大可能让客户满意;三是投诉完成后,电子商务企业需要总结经验教训,完善客户投诉处理流程,提升客户服务人员处理问题的能力,提升客户满意度。

**1. 减少投诉的产生**

1)销售优质的产品

提供优质而安全的产品给客户,是预防客户投诉的前提条件,主要工作涵盖以下几个方面：一是基于市场调研和分析，订购、制造优良而且满足客户需求的产品；二是切实了解产品的材料、性能和使用方法等，以便在销售过程中能为客户提供更多的相关知识；三是如果产品存在缺陷，就一定要更新，杜绝不良产品流入客户手中，造成客户不满，引起客户投诉。

2）提供良好的服务

电子商务客户服务人员素质的高低、技能和态度的好坏，都是影响电子商务企业服务水平的重要因素。因此，需要不断加强电子商务客户服务人员的培训，如采取"ASK"[Attitude（态度）、Skill（技巧）、Knowledge（知识）]培训法，即有关服务的技能、知识和态度的培训；也可以组织各种业务能力竞赛活动，促进电子商务客户服务人员整体服务水平的提高。客户服务人员要充分掌握工作技术技能和沟通技能。熟练的工作技能是提供客户满意的产品和服务的前提。如果直接与客户接触的客户服务人员技术不过硬，举止笨拙，就会影响客户所感知到的产品和服务的质量，降低客户的满意度。与此同时，电子商务企业还需围绕"客户完全满意"创建新的企业文化，强调重视客户需求，以客户满意为中心。

**2. 有效处理客户投诉**

电子商务企业应该为客户投诉提供便利条件，鼓励客户投诉，从而使企业能够重新审视产品、服务、内部资源管理等一系列问题，找出其中的不足，不断改进。电子商务企业通过制定明确的产品和服务标准及补偿措施，使客户明确自己购买的产品或服务是否符合标准，是否可以投诉，以及投诉之后所得到的补偿。电子商务客户服务人员在处理客户投诉时，常见的步骤如下。

1）认真倾听

客户服务人员应该做一个好的聆听者，抱着积极、诚恳的态度，不轻易打断客户说话，不伤害客户的自尊心，不批评、讽刺、怀疑客户或者直接拒绝客户。此外，在客户长篇大论时，可以用要点复述客户的话，以便更准确地理解客户的诉求。

2）安抚和道歉

客户投诉时难免会表现出烦恼、失望、愤怒等各种情绪，这时，客户服务人员要站在客户的角度思考问题，做好安抚工作。不管是什么原因导致客户不满，客户服务人员都要诚恳地道歉，表明自身认真对待投诉的态度。

3）投诉要点记录

客户服务人员对客户投诉情况进行详细记录，包括投诉者、投诉时间、投诉对象、投诉要求等。

4）判断投诉性质

在记录的同时，客户服务人员需要判断投诉是否成立、投诉的理由是否充分、投诉的要求是否合理。如果投诉不成立，也要用婉转的方式使客户认清是非曲直，耐心解释，消除误会。如果投诉成立，客户服务人员可以说："非常感谢，您让我有机会为您弥补损失……""您的需求我们已经记录下来，后续会和您保持联系……"要让客户感知到他的投诉是受欢迎的,他的意见是很宝贵的。客户一旦受到鼓励,往往还会提出其他意见和建议,从而给电子商务企业带来更多有益的信息。

5)提出补救措施

电子商务企业要站在客户的立场及时为客户解决问题。首先,马上纠正引起客户投诉的错误,拖延时间会让客户感到自己没有受到重视,会使客户的不满情绪变得越来越强烈。其次,根据实际情况,参照客户的处理要求,提出具体的解决方案,如退货、换货、维修、赔偿等。提出解决方案时,要注意使用建议的口吻,如果客户对方案不满意,需要进一步与客户协商,着手解决问题。

6)跟踪服务

跟踪服务,即对客户投诉处理之后的情况进行追踪,对客户赔付情况进行回访,表明电子商务企业对客户的诚意,给客户留下好的印象。同时,针对回访,电子商务企业要对有关工作进行整改,避免以后类似情况的发生,以提升电子商务企业形象。

【知识拓展】

### 客户服务质量评估标准——RATER 指数

RATER 指数是美国最权威的客户服务研究机构——美国论坛公司投入数百名调查研究人员用近十年的时间对全美零售业、信用卡、银行、制造、保险、服务维修等14 个行业的近万名客户服务人员和这些行业的客户进行细致深入的调查研究,发现的可以有效衡量客户服务质量的指数。

RATER 是 5 个英文单词的缩写——Reliability(信赖度)、Assurance(专业度)、Tangibles(有形度)、Empathy(同理度)、Responsiveness(反应度)。RATER 指数成为衡量客户服务质量的一种有效方法,客户对企业的满意度直接取决于 RATER 指数的高低,而这又是企业提升市场竞争力的关键。

信赖度是指一个企业是否能够始终如一地履行自己对客户所做出的承诺,当这个企业真正做到这一点时,就会拥有良好的口碑,赢得客户的信赖。

专业度是指企业的服务人员所具备的专业知识、技能和职业素质,包括提供优质服务的能力、对客户的礼貌和尊敬及与客户有效沟通的技巧。

有形度是指有形的服务设施、环境、服务人员的仪表,以及对客户的帮助和关怀的有形表现。服务本身是一种无形的产品,但是整洁的服务环境能使服务这一无形产品变得有形起来。

同理度是指客户服务人员能够随时设身处地地为客户着想,真正地同情理解客户的处境,了解客户的需求。

反应度是指服务人员对于客户的需求给予及时反应并能迅速提供服务的愿望。当服务出现问题时,马上回应、迅速解决能够给服务质量带来积极的影响。作为客户,需要的是积极主动的服务态度。

## 课后反思与练习

### 一、多选题

1. 电子商务客户服务的工作范畴包括（　　）。
   A．解答客户咨询　　B．促进销售　　C．售后服务　　D．监控管理
2. 关于智能客户服务和传统客户服务表述正确的是（　　）。
   A．智能客户服务以各种技术为基础，通过机器人进行服务
   B．人工客户服务全天候响应受限，响应效率因人而异
   C．智能客户服务终将取代人工客户服务
   D．智能客户服务处理数据快，能够对数据进行统一的管理
3. 关于售前服务，说法正确的是（　　）。
   A．售前服务阶段是指在产品销售前阶段，电子商务客户服务人员就产品相关信息、产品选择、产品使用等问题为客户提供的一系列服务
   B．售前客户服务人员在与客户沟通过程中不需要了解客户需求
   C．很多商家会设置自动应答来实现对客户首次接入的及时响应
   D．电子商务客户服务人员应该主动向客户推荐店铺活动，通过活动引导客户购买
4. 关于售中服务沟通，表述正确的是（　　）。
   A．售中服务是指客户已经付款但还没有收到货的阶段
   B．售中服务的工作主要包括查询订单状态、换货/更改物流和取消订单
   C．在大型电子商务促销活动期间，客户服务人员需正面引导，并安抚客户情绪
   D．包裹在途关怀是加强售中服务的重要措施
5. 关于客户投诉，表述正确的包括（　　）。
   A．客户投诉等同于麻烦
   B．客户投诉是忠诚客户对商家的信任
   C．客户投诉是升级产品与服务的动力
   D．客户投诉是维护客户关系的良机

### 二、简答题

1. 简述如何打造高效、标准化的电子商务客户服务流程。
2. 回顾某次网购经历，谈谈该客户服务人员在售前、售中及售后哪些地方做得好或哪些地方需要改善。

### 三、项目实训题

1. 实训内容与要求
- 以天猫平台上的女鞋为销售产品（见图4-6）。
- 角色模拟，分别担任卖家与买家，针对售前产品咨询、物流运输等常见问题进行对话模拟。
- 买家收到货，对产品不满意，要求退货（原因自拟），模拟售后退换货情景。

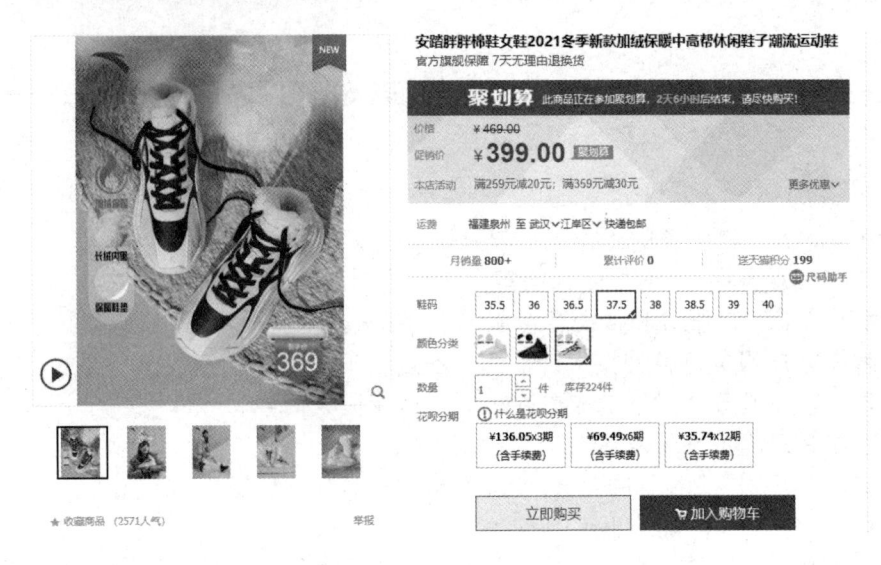

图 4-6  天猫平台某款女鞋

2．项目实训完成情况评价（自我评价）

| 评价内容 | | 自我评价等级（在符合情况下画√） | | | |
|---|---|---|---|---|---|
| | | 优秀完成 | 较好完成 | 基本完成 | 没完成 |
| 能对售前咨询问题进行分析 | | | | | |
| 能掌握售前咨询问题的应对策略 | | | | | |
| 能熟练处理售后退换货和纠纷 | | | | | |
| 自我评价 | 我的优势 | | | | |
| | 我的不足 | | | | |
| | 我的努力目标 | | | | |
| | 我的具体措施 | | | | |

# 第 5 章 电子商务客户满意度管理

> **学习目标** →

- 了解电子商务客户满意度的相关概念。
- 熟悉电子商务客户满意度指数模型。
- 掌握电子商务客户满意度的提升策略。

**【思政案例】**

### 海尔智家的成功

在 2023 年满意中国大会上,作为家电行业引领者,海尔智家凭借多品类家电及服务斩获包括"2023 年行业满意度第一名"在内的 10 项殊荣。

海尔智家深知,产品的价值不仅在于被研发和制造出来,更在于交付到客户手中、进入客户家庭。因此,对企业而言,做好这"最后一公里"的服务,是关乎品牌口碑和市场反馈的重中之重。客户满意的背后,是海尔智家通过全流程数字化的服务创新,以及全球服务网络体系,将优质服务送到了客户身边,让好口碑走进了客户心里。比如,通过线上线下的数字化升级,海尔智家为客户打造了从选择到购买、使用、售后的全流程无缝体验。

另外,海尔智家还专门创建了智能排程派单系统,能让服务响应时间由 30 分钟缩短为几秒;同时,海尔智家通过标准化工单流程可视规范和记录服务师服务全过程,大大提升了客户服务的效率和满意度。

如今，AI、大数据、云计算、大模型等新技术已经爆发，客户需求也开始从单品功能转向场景体验乃至整个生活的智慧便捷。为此，海尔智家率先开启了物联网时代的新征程，对外以三级品牌战略聚焦客户"最佳体验"，对内通过全流程数字化转型打造"第一效率"，实现了从提供产品到定制场景方案、再到引领生活方式的升级，为全球客户持续创造高品质智慧生活。

客户满意度是客户对企业提供的产品或服务的主观预期反应，是电子商务客户服务目标中非常重要的一个方面。这是因为电子商务企业的长期稳定发展需要稳定的客户群体，而保障客户群体的稳定性就需要将客户满意度保持在一个长期稳定的水平。本章将详细介绍电子商务客户满意度的相关概念、模型及提升策略。

## 5.1 电子商务客户满意度认知

客户满意度是20世纪80年代出现的一种经营理念，该理念认为，企业的整个经营活动要以客户满意度为指导，从客户的角度、以客户的观点而非企业自身的利益来分析客户的需求，以不断促进和改善企业服务，提供客户满意的产品或服务，实现企业利益的最大化。

### 5.1.1 客户满意度的概念及特征

为实现客户满意，企业在向客户提供服务时需要不断了解客户对服务的期望，并根据客户期望提供尽可能优质的服务。在现实中，企业提供的服务不可避免地会与客户的期望产生差异。这种差异无法完全消除，但企业可以通过努力将其最小化。常见差异如下：

（1）客户期望与企业对客户期望的理解之间的差异。

（2）客户体验与客户期望之间的差异。

（3）企业对客户期望的理解与企业服务质量标准之间的差异。

（4）企业服务质量标准与企业实际服务质量之间的差异。

（5）企业实际服务质量与企业服务承诺之间的差异。

在以上差异当中，客户体验与客户期望之间的差异是可以衡量的，这个衡量指标就是客户满意度。客户满意度是指客户对产品或服务的期望与其实际体验之间的匹配程度。它是一个衡量客户对产品或服务性能、质量、价值和满足其需求和期望程度的指标。客户满意度通常通过调查和反馈来评估，它反映了客户在购买和使用产品或服务后的情感状态和总体感受。客户满意度也可以用数学公式表示如下：

$$客户满意度 = 客户体验 - 客户期望$$

由客户满意度的概念及客户满意度公式，不难得知，客户满意度包括以下两个主要特征：主观性、层次性。

**1. 主观性**

客户满意是建立在对产品或服务的体验上的，感受对象是客观的，结论是主观的。

客户满意既与自身条件，如知识和经验、收入、生活习惯和价值观念等有关，又与新闻媒体报道和市场中假冒伪劣产品等外部因素干扰有关。

### 2. 层次性

著名心理学家马斯洛指出，人的需求分为 5 个层次，处于不同层次的人对产品或服务的评价标准不一样。这可以解释为什么处于不同地区、不同阶层的人或同一个人在不同的条件下对某个产品的评价不尽相同。客户满意度是一种心理状态、一种自我体验，因此，也可以相应地按照梯次理论分成 7 个梯级，如表 5-1 所示。

表 5-1　客户满意度梯级划分及释义

| 梯级分类 | 情绪表现 | 具体行为 |
| --- | --- | --- |
| 很不满意 | 愤慨、恼怒、投诉、反宣传 | 客户在购买或消费某种产品或服务后感到愤慨、恼羞成怒，对产品或服务难以容忍，不仅试图找机会投诉，还会利用一切机会对产品或服务进行反宣传，以发泄心中的不快 |
| 不满意 | 气愤、恼怒 | 客户在购买或消费某种产品或服务后感到气愤。在这种状态下，客户尚可勉强接受产品或服务，希望通过一定方式获得弥补。在适当的时候，客户也会对产品或服务进行反宣传，体现在身边的朋友不再去购买同样的产品或服务 |
| 不太满意 | 抱怨、遗憾 | 客户在购买或消费某种产品或服务后会产生抱怨、遗憾的心理。在这种状态下，客户虽然对产品或服务心存不满，但想到现实如此，告诉自己不要要求太高，得过且过 |
| 一般 | 无明显正面/负面情绪表现 | 客户在购买或消费某种产品或服务后没有产生明显的情绪，对产品或服务的评价既说不上好，也说不上差，还算过得去 |
| 较满意 | 好感、肯定、赞许 | 客户在购买或消费某种产品或服务后产生好感。在这种状态下，客户对产品或服务的感觉还算满意，但如果与更高要求相比，还有很大的差距 |
| 满意 | 赞扬、愉快 | 客户在购买或消费某种产品或服务后产生愉快的情绪。在这种状态下，客户认为自己的期望与现实基本相符，找不出大的遗憾所在，客户不仅对自己的选择予以肯定，还愿意向自己的朋友推荐这种产品或服务 |
| 很满意 | 激动、满足、感激 | 客户在购买或消费某种产品或服务后感到激动、满足。在这种状态下，客户的期望不仅完全达到，没有产生任何遗憾，而且客户所获得产品或服务还可能大大超出预期。此时，客户不仅为自己的选择感到自豪，还会利用一切机会向朋友宣传、介绍和推荐该产品或服务，希望他人都来消费这种产品或服务 |

【案例分析】

#### 京东客户满意度考核指标

京东是中国 B2C 市场最大的 3C 网购专业平台，也是中国电子商务领域比较受消费者欢迎和颇具影响力的电子商务网站。2010 年，京东成为中国首家规模超过百亿元的网络零售企业。目前，京东稳居中国网络零售 Top100 榜单的前三名。京东十分重视客户满意度，并对入驻商家设定了严格的考核标准。考核指标主要包括产品评分、服务评分和时效评分。

（1）产品评分包括产品质量满意度、产品描述满意度。入驻商家要确保自己的产品在质量和描述上不逊于同行。两项都是根据客户完成订单后进行的评价给予打分的，因此，入驻商家在保证产品质量的同时，需要主动与买家进行沟通，引导好评。

（2）服务评分包括卖家服务态度满意度、配送人员态度满意度、退换货处理满意度。针对服务评分这一点，入驻商家可以在售前、售中、售后与客户持续保持沟通，一旦发现问题，应及时处理，这样可以减少差评。工单回复率的计算公式如下：工单回复率=1-（3h超时量÷工单量），在这个公式中，超时量指的是在规定时间内（如3小时，即3h）没有回复的工单数量，工单量则是所有的工单数量。此公式用于衡量工单在规定时间内得到回复的情况，工单回复率越高，越说明工单在规定时间内得到了及时的处理和回复。

（3）时效评分包括物流速度满意度、发货及时率、退换货处理时长、在线客服响应时长这4个方面。其中，物流速度满意度是客户对服务提供商的评价，发货及时率、退换货处理时长和在线客服响应时长是服务提供商的运营指标。对于发货及时率来说，自然是越高越好，因为它反映了服务提供商在满足客户需求方面的效率。退换货处理时长越短越好，快速且无障碍的退换货流程能够提升客户满意度。在线客服响应时长越短越好，因为快速响应客户问题能够提高客户满意度和忠诚度。

【点评】京东作为国内最大的网购平台之一，在客户满意度衡量指标的设计上充分考虑了客户体验预期，优化了客户购物体验，从而极大地提升了客户满意度。

## 5.1.2 客户满意度的目标

电子商务企业通过发挥自身资源优势并满足客户需求来提升客户的满意度。借助客户满意度测评系统，企业能够精准识别并改善客户不满意的部分，使企业提供的产品或服务贴近客户的期望。通过提供个性化的产品或服务，使客户在接受该产品或服务后达到满意状态，企业获得生存、盈利和持续发展的基础。因此，电子商务企业关注客户满意度本质上是践行"客户至上"的原则。客户满意度与客户行为的关系如图5-1所示。

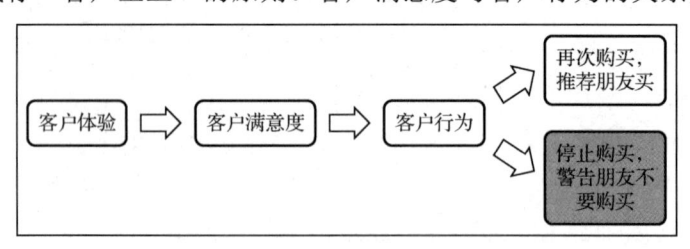

图5-1 客户满意度与客户行为的关系

客户体验直接影响客户满意度，而客户满意度直接作用于客户行为，对于购物体验良好且满意度高的产品，客户会选择再次购买，甚至推荐朋友购买；对于购物体验差、满意度低的产品，客户会选择停止购买，甚至会利用一切机会对产品和服务进行反宣传，警告朋友不要购买。随着当今市场竞争日趋激烈，客户对产品及服务的要求不断提高，企业只有通过不断提高销售各环节的服务质量，才能在激烈的市场竞争中站稳脚跟，否则就会被客户抛弃。为了战胜竞争对手，保持和扩大企业的市场份额，企业必须严把产品和服务质量关，精益求精，不断提升客户满意度。一般来说，客户满意度的高低与企业的盈利能力具有直接的正相关关系。企业积极追求客户满意度的目标体现在以下 5 个方面。

### 1. 通过提升现有客户忠诚度来增加盈利

提高客户满意度有助于提升现有客户的忠诚度，这意味着未来将有更多客户愿意再次购买该企业的产品。当一个企业拥有高度忠诚的客户时，这种忠诚度会直接反映在经济回报上，为企业带来稳定的现金流。同时，客户忠诚度越高，他们持续从同一企业购买产品的意愿越强烈，企业便能从这些忠诚客户身上获得更高的累计价值。提升客户忠诚度可以增加企业的客户资产价值，从而增强企业的盈利能力。

### 2. 通过降低现有客户的价格敏感度来增加盈利

许多研究表明，满意的客户更愿意为他们获得的产品或服务支付费用，并且更有可能接受价格的上涨。这意味着企业可以获得较高的毛利率。在行业内出现激烈价格竞争的情况下，高的客户满意度有助于缩小降价幅度，减少利润损失。相反，低的客户满意度会导致客户对价格更加敏感，客户希望获得更优惠的价格，这可能导致客户流失率增加。此外，从竞争企业吸引满意客户作为本企业的新客户，需要付出更高的成本。

### 3. 通过降低交易成本来增加盈利

任何企业要保持和吸引客户都是有交易成本的。最典型的交易成本是在广告、促销、公共关系、人员推销等领域的花费。研究表明，客户满意度高可以降低交易成本，主要体现在 3 个方面：首先，维护一个老客户的成本大约是吸引一个新客户成本的 1/4。如果一个企业拥有很高的客户满意度，它就拥有固定的老客户群，不需要花费更多的钱来吸引新客户，从而节省交易成本。其次，满意的客户很可能以更高的频率购买更多的产品，并且有可能直接购买这个企业提供的其他产品或服务。最后，满意的客户传播正面口碑的可能性更高，传播负面口碑的可能性更低；各种媒体也更有可能传递该企业正面的信息；企业所做的广告和促销将更加有效。

### 4. 通过减少失败成本来增加盈利

一家持续一贯地提供高客户满意度产品或服务的企业，在处理产品退货、更换、修理、返工，以及客户抱怨上所花费的资源更少。

### 5. 通过提升企业总体声誉来增加盈利

客户满意度高会给企业带来良好的声誉。对客户来说，试用一个具有良好声誉企业的新产品风险较小，这使企业在推介新产品时更容易。声誉对于建立和保持与关键供应商、分销商和合作伙伴的关系也有好处，它们会认为这家企业更加可靠。好的声誉具有"光环效应"，能帮助企业获得其他重要资产，例如，增加品牌无形资产、提高股票市场价值，等等。

总之，通过提高客户满意度，企业可以在许多方面增强盈利能力，从而更有效地实现企业生存和发展的目标。

## 【思政小课堂】

专注做一件事，做到极致，谓之匠心。提高客户满意度，离不开客户关系管理人员的匠心服务。2022年，中国政府提出要全面开展质量提升行动，推进与国际先进水平对标达标，弘扬工匠精神，来一场中国制造的品质革命。对正在向中高端迈进的"中国制造"而言，"质量"二字重于千钧。格利集团董事长董明珠认为，品牌靠品质支撑。对标准的理解，她认为能让消费者满意就是最高标准。质量之魂，存于匠心，精益求精，成就格力工匠精神。

## 【案例分析】

### 京东致力于打造客户满意的服务

京东在为客户提供满意的服务方面做出了多方面努力。

1. 布局高差异化品类商品，降低3C产品折扣率，提高公司盈利水平

差异化程度低的商品容易陷入价格战，使交战各方利润受损；而高差异化品类商品，价格与价值之间的关系难以简单衡量，不同品牌之间也难以比较价格，从而能够获得较高的毛利率。于是，京东开售服饰、箱包、母婴用品等商品品类，加强以家庭为中心的客户黏性，实现企业利润提升。

2. 通过提升配送效率，摆脱对手价格竞争

完全依靠价格战建立的"壁垒"是较低的。因此，京东将融资和获取的利润投入配送网络建设中，让客户充分享受到"足不出户，坐享其成"的便捷服务。目前，京东分布在华北、华东、华南、东北、西南、西北、华中的物流中心覆盖了全国各大城市，并在武汉、沈阳、西安、杭州等城市设立二级库房，仓储总面积超过 3000 万平方米。从 2009 年至今，京东陆续在天津、苏州、杭州、南京、深圳等多座重点城市建立了城市配送站，为客户提供物流配送、货到付款、移动 POS 机刷卡、上门取换件等服务。2010 年，京东在北京等城市率先推出"211限时达"配送服务，实现了"速度"上的突破。这些城市实现了"上午11点前下单，下午送货"，送货速度已超过大型传统家电销售商。

3. 从3C商品入门，通过"正品、低价"获得客户的认知、认可

3C 即计算机（Computer）、通信（Communication）和消费类电子（Consumer Electronics）。3C 产品具有高标准化的特点，产品容易比较。针对同一产品，价格是客户选择的关键因素。京东抓住了人们购买 3C 产品的价格敏感特性，以大幅低于传统销售渠道的价格，通过互联网销售产品，并提供质量保障。正是准确把握了业务切入点，京东的成长速度远高于当当等同类型的企业，走在行业前面。

4. 纵深服务，建立行业标杆

对于消费品，特别是 3C 商品，售后服务是提升客户忠诚度、获取附加价值的重要工作。京东在为消费者提供正品行货、机打发票、售后服务的同时，还推出了"价格保护""退换货""上门服务"等举措；针对投诉难、售后服务请求难等问题，提出了"售后100分：自京东售后服务部收到返修品并确认属于质量故障开始计时，在100分钟内处理完一切售后问题"服务承诺，售后服务响应速度已快于大部分实体销售渠

道。这一系列的售后服务成为京东"心服务体系"的一部分,也建立了电子商务行业全新的整体服务标准。

【点评】在数学上,"100-1"等于99,而在企业经营上,"100-1"却等于0。一位管理专家曾一针见血地指出:"从手中溜走1%的不合格,到用户手中就是100%的不合格。在市场竞争激烈的条件下,一旦客户对企业的产品或服务产生不满,他们再次购买此类产品或服务时就会选择其他企业。提高客户满意度应该是企业孜孜不倦追求的目标。

## 5.1.3 客户满意度因素分析

客户满意度在电子商务企业经营中扮演着重要角色,衡量客户满意度的指标直观反映了客户对企业提供的产品或服务的满意程度。一般来说,这些指标包括美誉度、指名度、复购率、投诉率和价格敏感度,如图5-2所示。

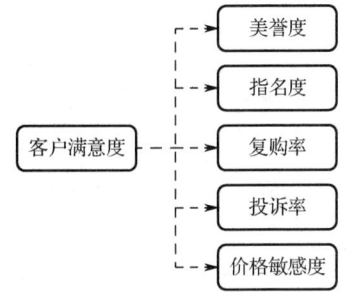

图 5-2 衡量客户满意度的指标

### 1. 美誉度

美誉度是指客户对企业的褒扬态度,包括对企业的信任、好感、接纳和欢迎程度。企业能够通过美誉度了解客户对企业、品牌、产品或服务的满意情况。对企业持褒扬态度的客户,肯定会对企业提供的产品或服务满意,愿意向他人推荐企业的产品或服务。

### 2. 指名度

指名度是指客户指名与某家企业交易或指名购买某品牌的产品或服务的程度。如果客户对企业的某种产品或服务指名购买,则说明客户对企业的品牌或服务非常满意。

### 3. 复购率

复购率是指客户购买了企业的某种产品或服务后,愿意再次购买的比率。复购率是衡量客户满意度的主要指标。在一段时间内,客户重复购买或者推荐他人购买的次数越多,说明满意度越高,反之则越低。若客户不再消费企业的产品或服务,则大概率表明客户不满意。

### 4. 投诉率

投诉率是指客户在购买了企业提供的产品或服务之后产生抱怨的比例。客户投诉是客户不满意的具体表现,客户投诉率越高,表示越多的客户对企业的产品或服务不满意。值得注意的是,投诉率不仅包括客户直接进行的显性投诉,还包括客户存在心底的隐性投诉。研究表明,只有少数不满意客户会进行显性投诉,大多数不满意客户只会默默地转向其他企业。因此,在衡量客户满意度时,隐性投诉要引起企业的重视,要主动、直接征询客户的意见,尽早发现可能存在的隐性投诉。

### 5. 价格敏感度

价格敏感度是指客户对企业产品或服务价格的承受能力，或者其对于产品或服务价格变动的反应。当企业的产品或服务价格上涨时，如果客户依然选择该产品或服务且采购量保持之前的水平，没有明显下滑，则表明客户对企业的产品或服务是比较满意的；相反，如果客户采购量出现了大幅度下滑甚至转移，则说明客户满意度在下降。

总体来说，客户满意度是一种不稳定的、容易波动的心理状态，因此，企业需要经常测试客户满意度，以了解客户对企业的产品或服务是否满意、满意程度如何、满意的方面有哪些、不满意的方面有哪些，以及改进的建议等。

【知识拓展】

**如何进行有效的客户满意度调查**

有效的客户满意度调查是一项系统、科学、细致的工作。组织这项工作需要对客户进行分类、分析；确定合理的调查方法、抽样方法和抽样数量；确定调查的内容，区分哪些是影响客户满意度的重要方面；合理设计调查问卷中的问题及数量；对客户满意度应采取量表等方式进行量化；对不同调查项目依其重要程度赋予不同的权重；对调查的最终满意度进行分析以找出改进的方向等。然而，在客户满意度调查过程中常常会出现以下问题。

一是不了解自己的客户，调查时未充分考虑不同客户群的情况。

二是未能充分考虑产品和服务的特点，使调查缺乏针对性。

三是未能充分考虑组织活动的全过程，使最终调查结果不全面。

四是对调查项目未进行必要的细分，难以了解客户满意与否的原因所在，不利于改进。

五是在采取抽样调查时，未能确定合理的抽样方法和抽样数量，获取的信息缺乏代表性。

六是采取的调查方式不合理，不能保证有效地回收问卷数量，也不易收集到真实的信息。

七是对客户满意度未能采取合理的量化方法，使测量结果存在较大的误差。

八是计算客户满意度时，未根据不同调查项目的重要程度确定其适宜的权重，使调查结果不准确。

九是对客户满意度调查结果缺少分析，不能找出改进的方向。

十是未能根据分析结果对某些需要改进的方面进行必要的专项调查，或采取其他措施实施改进。

案例：某港口公司

◆ 事实现状：公司客户包括代理、货主、船东等，在进行客户满意度调查时，采用了统一的调查方式。

◆ 导致的结果和风险：收集信息的针对性不强，不利于改进。

案例评议：

在上述案例中，作为港口公司，其面临的客户群是有差异的，并且不同的客户关注的方面也是不同的。代理更多关注的是单票的办理速度、及时性和准确性，货主则更多地关注货物的完好情况，而船东对装卸的速度和及时性较为关心。在进行满意度调查时，应考虑不同客户的要求，分别调查他们的满意度，这样才能获得更为真实的信息，并有利于下一步的改进工作。在上述案例中，公司采取统一的调查方式显然是不合适的，收集到的信息没有较强的针对性，也就难以确定在下一步的工作中如何针对不同的客户群提高其满意程度。

## 5.2 电子商务客户满意度指数模型

日本在20世纪70年代末建立了卡诺模型，首次在企业服务质量管理领域引入满意度的标准。瑞典于1989年建立了瑞典客户满意度指数（Sweden Customer Satisfaction Barometer，SCSB）模型。后来美国效仿建立了美国客户满意度指数（American Satisfaction Index，ACSI）模型。欧洲也推出了欧洲客户满意度指数（Europe Customer Satisfaction Index，ECSI）模型。中国在21世纪初设计出了中国客户满意度指数（China Customer Satisfaction Index，CCSI）模型。经过多年发展，CCSI模型已在多个行业得到了广泛应用。

客户满意度指数模型是非常有效的管理工具，它不仅让客户满意度能在同一产品的不同客户之间进行比较，体现出个体的差异；还可以在不同产品和行业之间比较，甚至能够进行纵向跨时间段比较，帮助企业与竞争对手比较，评估企业所处的竞争地位，被称为国民经济的晴雨表。本节将重点介绍卡诺模型、ACSI模型和CCSI模型的内容及应用。

### 5.2.1 卡诺模型

卡诺模型是东京理工大学教授狩野纪昭（Noriaki Kano）发明的对客户需求分类和优先排序有用的工具，以分析客户需求对客户满意度的影响为基础，体现了产品性能和客户满意度之间的非线性关系。

**1. 卡诺模型简介**

图5-3所示为卡诺模型。横坐标表示需求的具备程度，纵坐标表示客户满意度。由图5-3可看出：横坐标越往右，表示需求的具备程度越高；纵坐标越往上，表示客户满意度越高。其中，必备属性、期望属性、魅力属性、无差异属性、反向属性代表了5种类型的需求。

1）必备属性——必备型需求

必备型需求是指客户对企业提供的产品或服务的基本要求，是客户认为产品"必须有"的属性或功能。当产品属性不充足（不满足客户需求）时，客户很不满意；当产品属性充足（满足客户需求）时，客户也可能不会因此表现出满意。对于必备型需求，即使超过了客户的期望，客户充其量达到满意，也不会对此表现出更多的好感。不过只要稍有疏忽，未达到客户的期望，则客户满意度将大幅下降。对于客户而言，这类需求是理所当然必须满足的。对于这类需求，企业的做法应该是注意不要在这方面失分。企业需要不断地调查和了解客户需求，并通过合适的方法在产品中体现这类需求。

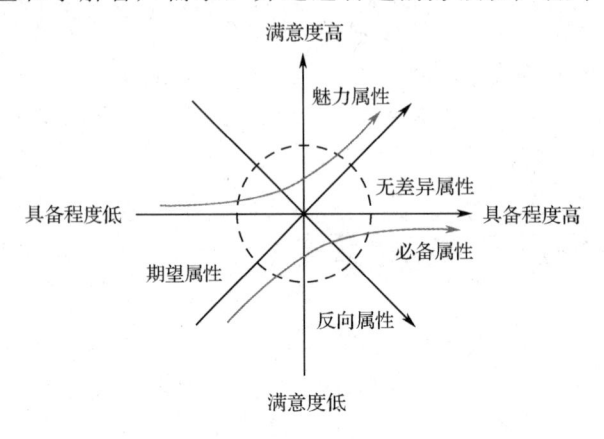

图 5-3 卡诺模型

例如，家庭使用空调，如果空调正常运行，客户不会为此而对空调质量感到满意；反之，一旦空调出现问题，无法制冷，那么客户对该品牌空调的满意度则会明显下降，投诉、抱怨随之而来。

2）期望属性——期望型需求

期望型需求是指客户的满意状况与需求的具备程度成正比关系的需求，此类需求得到满足的话，客户满意度会显著提高；企业提供的产品和服务水平超出客户期望越多，客户满意度越高。当此类需求得不到满足时，客户的不满也会显著增加。

期望型需求不像基本型需求那样苛刻，并不是客户认为"必须有"的产品属性或功能。有些期望型需求连客户自己都不太清楚，但它们往往代表着客户期望的更高层次。这是处于成长期的需求，是客户、竞争对手和企业自身都关注的需求，也是体现竞争能力的需求。对于这类需求，企业的做法应该是注重提高这方面的质量，要力争超过竞争对手。

例如，某款浏览器在浏览器异常关闭并重启后提供了两种选择：一种是恢复浏览，另一种是开启新的浏览。此处的恢复浏览功能就是用户的"期望型需求"。

3）魅力属性——魅力型需求

魅力型需求又称兴奋型需求，指不会被客户过分期望的需求。对于魅力型需求而言，随着客户期望得到满足的程度的增加，客户满意度会显著上升。一旦这类需求得到满足，即使企业表现并不完美，客户的满意度也是非常高的。反之，即使这类需求得不到满足，客户也不会因此表现出明显的不满意。这类需求的核心在于为客户提供一些完全出乎意料的产品属性或功能，使客户产生惊喜，从而提升客户的满意度和忠诚度。

例如，客户通过美团点餐提交订单时若没有点主食，美团会提示客户是不是忘记点主食，并提供一链添加选项。若不提供此需求，客户满意度不会下降；若提供此需求，客户满意度会有很大的提升。

4）无差异属性——无差异型需求

无差异型需求是指不论提供与否，对客户体验都无影响的需求。企业应该尽力避免这种费力不讨好的属性。它们是产品或服务中既不重要也不突出的方面，不会导致客户满意或不满意。例如，航空公司为乘客提供的没有实用价值的赠品，如带有公司标志的小卡牌。

5）反向属性——反向型需求

反向型需求又称逆向型需求，指引起客户强烈不满的产品属性和导致低满意度的产品属性。因为并非所有的客户都有相似的喜好，所以，许多客户甚至根本没有需求，提供后客户满意度反而会下降，而且提供的程度/数量与客户满意度成反比。例如，一些客户喜欢高科技产品，而另一些客户更喜欢普通产品，过多的高科技功能会引起客户的不满。

从以上5种类型需求分析不难看出，企业满足5类需求的排序如下：必备>期望>魅力>无差异>反向。虽然卡诺模型按两个维度区分了5类不同的需求，但是一般改进的需求主要集中在必备型需求、期望型需求、魅力型需求这3类。不过，满足必备型需求并不能使客户满意度更高，期望型需求、魅力型需求的改进才是提高客户满意度的有效方式。企业应尽力去满足客户的期望型需求，通过提供客户喜爱的额外服务或产品功能，使其产品/服务优于竞争对手，引导客户加强对本企业的良好印象，使客户达到满意。另外，企业应争取实现魅力型需求，为企业建立最忠诚的客户群。

**2. 卡诺模型的运用**

卡诺模型分析方法主要是通过标准化问卷进行调研的，根据调研结果对各因素属性归类，解决产品属性的定位问题，以提高客户满意度，具体步骤如下。

（1）从客户角度认识产品或服务需要。
（2）设计问卷调查表。
（3）实施有效的问卷调查。
（4）将调查结果分类汇总，构建质量原型。
（5）分析质量原型，识别具体测量指标的敏感性。

以某计算机公司开发新键盘为例，新键盘有速度快、防水、存储空间大、外形新颖这4种主要市场需求，某公司用卡诺模型对这组需求进行功能属性研究，具体操作如下。

（1）针对需求，设置问卷（以新键盘的防水属性为例），如表5-2和表5-3所示。

表5-2 某防水键盘的问卷调查

| 如果计算机拥有防水键盘，您感觉如何 | 如果计算机没有防水键盘，您感觉如何 |
| --- | --- |
| 喜欢 | 喜欢 |
| 理应如此 | 理应如此 |
| 无所谓 | 无所谓 |
| 能忍受 | 能忍受 |
| 不喜欢 | 不喜欢 |

表5-3 根据卡诺模型分析典型属性的分类表

| | | 产品不提供此功能 | | | | |
|---|---|---|---|---|---|---|
| | | 喜欢 | 理应如此 | 无所谓 | 能忍受 | 不喜欢 |
| 产品提供此功能 | 喜欢 | Q | A | A | A | O |
| | 理应如此 | R | I | I | I | M |
| | 无所谓 | R | I | I | I | M |
| | 能忍受 | R | I | I | I | M |
| | 不喜欢 | R | R | R | R | Q |

（M：必备属性，O：期望属性，A：魅力属性，I：无差异属性，R：反向属性，Q：可疑答案。）

（2）分析收集回来的调查问卷数据，如表5-4所示。

表5-4 问卷调查数据分析表

| 功能 | 属性 | | | |
|---|---|---|---|---|
| | O | I | M | A |
| 速度快 | 66 | 11 | 39 | 52 |
| 防水 | 35 | 57 | 13 | 63 |
| 存储空间大 | 32 | 13 | 92 | 31 |
| 外形新颖 | 49 | 36 | 17 | 66 |

（3）计算功能属性归类的百分比。可以通过计算功能属性归类的百分比，求得各功能增加后的满意系数（Better）和消除后的不满意系数（Worse）。其中，增加后的满意系数用于衡量当增加某个功能后，客户对产品的满意度会提高多少。如果这个系数较高，说明增加该功能能够显著提高客户的满意度。消除后的不满意系数用于衡量当消除某个功能后，客户对产品的不满意程度会增加多少。如果这个系数较高，说明消除该功能可能会使客户非常不满意。功能属性归类公式如表5-5所示。功能属性归类的百分比如表5-6所示。

表5-5 功能属性归类公式

| 增加后的满意系数 | Better/SI=(A+O)÷(A+O+M+I) |
|---|---|
| 消除后的不满意系数 | Worse/DSI=-1×(O+M)÷(A+O+M+I) |

SI：满意系数；DSI：不满意系数。

表5-6 功能属性归类的百分比

| 功能 | O | I | M | A | 增加后的满意系数（Better） | 消除后的不满意系数（Worse） |
|---|---|---|---|---|---|---|
| 速度快 | 66 | 11 | 39 | 52 | 70.2% | -62.5% |
| 防水 | 35 | 57 | 13 | 63 | 58.3% | -28.6% |
| 存储空间大 | 32 | 13 | 92 | 31 | 37.5% | -73.8% |
| 外形新颖 | 49 | 36 | 17 | 66 | 68.5% | -39.3% |

（4）制作卡诺模型图。根据增加后的满意系数和消除后的不满意系数（绝对值）的散点图，添加均值线，可以得到卡诺模型图，如图5-4所示。

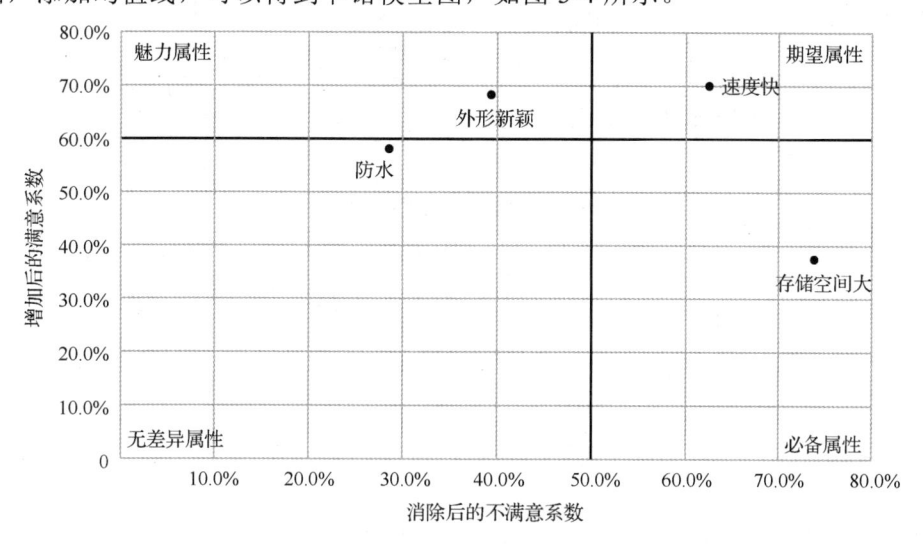

图 5-4　卡诺模型图

由图5-4可以看出，"外形新颖"属于魅力属性；"速度快"属于期望属性；"存储空间大"属于必备属性；"防水"属于无差异属性。某公司产品对几类属性的研发重要性排序为 M>O>A>I。应优先确保产品具备"存储空间大"的功能；"运行速度是否够快"将直接影响客户满意度，故要力求产品有较高的运行速度，确保客户满意度；在保证以上两个功能的前提下，"外形新颖"可进一步提高客户满意度。

## 5.2.2　ACSI 模型

ACSI 模型是一个综合评价客户满意度的指数模型，由密歇根大学商学院的国家质量研究中心和美国质量协会共同研究与发布。该模型从 1994 年开始每年对美国近 200 家企业和多家政府机构进行客户满意度调查、测算和发布，每季度更新一次数据。ACSI 模型是以客户满意度为中心构建的经济模型，通过测量客户对各个行业中企业提供产品或服务的满意度来解释客户价值的大小，同时也从宏观上分析经济资源的利用效率。

### 1. ACSI 模型的内容

图 5-5 所示为 ACSI 模型。ACSI 模型由 6 个结构变量组成：客户期望、感知质量、感知价值、客户满意度、客户抱怨和客户忠诚。其中，客户满意度是最终所求的目标变量；客户期望、感知质量和感知价值是客户满意度的原因变量；客户抱怨和客户忠诚是客户满意度的结果变量。

ACSI 模型中 6 个结构变量又包含一个或多个观测变量，观测变量是通过实际调查收集数据得到的，如表 5-7 所示。

图 5-5 ACSI 模型

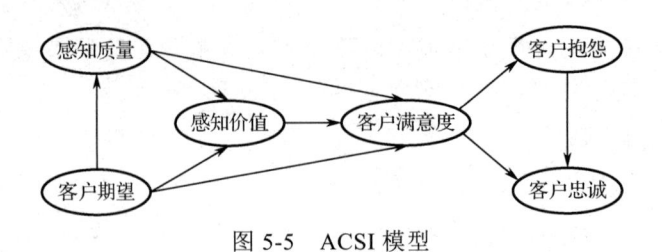

表 5-7 ACSI 模型的结构变量和观测变量

| 结 构 变 量 | 观 测 变 量 |
| --- | --- |
| 客户期望 | 产品客户化（产品符合个人特定需求）预期 |
| | 产品可靠性预期 |
| | 对产品质量的总体预期 |
| 感知质量 | 对产品客户化即符合个人特定需求程度的感受 |
| | 产品可靠性的感受 |
| | 对产品质量总体的感受 |
| 感知价值 | 给定价格条件下对质量的感受 |
| | 给定质量条件下对价格的感受 |
| 客户满意度 | 实际感受同预期质量的差距 |
| | 实际感受同理想产品的差距 |
| | 总体满意程度 |
| 客户抱怨 | 客户的正式或非正式抱怨 |
| 客户忠诚 | 客户重复购买的可能性 |
| | 对价格变化的承受力 |

1）客户期望

客户期望是指客户在购买和使用某种产品或服务之前对其质量的估计。决定客户期望的观测变量有三个：产品客户化（产品符合个人特定需求）预期、产品可靠性预期和对产品质量的总体预期。

2）感知质量

感知质量是指客户在使用产品或服务后对其质量的实际感受。感知质量的观测变量有三个：对产品客户化即符合个人特定需求程度的感受、产品可靠性的感受和对产品质量总体的感受。

3）感知价值

感知价值体现了客户在综合产品或服务的质量和价格以后对他们所得利益的主观感受。感知价值的观测变量有两个：给定价格条件下对质量的感受、给定质量条件下对价格的感受。

4）客户满意度

客户满意度是通过计量经济学方法变换和计算得到的，它量化了客户对产品或服务的满意程度。客户满意度主要包括三个观测变量：实际感受同预期质量的差距、实际感受同理想产品的差距和总体满意程度。客户满意度主要取决于客户实际感受同预期质量的比较。同时,客户的实际感受同客户心目中理想产品的比较也影响客户满意度,差距越小,客户满意度水平越高。

5)客户抱怨

客户抱怨这个结构变量的观测变量只有一个,即客户的正式或非正式抱怨。通过统计客户正式或非正式抱怨的次数可以得到客户抱怨这一结构变量的数值。

6)客户忠诚

客户忠诚有两个观测变量:客户重复购买的可能性和对价格变化的承受力。客户如果对某产品或服务感到满意,就会产生一定程度的忠诚,表现为对该产品或服务的重复购买或向其他客户推荐。如果客户产生不满,就会减少或停止重复购买及推荐,忠诚度相应下降。

2. ACSI 模型的运用

基于 ACSI 模型,企业可以根据行业属性和特点构建客户满意度测评模型和指标体系,进行实证分析,从而为企业改进产品或服务、提升客户满意度提供数据支持。接下来以某旅游景区为例,介绍 ACSI 模型的具体运用。

1)基于 ACSI 模型构建游客满意度测评模型

该旅游景区基于 ACSI 模型构建了游客满意度测评模型,如图 5-6 所示,该模型在国内许多省市的旅游景区都有应用实践,比较成熟。不难看出,原 ASCI 模型中的"客户"具象为"游客",游客满意度测评模型中的 6 个结构变量与 ACSI 模型中保持一致。

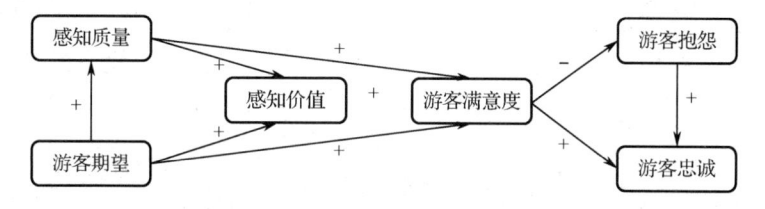

图 5-6 某旅游景区游客满意度测评模型

2)构建游客满意度测评指标体系

表 5-8 所示为游客满意度测评指标体系。该游客满意度测评指标体系划分为四级,第一级是游客满意度指数;第二级是游客满意度指数模型包含的 6 个结构变量;第三级是基于旅游业的特点,将二级指标的 6 个结构变量按照旅游六要素展开形成的 26 个观测变量;第四级是对第三级指标的具体描述,即调查问卷中的各项问题。

表 5-8 游客满意度测评指标体系

| 一级指标 | 二级指标<br>(结构变量) | 三级指标<br>(观测变量) | 四级指标 |
| --- | --- | --- | --- |
| 游客满意度指数 | 游客期望 | 对旅游景区总体印象的期望 | 对旅游景区总体印象如何 |
| | | 对景区内部打造的旅游产品和服务达到游客需求程度的期望 | 景区内部打造的旅游产品和服务满足游客需求的程度如何 |

续表

| 一级指标 | 二级指标<br>（结构变量） | 三级指标<br>（观测变量） | 四级指标 |
|---|---|---|---|
| 游客满意度指数 | 感知质量 | 住宿便捷性 | 住宿位置与环境对游玩是否有帮助 |
| | | 餐饮质量与特色 | 餐饮质量与特色如何 |
| | | 外界交通工具的进入 | 外界交通工具能不能直达景区 |
| | | 购物水平 | 有无纪念物？质量如何 |
| | | 娱乐与休闲项目的吸引力 | 景区内娱乐设施如何 |
| | | 游览环境 | 景区内部游览环境、具体线路设计、路标提示、宣传水平、导游服务质量及景区内部维护现状的质量如何 |
| | | 游览具体线路设计 | |
| | | 观景基础设备 | |
| | | 路标提示 | |
| | | 宣传水平 | |
| | | 导游服务质量 | |
| | | 景区内部维护 | |
| | | 停车场环境 | 停车场环境如何 |
| | | 安全感知质量 | 对游览、住宿、餐饮、交通、娱乐、购物等的安全质量感知 |
| | | 卫生感知质量 | 通过亲身体验，感受景区的环境卫生、餐饮卫生与住宿卫生等，给出最终的感知评价 |
| | 感知价值 | 总成本感知 | 对旅游过程中总体支出的满意程度 |
| | | 总价值感知 | 对旅游过程的总体评价满意程度 |
| | 游客满意度 | 整体满意度 | 整体印象中对旅游景区的满意程度 |
| | | 与期望中的旅游景区对比 | 将预期值与实际值展开横向对比而获得的结果 |
| | | 与理想中的旅游景区对比 | 游客在游玩过程中实际观看到的景色与理想中景色的差异 |
| | 游客抱怨 | 游客投诉率 | 相对正式的抱怨，即向管理部门进行抱怨和投诉的手段 |
| | | 负面口碑宣传 | 负面抱怨，向周边游客传递负面情绪和信息，诋毁景区 |
| | 游客忠诚 | 二次或者多次旅游的回头客 | 二次或者多次旅游的回头客的多少 |
| | | 正面口碑宣传 | 利用口碑效应来宣传该景区，提高知名度 |

3）开展游客满意度的实证研究

根据游客满意度测评指标体系，将其转化为研究游客满意度的调查问卷，对旅游景区游客满意度进行实证研究，了解游客对景区的满意程度现状，寻找影响景区游客满意度的关键因素。

### 5.2.3 CCSI 模型

CCSI 模型是在 ACSI 模型的基础上,根据中国国情和特点而建立的具有中国特色的质量评测方法。

CCSI 模型是将客户作为质量评价主体、客户需求作为质量评价标准,按照消费行为学和营销学的研究结论,构建的一套由预期质量、感知质量、品牌形象、感知价值、客户满意度、客户忠诚 6 个主要指标组成的模型,如图 5-7 所示。其中,客户满意度是核心,品牌形象、预期质量、感知质量和感知价值是客户满意度的原因变量,客户忠诚是客户满意度的结果变量。它的特点是收集客户对其感知到的质量状况和预期的质量水平等相关问题的回答结果,然后带入 CCSI 计量经济模型,计算出一个百分数来显示客户满意度。

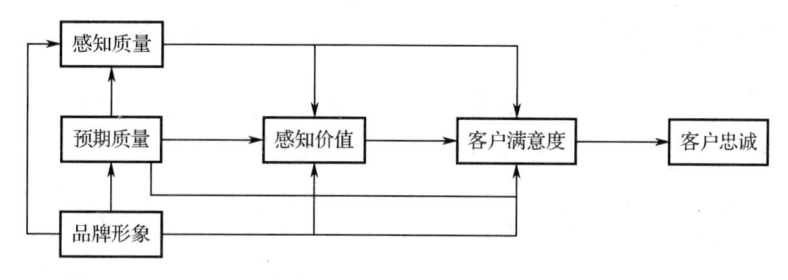

图 5-7 CCSI 模型

和 ACSI 模型相比,CCSI 模型增加了"品牌形象"变量,去掉了"客户抱怨"变量。上文对其他变量进行了详细阐述,在此不再一一赘述。这里重点介绍"品牌形象"这一变量,"品牌形象"即客户对公司的印象。品牌形象包括客户对企业的商务实践、商业道德、社会责任感及整体形象的看法。品牌形象与预期质量、客户满意度和客户忠诚有直接关系。表 5-9 所示为 CCSI 模型三级指标体系。

表 5-9 CCSI 模型三级指标体系

| 一级指标 | 二级指标 | 三级指标 |
| --- | --- | --- |
| 客户满意度指数 | 品牌形象 | 品牌知名度;客户对品牌形象评价;客户对品牌公益形象评价 |
| | 预期质量 | 服务的个性化期望;服务的可靠性期望;总体期望 |
| | 感知质量 | 服务质量个性化感知;服务质量可靠性感知;总体感知 |
| | 感知价值 | 给定服务下对价格的评价;给定价格下对服务的评价 |
| | 客户满意度 | 实际感受同预期水平比较后的满意度;实际感受同理想水平比较后的满意度;总体满意度 |
| | 客户忠诚 | 重复使用的可能性;向他人推荐的可能性;价格变动的接受度 |

**【案例分析】**

#### 近邻宝客户满意度测评指标体系

近邻宝是中科富创公司着力打造的服务于校园、社区居民及快递物流的 24 小时快递自助服务运营平台。近邻宝 App 作为一款综合性校园服务移动应用,通过配合物流中心及智能快件箱，为客户提供安全、可靠、快捷的快递包裹取送解决方案。与此同时，近邻宝也在积极探索并建设创新型的校园生活服务平台。

为了调查近邻宝的客户满意度，该企业在 CCSI 模型的服务业客户满意度指数模型基础上，按第三方物流行业特点进行适当改进，使之更能反映近邻宝的特点。根据以往专家和学者的研究成果和经验，构建以下指标体系。

（1）品牌形象：包括近邻宝的知名度、近邻宝在行业内的声誉、近邻宝的企业形象等。

（2）预期质量：包括客户对物流总体服务水平的期待，希望近邻宝能提供快速、有保障的服务。

（3）感知质量：包括物流迅速；收费合理；包裹内外均完好无损；配送员认真负责、态度诚恳；物流中心服务专业化等。

（4）感知价值：包括客户相对所接受服务的质量对价格的认可度；客户相对付出价格对服务质量的认可度。

（5）客户满意度：包括客户对收送人员的总体满意度；与客户理想中的服务相比实际表现如何；与客户期望的服务相比实际的表现如何。

（6）客户忠诚：包括客户再次选择该物流的可能性；客户再次选择该企业其他服务的可能性；该企业配送价格上涨而其他企业价格不变，客户是否还会选择。

【点评】CCSI 模型可以因地制宜地应用于不同行业，设计客户满意度测评指标体系的过程中应该遵循全面性、重要性、独立性和可操作性原则。建立客户满意度测评指标体系是客户满意度测评的核心。它在很大程度上决定了测评结果的有效性和可靠性。

## 5.3 电子商务客户满意度的提升

著名的市场营销学家菲利普·科特勒认为："企业的一切经营活动要以客户满意度为指针，要从客户的角度，基于客户的观点而非企业自身的利益的观点来分析客户的需求，以客户满意为企业的经营目的。"只有以市场和客户需求为中心的企业才能获得成功，客户满意度是评价企业质量管理的重要指标。

从客户满意度的概念不难看出，客户满意度的高低与客户让渡价值感知和客户期望息息相关。因此，提高客户满意度关键在于提高客户让渡价值感知，即尽量提高客户感知价值，降低客户感知成本；同时也要做好客户期望管理，使客户让渡价值超过客户期望，如图 5-8 所示。

### 5.3.1 做好客户期望管理

客户期望是指客户对产品或服务提供商能够为自己解决问题或提供解决方案的能力的预期。这种预期是客户在参与服务体验之前就已经形成的一种意识形态，具有很强的可引导性。

根据客户关系管理三角定律：客户满意度=客户体验-客户期望，不难看出，当客户期望增加时，客户满意度可能会相应降低。相反，当客户期望降低时，客户满意度可能会相应增加，如图 5-9 所示。根据客户关系管理三角定律，客户体验与客户期望的差值可以划分为 5 个部分：非常满意、比较满意、一般满意、比较不满意、非常不满意。如果客户体验与客户期望相当，那么客户满意度一般。客户期望越低于客户体验，客户满意度会越高；反之，客户期望越高于客户体验，客户满意度会越低。

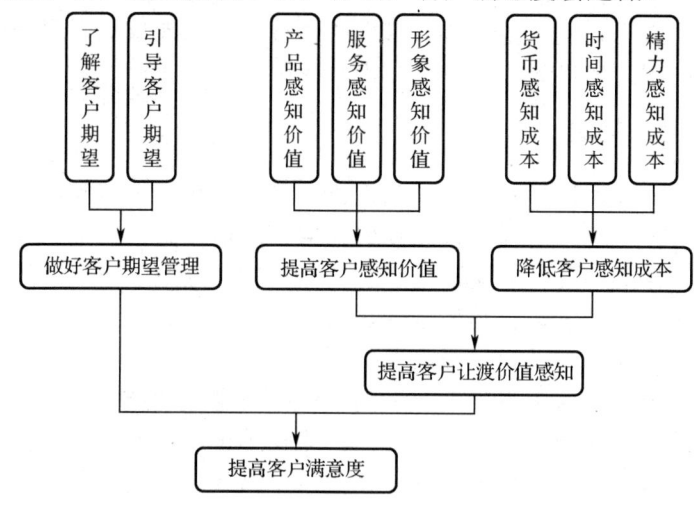

图 5-8 提高客户满意度的途径

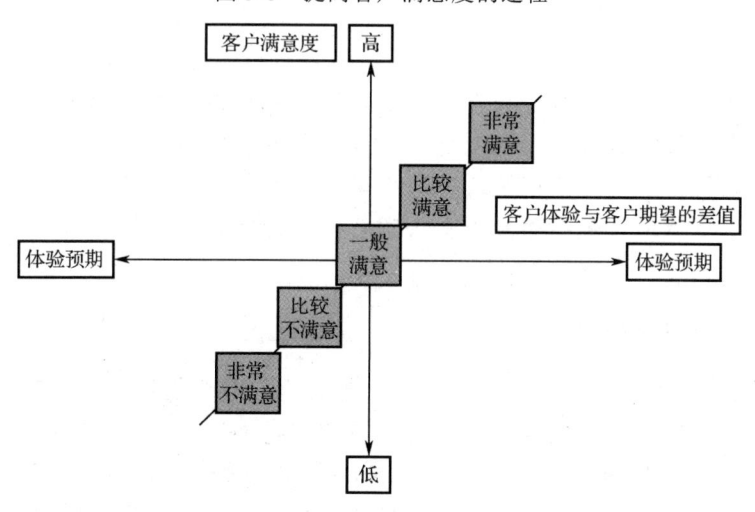

图 5-9 客户关系管理三角定律

客户期望需要被引导并维持在一个适当的水平，同时应与客户体验保持协调一致。客户期望管理的关键在于从客户需求出发，深入了解各类客户的特点、消费心理和行为，以及核心诉求点，在此基础上合理定位、分类客户的需求与引导客户期望。客户期望管理是也是预防客户流失的有效措施之一，客户关系管理人员应在其中发挥关键作用，具体来讲，应做好以下工作。

### 1. 合理设定客户期望

要客观评价产品与服务。一些客户关系管理人员为了促成交易，树立良好的企业形象，常常喜欢夸大企业的产品、技术、资金、人力资源、生产、研发实力，甚至夸大产品能效，人为地抬高客户期望。这种近乎欺骗的行为在一定程度上损害了客户的信任度，虚假地拉升了客户期望。

成交后，客户如果发现没有购买到自己期望的产品或服务，往往会把一切责任都归咎于企业。此时，客户满意度会大幅度下降，企业的产品在该地区的销售将面临严峻的考验。为此，客户关系管理人员应如实描述产品特性，合理设定客户期望，以减少客户误解、客户投诉，避免危机公关、客户流失等风险。

#### 2. 合理调控客户期望

影响客户期望的因素包括企业的广告宣传、口碑、客户价值观、客户背景、竞争环境、媒体信息、客户年龄、之前对该企业的体验、之前对其他企业的体验。每种因素的变化都会导致客户期望的变化。这种信息源的多样性，导致了客户期望的不确定性。优秀的客户关系管理人员通常通过销售推介、日常交流等方式适当地为客户调整期望，达到双方认可的水平，从而实现"双赢"。

虽然客户期望是反作用于客户满意度的，但并不是越低越好，如果客户期望很低，说明客户对服务或产品无所求，即可有可无，更谈不上满意及忠诚。因此，要做到合理调控客户期望，一方面，要积极面对客户期望，不断改善自我的服务；另一方面，要合理引导客户期望，从源头出发，尽可能规避客户"不合理期望"的出现。

#### 3. 做好对客户的承诺管理

对客户的承诺也是影响客户期望的重要因素。客户关系管理人员可以借鉴客户期望评测结果，一方面优化流程，尽可能缩小与同行在关键指标上的差距；另一方面，重点关注与客户的接触细节，严密把关对客户承诺的每个细节，在对客户做出承诺时多留一些余地，坚决杜绝为迎合客户而开"空头支票"的现象。对客户的承诺一定要兑现，否则，会使客户满意度大大降低。

#### 4. 谨慎对待客户额外要求

如果企业总是无条件地提供额外的服务，那么客户就会习惯性地将其视为理所当然。一旦企业未能满足这些额外的要求，等待企业的将是客户的不满。因此，在客户提出额外的要求时，企业要谨慎处理，但这并不意味着"事不关己，高高挂起"，因为这样做换来的同样是客户的不满意。最好的做法就是明确企业的服务内容，清楚地向客户表明他的这些要求是额外的，然后在自己能力范围内帮助客户解决问题。对于企业无法做到的事，可以推荐资源给客户，努力同客户一起筹划来解决问题，让客户觉得企业是"有办法"和"负责任"的。

#### 5. 严格执行标准

企业要在实际的操作过程中严格遵守自己制定的服务内容及标准，避免让这些内容只停留在文件层面。为此，需要有效地执行相关规定。第一，要加强对业务技能的培训，通过强化学习来提高员工的责任感和服务水平。第二，要坚持督查考核工作，通过设立投诉热线及走访客户，对员工的业务水平、服务技能进行调查，对工作中存在的问题及时加以改进。第三，要跟踪了解客户期望的变化。即使质量再好，一成不变的服务也难以满足客户的需求,这就需要不断创新,通过与客户的交流来掌握这些信息,用真情对待客户。第四,要完善流程设计,使员工在各种情况下有相应流程指引,进行规范的流程操作,这样才能保证相关服务有条不紊地高效进行。

> 【案例分析】
>
> **京东的客户期望管理**
>
> 在客户满意度管理方面,京东做出了多方面的尝试与努力。首先是了解客户期望。客户期望包括产品价值、服务价值、人员价值、形象价值和货币成本、体力成本。产品价值是指客户希望可以在网络上购买到物美价廉的正品。服务价值则是客户希望得到不管是客服还是物流良好且高效的服务。人员价值是指客户希望网店相关的工作人员服务态度良好,可以在最短的时间内解决他们的问题。客户希望京东能有正面的形象,有一定的社会责任感,这就是形象价值。客户希望以较低的花费获得优质的产品和服务以减少货币成本。另外,客户希望购物快捷、物流极速,以减少时间和精力成本,从而降低体力成本。
>
> 其次是引导客户期望,包括以热点综艺植入广告宣传的形式引导客户的良好期望和以口号引导客户的良好期望。在各大综艺节目或者电视剧中植入京东广告,由当红明星进行宣传,如"京东进口大牌,低至五折""京东不负每一份热爱"。这样有利于传递信息,激发需求,引导客户对京东的物美价廉有进一步认识。另外,通过诸如"网购上京东,省钱又放心""多仓直发,极速配送""正品行货,精致服务""天天低价,畅购无忧"这些口号精准表达品牌的定位,引导客户对京东的认知。

## 5.3.2 提高客户感知价值

客户感知价值是指客户在感知到产品或服务的利益之后,减去其在获取产品或服务时所付出的成本,从而得出的对产品或服务效用的主观评价。客户感知价值是客户对企业所提供的产品或服务的价值判断,属于企业外部客户认知导向,其核心是感知利益与感知付出之间的权衡。因此,客户感知价值受到多种因素的影响。要想提高客户感知价值,可以从以下几个方面着手。

**1. 提升产品感知价值**

产品价值是决定客户总价值大小的关键因素,客户对产品价值的感知很大程度上决定了客户满意度。客户对产品的感知价值体现在以下3个方面。

1) 产品质量提升

质量是客户感知产品价值的基础,高质量的产品或服务本身就是出色的"销售员",也是维系客户的有效手段。要想获得较高的客户满意度,企业必须让客户相信并认可产品或服务的质量。

例如,由于现在市场上的问题产品较多,所以,消费者在购买产品时就有很多担忧,主要包括担心产品危及人身安全,如食物和药品中毒及产品故障频发等。产品安全成了客户感知价值越来越重要的组成部分。企业可以利用专业知识和技术把产品设计得更安全,从而保障产品质量。

2）产品品牌打造

品牌是产品的标志，优良的品牌代表产品卓越的质量特性。优良的品牌有利于形成客户对产品价值的评判，帮助客户节约选购的时间和精力，降低客户在购买后产品不符合其需求的风险。品牌也是客户身份的一种象征，能够带给客户额外的社会价值。打造良好的产品品牌，能够有效提升客户对产品的感知价值。

企业需要以准确的品牌定位满足客户的心理与情感需求，"金利来"领带和"万宝路"香烟就是成功运用了这一策略而成为经典营销案例的。特别值得注意的是，万宝路从卖不动的女性香烟发展为驰名全球的男性香烟，除广告费用大增外，香烟产品本身的费用并没有大增，这也让客户感到实惠。

3）创新与个性化

产品都有生命周期，随着市场的成熟与发展，产品能够为客户提供的利益会逐渐减少，客户对产品的价值感知也会随时间不断退化。因此，企业需要不断利用高新技术与先进理念，开发符合客户新需求的新产品，为客户提供个性化的产品或服务，使所有投入都能针对客户的需要，为客户提供新的、不可替代的价值，从而提升客户的产品感知价值。

企业可以通过提供个性化服务，实行情感营销，拉近企业与客户之间的距离。例如，中石油公司西北某地区加油站将跑长途的司机看作亲人：司机加油时，服务员端上茶水，送上热毛巾；司机可以在温度适宜的休息室里休息；赶上司机的生日，服务员还会送上一束鲜花和一块生日蛋糕，令司机无比惊奇和感激。

2. 提升服务感知价值

随着产品的不断丰富及客户自身购买力水平的提高，客户对服务的要求也有所提高，只有满足客户服务要求的企业才能赢得客户。这就要求企业从客户的角度出发，探索并优化服务内容、服务质量，提高服务水平、服务效率，为客户提供全方位的服务，提高客户对服务价值的感知，实现客户满意。

全方位的服务包括产品售前、售中、售后的服务，这些都是提高客户感知服务价值的重要环节。例如，售前及时向客户提供关于产品性能、质量、价格、使用方法和效果的有效信息；售中为客户提供准确的产品介绍和咨询服务；售后重视信息反馈和追踪调查，及时答复并处理客户意见与投诉，主动维修或退换问题产品等。

客户对服务价值的感知变化很大。24小时热线刚推出时，获得了极高的评价，客户认为它是一项"革命性"的创举，但当其普及后，客户却仅将其视作基本服务。同时，客户对服务的认识也是有局限的，企业如果能够为客户提供其没想到但确实需要的服务，就能让客户获得更大的满足，大大提高客户对企业服务价值的评价。例如，国内以海尔为代表的许多家电企业，服务人员在上门服务时坚持自带一双鞋套，以免踩脏客户的地面；自带一块抹布，将修理家电时产生的脏物清除干净；自带一瓶水，不给客户增添麻烦。企业服务的周到、细致和高度的责任感，最终使大量客户彻底信服企业并非常愿意购买其产品，即使在其产品价格比同类产品高的情况下也是如此。

3. 提升形象感知价值

企业的公共形象和口碑也是影响客户感知价值的重要因素。若企业具有良好的形象，就会形成正面社会舆论，为企业的经营发展提供良好的氛围，客户也会相应地赋予企业产品或服务更高的价值；反之，则会形成负面社会舆论，客户的感知价值相应下降。

企业有多种方式来改善和提升自身的形象感知价值，如形象广告、新闻宣传、庆典活动、展览展销、公益广告、赞助活动、媒体互动等。例如，国产运动服饰品牌李宁，之前在消费者心中的形象一直是保守传统，在年轻消费者市场中的份额十分有限，后来李宁重新进行产品定位，确定国潮品牌的市场策略。借助国际时装周走秀、新媒体宣传等方法，与年轻消费者大规模互动，积极推动品牌年轻化，逐渐在年轻消费者心中塑造了一种全新的、融传统运动服饰与国潮精神和国潮元素为一体的、活力焕发的现代运动服饰品牌形象，成功转变为备受年轻消费者推崇的品牌。

### 【思政小课堂】

优质服务是企业参与竞争的王牌武器，也是企业不断发展壮大的基石。优质服务更多依赖于客户关系管理人员的综合素质。爱岗敬业是社会主义核心价值观的基本内容之一，也是社会主义职业道德的核心理念。一名优秀的客户关系管理人员，首先应具备强烈的爱岗敬业精神、饱满的工作热情和认真的工作态度，而后练就善于倾听客户、了解客户、沟通客户的扎实基本功，同时应具备良好的心理素质、较强的沟通协调力、洞察判断力、坚韧执着力和自制自控力。

### 【案例分析】

#### 京东超越客户的预期价值管理

一、超越客户的产品价值预期

1. 设立严格化的产品标准

坚持"正品行货"，对假货"零容忍"。京东全球购商家承诺，出售的商品100%为海外直采，并承诺提供"正品保障"服务。一旦商家被发现有出售假货及非海外直采商品，京东全球购有权立即与商家终止协议，并对买家进行先行赔付，赔付的金额以"买家实际支付的商品价款的四倍+买家支付的邮费"为限。

2. 保障产品品质

京东通过大数据洞察客户需求、精准开发产品，联手全球实力强劲的制造商，严控质量，对每个商品进行20道质量关键点把控，包括入驻验厂、资质审核、入库时的现场检查和实验室检测等，确保产品品质和成本优化。

3. 价格优惠

京东秒杀、单品秒杀、品牌秒杀、尖货秒杀、满减活动、优惠券等一系列的大型促销活动、购物狂欢节，京东都以低价促销，满减优惠胜于其他购物平台。

二、超越客户的服务价值预期

1. 设定标准化的服务

京东的战略规划分三步走，对服务进行大规模标准化，保障服务的专业性、时效性、安全性等，打造高品质服务平台。

2. 特色服务

京东特色服务包括自营体系、接送一体、即时响应、多种增值服务、专业客服、售后100分等。

> **3. 物流高效性**
>
> 京东物流是全球唯一拥有中小件、大件、冷链、B2B、跨境和众包（达达）六大物流网络的企业，凭借这6张大网在全球范围内的覆盖，以及大数据、云计算、智能设备的应用，京东物流打造了一个从产品销量分析预测到入库出库，再到运输配送各个环节无所不包，综合效率最优、算法最科学的智能供应链服务系统。
>
> 京东物流已投入运营的49座"亚洲一号"智能物流园区，形成了目前亚洲最大的智能仓群。京东物流大件和中小件网络已实现全国行政区县几乎100%覆盖，88%的区县可以实现24小时达，自营配送服务覆盖全国99%的人口，超90%的自营订单可以在24小时内送达。京东211限时达：上午下单，下午送达；次日达服务：在一定时间点之前提交的现货订单，将于次日送达。除211限时达服务外，京东次日达服务还覆盖全国248座城市；极速达配送服务是为用户提供的一项个性化付费增值服务，京东会在服务时间内，3小时将商品送达。

## 5.3.3 降低客户感知成本

客户感知成本指的是客户在实际消费过程中感觉到的支出总和，是客户在消费产品或服务的过程中涉及的时间、金钱、体力、精力、心理等成本的总和，而不仅仅指客户实际支付的商品价格。在电子商务环境下，要想降低客户的感知成本，可以从以下3个方面着手。

**1. 降低客户货币成本**

货币成本是客户在购买、消费产品或服务时必须支付的金额，是构成客户总成本的主要和基本因素，是影响客户感知的重要因素，对稳定和巩固客户关系有着举足轻重的作用。客户在购买产品或服务时，无论是有意还是无意，总会将价格与其消费所得相比较，期望以较小的货币成本获取更多的实际利益，以保证自己在较低的支出水平上获得最大的满足感。企业应坚决摒弃追求暴利的短期行为，在条件允许的情况下提供灵活的付款方式，还可以通过开发替代产品或低纯度产品，以及使用价格低的包装材料或改用大包装等措施，降低产品价格。

**2. 降低客户时间成本**

激烈的市场竞争使人们更清楚地认识到时间的宝贵，对于一些客户来说，时间可能与质量同样重要。在相同情况下，客户花费的时间越少，其购买的总成本就越低，感知价值就越高。例如，在麦当劳，当客户排队等候人数较多时，服务人员会给排队客户预点餐。当该客户到达收银台时，只需递上点菜单即可，提高了点餐速度，缓解了烦躁情绪。

**3. 降低客户精力成本**

精力成本是客户在购买产品或服务时必须耗费精力的多少。在相同情况下，精力成本越低，客户总成本就越低，客户的感知价值就越大。相反，精力成本越高，客户的感知价值就越低，满意度就越低。

一般来说，客户在不确定的情况下购买产品或者服务，可能存在一定的风险。例如，预期风险，即当客户的预期与现实不相符时，就会有失落感，产生不满；形象风险或心理风险，即客户担心购买的服装太前卫会破坏自己的形象，或担心购买价格低的产品会被人取笑，或购买价格高的产品会被人指责摆阔、逞能等；财务风险，即购买的产品是否物有所值、保养维修的费用是否太高、将来的价格会不会更便宜等；人身安全风险，如某些产品的使用可能隐含一定的风险，如驾驶汽车、摩托车可能造成交通事故等。这些可能存在的风险，都会导致客户精神压力的增加，如果企业不能降低客户的精力成本，就会使客户的感知价值降低，进而降低客户满意度。

【知识拓展】

### 客户终身价值

客户终身价值（Customer Lifetime Value，CLV），又称客户生命周期价值，是一个关键的商业指标，用于衡量单个客户在整个生命周期内预期为企业带来的净收益。它不仅仅是客户单次购买金额的总和，还需要考虑客户的多次购买行为及长期关系。它的出现，消除了以前对客户价值的理解误区。过去许多企业仅停留于客户的第一次购买，而忽略其终身价值，这使得营销努力事倍功半。理解 CLV 的重要性在于它可以帮助企业在客户管理上做出更有战略性的决策，从而实现利润最大化。

CLV 的重要性尤为突出，因为它帮助企业识别高价值客户，并集中资源于这些客户，以最大化长期收益。例如，一家零售公司可能发现，它的大部分利润来自少数几位高价值客户，他们持续多年定期购买产品。这种洞察力允许企业在市场营销、客户服务及定制产品方面投入更多精力，针对这些高价值客户定制策略，提高总体盈利能力。

高 CLV 的客户不仅带来更多直接收入，还能通过口碑宣传和推荐新客户间接提高企业收入。此外，通过增加客户生命周期价值，企业可以降低客户流失率，提高客户保留率，这本身就是减少客户获取成本的一种有效手段。

## 课后反思与练习

### 一、多选题

1. 下列哪些指标因素可以衡量客户满意度？（　　）
   A．美誉度　　　　　B．客户忠诚度　　　C．投诉率　　　　D．价格敏感度
2. 在卡诺模型中，影响客户满意度的因素是（　　）。
   A．期望型需求　　　B．反向型需求　　　C．魅力型需求　　D．基本型需求
3. 下面哪些结构变量不属于 ASCI 模型？（　　）
   A．客户期望　　　　B．感知质量　　　　C．品牌形象　　　D．客户抱怨
4. 下面属于客户感知价值提升手段的是（　　）。
   A．提升产品感知价值　　　　　　　　B．提升创新感知价值
   C．提升服务感知价值　　　　　　　　D．提升现象感知价值

### 二、简答题

1. 简述客户满意度的概念及影响因素。

2．如何做好客户期望管理？

### 三、项目实训

1．实训内容与要求

"双11"购物节来临之前，天猫某化妆品旗舰店想要提高客户满意度，计划针对客户满意度展开调查，主要调查面霜、精华乳等面部护肤品。根据 CCSI 模型指标体系，设计并完成调查，并根据调查结果（见表5-10）进行反馈，给出针对性意见。

表5-10 某化妆品牌面部护肤品客户满意度调查结果

| 结构变量 | 观测变量 | 平均得分 | 行业平均分 | 分差 | 结构变量得分 | 分差 |
|---|---|---|---|---|---|---|
| 品牌形象 | 品牌知名度情况 | 4.76 | 5.99 | -1.23 | 4.79 | -0.89 |
| | 对品牌的印象 | 4.81 | 5.36 | -0.55 | | |
| 预期质量 | 对产品的整体期望 | 5.34 | 5.25 | 0.09 | 6.42 | 1.22 |
| | 对产品使用体验的期望 | 7.00 | 4.79 | 2.21 | | |
| | 对产品使用效果的期望 | 6.93 | 5.57 | 1.36 | | |
| 感知质量 | 对产品的整体感知 | 6.62 | 7.15 | -0.53 | 6.43 | 0.54 |
| | 对产品使用体验的感知 | 6.33 | 5.60 | 0.73 | | |
| | 对产品使用效果的感知 | 6.35 | 4.93 | 1.42 | | |
| 感知价值 | 产品的性价比 | 5.66 | 5.27 | 0.39 | 5.39 | -0.20 |
| | 与同价位竞品的比较 | 5.42 | 5.90 | -0.48 | | |
| | 与同类高档产品的比较 | 5.10 | 5.60 | -0.5 | | |
| 客户满意度 | 整体满意度 | 6.26 | 5.77 | 0.49 | 6.17 | 0.07 |
| | 期望达成度 | 6.90 | 6.67 | 0.23 | | |
| | 是否达到理想水平 | 5.34 | 5.85 | -0.51 | | |
| 客户忠诚 | 重复购买的可能性 | 7.21 | 6.30 | 0.91 | 6.34 | -0.46 |
| | 长期使用的可能性 | 6.12 | 6.81 | -0.69 | | |
| | 向他人推荐的可能性 | 5.68 | 7.27 | -1.59 | | |

2．项目实训完成情况评价（自我评价）

| 评价内容 | | 自我评价等级（在符合情况下画√） | | | |
|---|---|---|---|---|---|
| | | 优秀完成 | 较好完成 | 基本完成 | 没完成 |
| 了解电子商务客户满意度的基本概念 | | | | | |
| 熟悉电子商务客户满意度的主要模型 | | | | | |
| 掌握电子商务客户满意度的提升策略 | | | | | |
| 自我评价 | 我的优势 | | | | |
| | 我的不足 | | | | |
| | 我的努力目标 | | | | |
| | 我的具体措施 | | | | |

# 第 6 章

# 电子商务客户忠诚度管理

### 学习目标 →

- 掌握客户忠诚度的概念。
- 了解客户忠诚度的衡量指标和影响因素。
- 了解维护客户忠诚度的策略。

### 【思政案例】

#### 英国 Tesco 的忠诚度计划

Tesco（特易购）是英国最大、全球第三大零售商，有超过 1400 万的活跃持卡人，客户忠诚度方面领先于同行。同时，Tesco 也是世界上最成功、利润最高的网上杂货供应商。Tesco 与沃尔玛一样，在利用信息技术进行数据挖掘、增强客户忠诚度方面走在前列。它用电子会员卡收集会员信息，分析每个持卡会员的购买偏好和消费模式，并根据这些分析结果为不同的细分群体设计个性化的每季通信。

Tesco 根据消费者的购买偏好识别了 6 个细分群体；根据生活阶段分出了 8 个细分群体；根据使用和购买速度划分了 11 个细分群体；根据购买习惯和行为模式来细分的目标群体更是达到 5000 组之多。这些细分为 Tesco 带来的好处如下。

(1)更有针对性的价格策略:有些价格优惠只提供给了价格敏感度高的组群。

(2)更有选择性的采购计划:进货构成是根据数据库中所反映出来的消费构成而制定的。

(3)更个性化的促销活动:针对不同的细分群体,Tesco设计了不同的每季通信,并提供了不同的奖励和刺激消费计划。因此,Tesco优惠券的实际使用率达到20%,而不是行业平均的0.5%。

(4)更贴心的客户服务:详细的客户信息使得Tesco可以对重点客户提供特殊服务,如为孕妇配置个人购物助手等。

(5)更可测的营销效果:针对不同细分群体的营销活动可以从他们购买模式的变化看出活动效果。

Tesco值得借鉴的方法是品牌联合计划,即几个强势品牌联合推出一个客户忠诚度计划,Tesco的会员制活动就针对不同群体提供了多样的奖励。例如,针对家庭妇女的"Me Time"("我的时间我做主")活动:家庭女性可以用日常购买中的积累点数换取从当地高级美容、美发沙龙到名师设计服装的免费体验或大幅折扣。以上所列带来的结果,自然就是消费者满意度和忠诚度的提高。

忠诚客户就像蛋糕上的奶油,最可口、卡路里最高,只有抢到奶油吃的电子商务企业才能站得更稳,走得更远。因此,客户忠诚度是企业重要的战略资源,提高客户忠诚度至关重要。本章将详细介绍电子商务客户忠诚度管理的基本知识。

## 6.1 电子商务客户忠诚度认知

客户忠诚所带来的收获是长期的,且是有积累效果的,也就是说,一个客户能保持忠诚越久,电子商务企业从他那儿得到的利益也就越多。建立客户忠诚不是一项孤立的工作,它是电子商务企业整个商务活动中不可缺少的一部分。建立客户忠诚不仅影响了电子商务企业所从事的各种业务的好坏,还会对企业的长远目标能否实现产生影响,如果电子商务企业想在市场上站稳脚跟并获得发展,就必须认识到建立客户忠诚的重要意义。

### 6.1.1 客户忠诚度的含义

客户忠诚度(Customer Loyalty,CL)也称客户黏度,指的是客户对某一商品或服务产生了好感,形成依附性偏好,进行重复购买的一种趋向。忠诚客户俗称"老客户"或"回头客",是企业最基本、可信赖的客户,是企业长期发展所需要的重要客户。如何提高客户忠诚度,是每个企业都应掌握的技能。在电子商务中,客户忠诚度被定义为客户购买行为的连续性,它体现了客户对电子商务企业产品或服务的依赖和认可。这种忠诚度表现为客户长期坚持购买和使用这些产品或服务,并在思想和情感上展现出高度信任和忠诚。这是客户对电子商务企业产品在长期竞争(如价格、质量、服务等方面)中所表现出的优势的综合评价。

有学者从研究角度出发,把客户忠诚细分为行为忠诚、意识忠诚和情感忠诚。但是,对电子商务企业来说,它们最关心的是行为忠诚,如果只有意识忠诚或者情感忠诚,却没有实际的行动,对于电子商务企业来说就没有直接意义。电子商务客户忠诚是一个综合概念，它体现在客户对电子商务企业的产品或服务的依恋或爱慕的感情上，并通过客户的情感表达、购买行为以及品牌意识等多个方面表现出来。

1. 情感忠诚

情感忠诚表现为客户对电子商务企业的理念、行为和视觉形象的高度认同和满意。

2. 行为忠诚

行为忠诚表现为客户再次消费时对电子商务企业的产品和服务的重复购买行为。

3. 意识忠诚

意识忠诚表现为客户对电子商务企业未来产品和服务的购买意向。

这样，由情感、行为和意识组成的客户忠诚营销理论，着重于对客户行为趋向的评价，通过这种评价活动的开展，反映电子商务企业在未来经营活动中的竞争优势。

在现代的商业竞争中，电子商务企业非常重视客户忠诚度，并且进行了大量的研究。那么，研究客户忠诚度的目的是什么？从电子商务企业的角度来说，客户服务的目标并不仅仅止于使客户满意，使客户感到满意只是营销管理的第一步。美国维特化学品企业总裁威廉姆·泰勒认为："我们的兴趣不仅仅在于让客户获得满意感，我们要挖掘那些被客户认为能增进我们之间关系的有价值的东西。"在电子商务企业与客户建立长期伙伴关系的过程中，电子商务企业向客户提供超过其预期的"客户价值"，使客户在每次的购买过程和购后体验中都能获得满意。每次的满意都会增强客户的信任，从而使电子商务企业能够获得长期的盈利与发展。对于电子商务企业来说，如果客户对产品和服务感到满意，也会将他们的消费感受通过口碑传播给其他客户，扩大产品的知名度，提高电子商务企业的形象，为长远发展不断注入新的动力，使客户从满意到信任，甚至是"客户忠诚"。

【思政小课堂】

《荀子·劝学》有云"不积跬步，无以至千里；不积小流，无以成江海"，《老子》亦言"合抱之木，生于毫末；九层之台，起于累土；千里之行，始于足下"。这些古训都深刻揭示了积累与成就之间的密切关系。同样，习近平总书记也强调"培育和践行社会主义核心价值观，关键在于坚持知行合一、行胜于言，要在细微处、小事上、实际行动中下功夫"。这些论述都充分说明，培养客户忠诚度应该是一项日常性、精细性、长期性的工作，它要求我们从点滴做起，坚持不懈，持之以恒。

【案例分析】

调查显示：华为用户忠诚度竟高达 70%

近日 QuestMobile 研究院发布了《QuestMobile 中国移动互联网 2019 半年大报告》，这份报告对中国上半年移动互联网现状、特点及出现的新情况进行了详细分析，最主要的就是智能手机了。

在品牌方面的忠诚度，华为毫无疑问是第一的，拥有了 67.88% 的忠诚度，也就是有 67.88% 的华为用户在更换手机的时候仍然会选择华为。其他品牌的用户忠诚度就低很多了，只有 11.37% 的用户仍然会继续选择 OPPO，10.08% 的用户会继续选择 VIVO，只有 4.77%的用户会继续选择小米。从这一组数据也可以看出，华为目前位居国内第一，拥有近70%的用户忠诚度，这一点是曾经苹果都没有做到的，而且根据这个趋势这个数值还在不断上升中。

其实这也是可以理解的，最近几年华为推出的 P 系列和 Mate 系列，主打的都是高端手机市场，目前华为已经逐渐在高端手机市场站稳了脚跟。华为的 P 系列和 Mate 系列强大的拍照性能和各种黑科技，都牢牢黏住了用户，抓住用户的心，高端手机为华为争取了更多的用户忠诚度。

另外，华为手机的质量也是成为用户再次选择华为的另一原因，曾经华为 500 天不卡顿、华为手机挡子弹还能开机等都深深吸引着消费者。现在的华为已经逐渐成为我们国内企业的代表，华为线下宣传也做得非常好，很多人愿意购买华为手机，支持国产。

## 6.1.2 客户忠诚度的分类

电子商务企业经营实践表明：在买方市场条件下，客户忠诚度才是现代企业最宝贵、最可靠、最稳定的资产。高度忠诚的客户具有如下几个特征：有规律地重复购买；愿意购买电子商务企业多种产品或服务（交叉购买）；经常向他人推荐；对竞争对手的拉拢和诱惑具有免疫力；能够忍受电子商务企业偶尔的失误，而不会因此流失或叛逃。高度忠诚的客户不仅是电子商务企业竞争获胜的关键，也是企业长远发展的根本保证。

**1. 根据态度和行为划分**

根据客户对电子商务企业的态度和行为，可将客户分成态度忠诚客户和行为忠诚客户。所谓态度忠诚，是指客户内心对电子商务企业及产品和服务的积极的情感，是客户对产品或服务的相当程度的依恋。所谓行为忠诚，是指客户对电子商务企业的产品和服务的不断重复购买。根据客户态度和行为上忠诚度高低的组合，可将客户忠诚度分为 4 种类型，如图 6-1 所示。

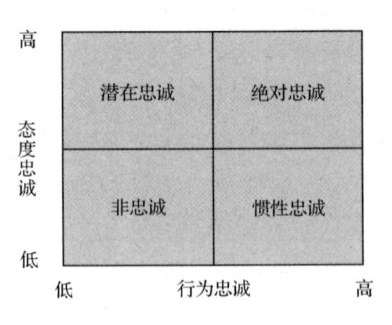

图 6-1 根据态度和行为划分的客户忠诚度类型

1) 低态度忠诚、低行为忠诚——非忠诚

由于许多原因，某些客户对一定的产品或服务不会产生忠诚度，这种客户不能发展成为电子商务企业的忠诚客户，一般来说，企业要避免把目光投向这样的客户。

2) 高态度忠诚、低行为忠诚——潜在忠诚

这种类型的客户对电子商务企业的产品或服务情有独钟。虽然由于购买的产品属于

耐用品或消费的次数不多，需要重复购买的次数不多，但他们对此会广为宣传，极力推荐给亲戚、朋友和家人。这类客户会成为电子商务企业的业余营销员，因此，他们对电子商务企业而言也很有价值。

3）低态度忠诚、高行为忠诚——惯性忠诚

客户忠诚度来自外在因素，一旦外在因素（如价格、地点等）发生变化，客户就不会再购买电子商务企业的产品或服务。常见的惯性忠诚又可分为垄断忠诚、惰性忠诚、激励忠诚、方便忠诚等。

（1）垄断忠诚是指客户在别无选择的情况下的顺从态度。例如，因为政府规定只能有一个供应商，客户就只能有一个选择。这种客户通常是低依恋、高重复的购买者，因为他们没有其他的选择。上百份客户满意度调查显示，选择权极小或者没有选择权的客户总是感到不满意。

（2）惰性忠诚是指客户由于惰性而不愿意去寻找其他的供应商，但他们对电子商务企业并不满意，若其他企业能够让他们得到更多实惠，这些客户就很容易被人挖走。

（3）激励忠诚是指电子商务企业有奖励活动的时候，客户都会来购买，当活动结束时，客户就会转向其他有奖励的或者有更多奖励的电子商务企业。

（4）方便忠诚是指客户由于电子商务企业提供的产品和服务有空间、时间等方面的便捷性而重复购买，这样的客户也很容易被竞争对手挖走。电子商务企业可以通过积极与客户搞好关系，同时尽量显示出自己的产品和服务有竞争对手所没有的优点或长处，来争取将这类客户发展成为绝对忠诚的客户。

4）高态度忠诚、高行为忠诚——绝对忠诚

真正的忠诚，既包括态度上的认同感，又包括行为上的持久性。这是一种典型的感情或品牌忠诚，绝对忠诚对很多电子商务企业来说都是最有经济价值的。绝对忠诚客户对其产品和服务不仅情有独钟、重复购买，而且乐此不疲地宣传它们的好处，热心向他人推荐其产品和服务。这类客户是任何电子商务企业都喜欢的一类客户。

**2. 根据满意度划分**

客户忠诚度和客户满意度之间有着千丝万缕的联系。一般来说，客户满意度越高，客户的忠诚度就会越高；客户满意度越低，客户的忠诚度就会越低。可以说，客户满意度是推动客户忠诚的最重要因素。

满意使重复购买行为的实施变得简单易行，同时也使客户对电子商务企业产生依赖感。统计结果表明：一个满意的客户更愿意继续购买电子商务企业的产品或服务。根据客户满意的状况，客户忠诚度可分为信赖忠诚和势利忠诚两种。

1）信赖忠诚

信赖忠诚是指客户在完全满意的基础上，对使其受益的一个或几个品牌的产品或服务情有独钟，并且长期、指向性地重复购买。信赖忠诚的客户注重与电子商务企业在情感上的联系，寻求归属感。信赖忠诚的客户相信电子商务企业能够以诚待客，有能力满足客户的预期，对所忠诚的电子商务企业的失误也会持宽容的态度。当发现该电子商务企业的产品或服务存在某些缺陷时，能谅解并且主动向电子商务企业反馈信息，而不影响再次购买。他们还乐意为电子商务企业做免费宣传,甚至热心地向他人推荐,是电子商务企业的热心追随者和义务宣传员。

信赖忠诚的客户在行为上表现为指向性、重复性、主动性、排他性购买。当他们想购买一种他们曾经购买过的产品或服务时,会主动去寻找原来向他们提供过这一产品或服务的电子商务企业。他们能够自觉地排斥"货比三家"的心理,能在很大程度上拒绝其他电子商务企业提供的优惠和折扣等诱惑,而一如既往地忠诚。信赖忠诚的客户是高度依恋的客户,他们的忠诚最可靠、最持久,他们是电子商务企业最为宝贵的资源,是电子商务企业最基本、最重要的客户,是电子商务企业最渴求的。他们的忠诚也表明电子商务企业现有的产品和服务对他们是有价值的。

2)势利忠诚

当客户对电子商务企业及其产品或服务不完全满意,只是对其中某个方面满意时,往往表现出对电子商务企业的"势利忠诚"。例如,有些客户因为"购买方便"而忠诚;有些客户因为"价格诱人"而忠诚;有些客户因为"可以中奖""可以打折""有奖励""有赠品"等而忠诚。

总之,"势利忠诚"是客户为了能够得到某些好处或者害怕有某些损失,而长久地重复购买某一产品或服务的行为。一旦没有了这些诱惑和障碍,他们也就不再"忠诚",很可能会转向其他更有诱惑力的电子商务企业。可见,势利忠诚的客户是"虚情假意"的忠诚,他们对电子商务企业的依恋度很低,很容易被竞争对手挖走。因此,电子商务企业要尽可能实现客户的"信赖忠诚",但是,如果实在无法实现客户的"信赖忠诚",也可以退而求其次,追求实现客户的"势利忠诚",因为这种忠诚比较常见、比较容易实现,也能够给企业带来利润,所以,值得电子商务企业重视。

由此可见,一般认为满意的客户在很大程度上会是忠诚的客户,但实际上它们之间并不像人们所想象的那样存在必然的联系。许多电子商务企业发现:有的客户虽然满意,但还是离开了。《哈佛商业评论》显示,对产品满意的客户中,仍有65%~85%的客户会选择新的替代品,也就是说满意并不一定忠诚。一般来说,满意也可能不忠诚的原因大概有以下几个:客户没有因为忠诚而获得更多利益、客户对电子商务企业的信任和情感不够强烈、客户没有归属感、客户的转换成本过低、电子商务企业与客户联系的紧密程度低、电子商务企业对客户的忠诚度低、员工对电子商务企业的忠诚度低,以及客户自身原因,如个人客户想换"口味",丰富一下自己的消费经历,或者企业客户的采购主管、采购人员、决策者的离职等都会导致虽然满意但不忠诚。

【知识拓展】

对于客户忠诚度的划分,不同学者有不同的看法,有些学者按客户忠诚度不同将客户分为以下4种类型:传道者、图利者、囚禁者和破坏者。

传道者:指那些不仅忠诚,而且对产品或服务非常满意并且向其他人推荐的人。

图利者:指那些为谋求低价格而转换服务提供商的人,尽管他们的满意度可能很高。

囚禁者:指那些对产品或服务极不满意,但却没有或很少有其他选择的人。

破坏者:指有选择余地并利用的人,他们利用每次机会来表达对以前的产品或服务提供商的不满情绪,并转向其他供应商。

## 6.1.3 客户忠诚度的级别

客户忠诚度是电子商务企业长期盈利潜力的重要指标，是测量客户需要多大经济力量才能驱使其离开电子商务企业转向其他组织的态度倾向。通常可以将客户忠诚度划分成4个级别，如图6-2所示。

1. 客户忠诚
2. 客户对某一企业产生了偏好情绪
3. 客户对企业的产品或服务感到满意或购买已成为习惯
4. 零忠诚度

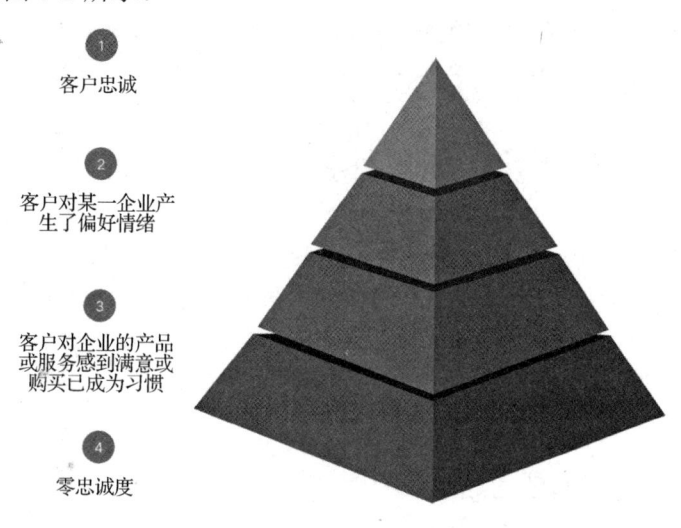

图6-2 客户忠诚度级别

最低级别是客户对电子商务企业没有忠诚度。他们对电子商务企业漠不关心，仅凭价格、方便性等因素购买。

其次是客户对电子商务企业的产品或服务感到满意或购买已成为习惯。他们的购买行为受到习惯力量的驱使。一方面，他们怕没有时间和精力去选择其他企业的产品或服务；另一方面，转换电子商务企业可能会使他们付出转移成本。

接着是客户对某一电子商务企业产生了偏好情绪，这种偏好是建立在与其他竞争企业相比较的基础之上的。这种偏好的产生与企业形象、企业产品和服务体现的高质量及客户的消费经验等因素相关，从而使客户与电子商务企业之间产生感情联系。

最后，最高级别是客户忠诚。客户对电子商务企业的产品或服务抱有强烈的偏好与情感寄托。客户对电子商务企业的这种高度忠诚，成为电子商务企业利润的真正源泉。

---

**【知识拓展】**

**客户忠诚度的重要性**

客户满意度对电子商务企业而言有着重要意义。客户忠诚度是建立在客户满意度之上的，所以具有重要意义，具体体现在以下几个方面。

（1）确保电子商务企业的长久收益。客户忠诚度决定了客户重复购买的次数，重复购买次数越多，为电子商务企业带来的销量和收益越多。

（2）节约成本。主要体现在宣传成本、交易成本和服务成本上。忠诚的老客户自主找上门，省去宣传成本；忠诚的老客户对电子商务企业交易流程熟悉，基本不需要客服再做详细指导，因此，可以节约交易成本和服务成本。

（3）获得良好的口碑效应。多次回购的老客户对商品更具发言权，无论是自发推荐还是撰写好评，都能为电子商务企业带来新客户。

（4）为电子商务企业发展带来良性循环。随着客户忠诚度的提高，忠诚客户数量增加，商品的销量也会随之增长，电子商务企业可获得更多收益，能进行更多的营销活动，从而获得更多的忠诚客户，形成良性循环。

（5）客户忠诚度能确保电子商务企业的长久收益，使店铺收入增长的同时节约成本、降低经营风险、提高工作效率，是商家可持续发展的重要因素。

## 6.2 电子商务客户忠诚度的衡量

客户忠诚度是客户对电子商务企业产品或服务态度的倾向性或行为重复性的程度。在电子商务环境下，如何有效衡量客户忠诚度，发现电子商务企业的不足和客户的需求来提高客户忠诚度，对电子商务企业的发展至关重要。在实践中，客户忠诚度可以通过客户调查、客户自愿反馈、正式市场研究、服务一线员工报告、客户实际参与及服务组织的特定活动等方式来衡量。

### 6.2.1 客户忠诚度的形成过程

对于电子商务的卖家而言，有时开发一个新客户的成本相当于维护5～6个老客户，而且在成熟的、竞争性强的市场中，企业争取到新客户的难度更大，因为前期有很多"功课"要做，所以，很多电子商务卖家会选择维护好老客户，电子商务企业一旦建立了客户忠诚度，其销售成本将大大降低。客户忠诚度的形成不仅需要时间，还需要精心培养。客户忠诚度的形成要经历以下几个阶段：由可疑者、持观望态度的购买者、潜在购买者向首次购买者、重复购买者、跟随者、拥护者甚至合伙人转变，如图6-3所示。电子商务企业只有明确并满足不同级别的客户的特定需求，才有更多机会将购买者变成忠诚客户。

图6-3 客户忠诚度的形成过程

#### 1. 可疑者

可疑者是指对电子商务企业的产品或服务没有任何兴趣的个人或组织。电子商务企业不可能从这个群体中赚到一分钱，因此，要慎重考虑对这些客户的营销成本。

#### 2. 持观望态度的购买者

持观望态度的购买者是指那些电子商务企业的产品或服务能够满足其需求，但目前尚未与电子商务企业建立任何联系的个人或组织。电子商务企业应与这些客户建立联系，将他们发展成潜在客户，甚至是活跃客户。

#### 3. 潜在购买者

潜在购买者是指与电子商务企业有某些联系，但还未曾购买电子商务企业的产品或服务的个人或组织。电子商务企业往往认为这些客户有可能购买,但并没有足够的信息来确定或证明这点,一些电子商务企业往往以此为依据来计算潜在市场容量。

#### 4. 首次购买者

首次购买者是指对电子商务企业的产品或服务进行过首次购买的个人或组织。首次购买者有可能成为电子商务企业今后长期的客户,也有可能仍然是竞争对手的客户,电子商务企业应该将这类客户发展成重复购买客户。

#### 5. 重复购买者

重复购买者是指对电子商务企业的产品或服务进行过多次购买的个人或组织。这类客户购买行为主要有两类:一类是重复产品多次购买,另一类是在不同场合购买电子商务企业两种以上的产品或服务。

#### 6. 跟随者

跟随者是指对电子商务企业有一定的归属感的重复购买者,但他们除了购买以外对电子商务企业的支持还不够主动。电子商务企业已经与这些客户建立了稳定而持续的客户关系,这些客户不会轻易为竞争对手所吸引。

#### 7. 拥护者

拥护者是指那些通过把电子商务企业推荐给别人来主动支持电子商务企业的客户。这些拥护者无时不在谈论企业和产品,为企业的产品和服务做市场宣传,同时帮助电子商务企业带来新的客户。

#### 8. 合伙人

合伙人是最强的客户,通常为供应商关系模式,这种模式是互利双赢的,而且能够长期进行下去。

从客户忠诚度的形成过程看,电子商务企业需要注意以下方面:首先要区分可疑者与持观望态度的购买者,然后努力将持观望态度的购买者发展成新客户。这是市场营销中最具有挑战性也是投资成本最高的部分。其次,在关系的发展过程中,从潜在购买者到首次购买者,电子商务企业的重点应该放在如何吸引新客户,即客户的争取上;从一次性购买者到合伙人,电子商务企业的重点应放在如何维持和发展客户的关系,即客户的保留上。最后,对于电子商务企业而言,拥护者和合伙人有极大的价值。

**【案例分析】**

### TOMS 打造客户忠诚度的创新之举

TOMS 鞋业(TOMS Shoes)是在 2006 年由布雷克·麦考斯基(Blake Mycoskie)创办的,其招牌产品是帆布鞋。这种鞋起源于西班牙与法国交界的比利牛斯山区,最早是用麻绳编织成鞋底,帆布或棉布做鞋面,结实耐用,穿着舒适。后来随着欧洲人流传到美洲,目前在全球范围内受到越来越多年轻人的青睐。

> 谈到为独特客户定制忠诚度计划，TOMS鞋业已经使用他们的客户忠诚度计划在全球范围内做出了真正的改变。TOMS鞋业不会为客户提供会员卡或每次购买都能获得奖励。它甚至不需要提供金钱激励来换取客户购买和忠诚度。相反，它们用价值观和价值感吸引客户。每次购买，客户都可以获得通过各种举措创造变革的非货币激励，如一对一的鞋子捐赠等。TOMS鞋业的品牌理念如下：消费者每买一双鞋，其就会另外送出一双鞋给落后地区的小朋友，这就是One for One的精神！
>
> TOMS鞋业的品牌理念为其积累了大量的忠诚客户，为品牌发展壮大打下了良好的社群基础，让其在拥挤的鞋业中脱颖而出。

### 6.2.2 客户忠诚度的衡量指标

客户忠诚度是电子商务企业维护自身利润的有效途径，是每个商家追求的目标。电子商务企业通过开展客户忠诚度测评，可以了解客户对自己的态度，以及检验其在提高商品品质和客户服务等方面采取的措施是否有效。客户忠诚度是客户忠诚的量化指数，一般可运用以下指标来衡量：重复购买次数、交叉购买数量、购买时挑选商品的时间、对待竞争者的产品或服务的态度、对产品或服务价格的敏感程度、对产品或服务质量事故的宽容度、对产品或服务的推荐度，如图6-4所示。

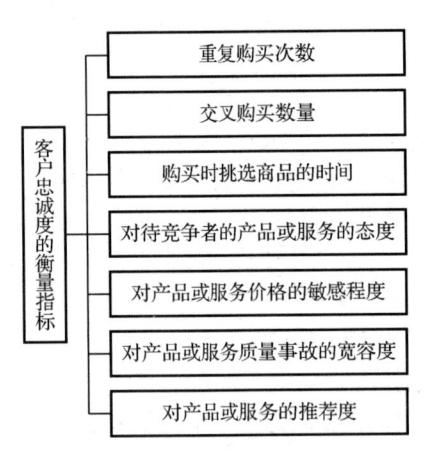

图6-4 客户忠诚度的衡量指标

客户忠诚度的衡量指标：
- 重复购买次数
- 交叉购买数量
- 购买时挑选商品的时间
- 对待竞争者的产品或服务的态度
- 对产品或服务价格的敏感程度
- 对产品或服务质量事故的宽容度
- 对产品或服务的推荐度

#### 1. 重复购买次数

重复购买次数是指在一定时期内，客户重复购买某产品或服务的次数。一般来说，一段时间内，客户对某种产品或服务重复购买的次数越多，说明他对这一产品或服务的忠诚度越高；反之，则越低。有些电子商务企业为了便于识别和纳入数据库管理，将客户忠诚量化为连续3次或4次以上的购买行为，但现实中不同消费领域、不同消费项目有很大差别。例如，对于某些产品或服务，我们在一生中可能会购买几千次甚至更多，而对于另外一些产品或服务，我们在一生中可能只能购买几次甚至一次。因此，电子商务企业不能一概而论，不能简单用次数来判断客户是否忠诚，更不能跨消费领域、跨消费项目进行比较，因为这样比较是没有意义的。

#### 2. 交叉购买数量

交叉购买是指一位客户购买多种相关的产品或服务。交叉购买建立在双赢原则的基础上，也就是说，对电子商务企业和客户都有好处。客户因得到更加符合其需求的服务而获益，电子商务企业也因销售增长而获益。需要注意的是，电子商务企业实施交叉销售的过程涉及多种参数，如销售场地、品牌、服务提供商等，因此，该客户必须是电子商务企业能够追踪并了解的单位客户。一段时间内，若客户交叉购买的数量越多，说明他对这一产品或服务的忠诚度可能越高；反之，则可能越低。

#### 3. 购买时挑选商品的时间

客户在购买时都会经历挑选这一过程。挑选意味着客户会花时间了解商品，也会比较不同商家所提供的商品。如果客户在购买产品或服务时会花费很长的时间来搜集信息，并将其与其他商家或品牌的商品做比较，最后才决定是否购买，说明客户对该商家或品牌的忠诚度较低；反之，如果客户信任商家，挑选的时间短，忠诚度可能较高。

#### 4. 对待竞争者的产品或服务的态度

一般来说，对某电子商务企业忠诚度高的客户会自觉地排斥其他电子商务企业，因此，若客户对企业竞争者的产品或服务表现出来越来越多的偏好，则表明客户对该电子商务企业的忠诚度下降；反之，则说明客户对该电子商务企业的忠诚度较高。

#### 5. 对产品或服务价格的敏感程度

客户对价格都是非常重视的，但这并不意味着客户对价格变动的敏感程度都相同。事实表明，对于喜爱和信赖的电子商务企业，客户对其价格变动的承受力强，即敏感度低。而对于不喜爱和不信赖的电子商务企业，客户对其价格变动的承受力弱，即敏感度高。因此，可以依据客户对价格变动的敏感程度来衡量客户对某电子商务企业的忠诚度。一般来说，对价格的敏感程度越低，其忠诚度越高；反之，则忠诚度越低。

#### 6. 对产品或服务质量事故的宽容度

任何产品或服务都有可能出现各种质量问题，即使是名牌产品或服务也很难避免。如果客户对产品或服务的忠诚度越高，当出现质量问题时，他们会采取宽容、谅解和协商解决的态度，对出现的质量事故也就越宽容，不会由此而失去对它的偏好。相反，如果客户对电子商务企业的忠诚度较低，当出现质量问题时，他们会深感自己的正当权益被侵犯了，从而产生强烈的不满，甚至会通过法律方式进行索赔。当然，运用这一指标时，要注意区别事故的性质，判断是严重事故还是一般事故，是经常发生的事故还是偶然发生的事故。

#### 7. 对产品或服务的推荐度

客户向其他客户推荐和介绍电子商务企业的产品或服务，即客户口碑。忠诚的客户会对企业进行正面的口头宣传，会向其朋友或家人推荐企业的产品或服务，因此，客户忠诚度与客户向其他客户推荐和介绍的力度呈正相关关系。愿意推荐电子商务企业产品或服务的客户，其忠诚度往往会很高；反之，不愿意推荐产品或服务给其他人的客户，其客户忠诚度可能不高。

### 6.2.3 客户忠诚度因素分析

在电子商务中影响客户忠诚度的因素主要包括客户满意程度、客户因忠诚能获得的收益、客户的信任感和客户的情感因素。如图 6-5 所示，针对客户忠诚度的因素分析，电子商务企业可以采取有效措施，提升电子商务客户活跃与留存，提高客户忠诚度。

```
                    建立和提高电子商务客户忠诚度
         ┌──────────────┬──────────────┬──────────────┐
    客户满意程度    客户因忠诚能获得的收益    客户的信任感      客户的情感因素
         │              │              │              │
    提供物美价廉的商品    降低客户重复购买的成本    树立客户至上的理念    积极沟通
    如实撰写商品详情页    奖励配套礼物    提供有可信度的信号    找机会回访
    提供尽心尽力的服务    杜绝平均主义    规避客户风险    提供个性化服务
                                        尊重客户隐私
                                        妥善处理投诉
```

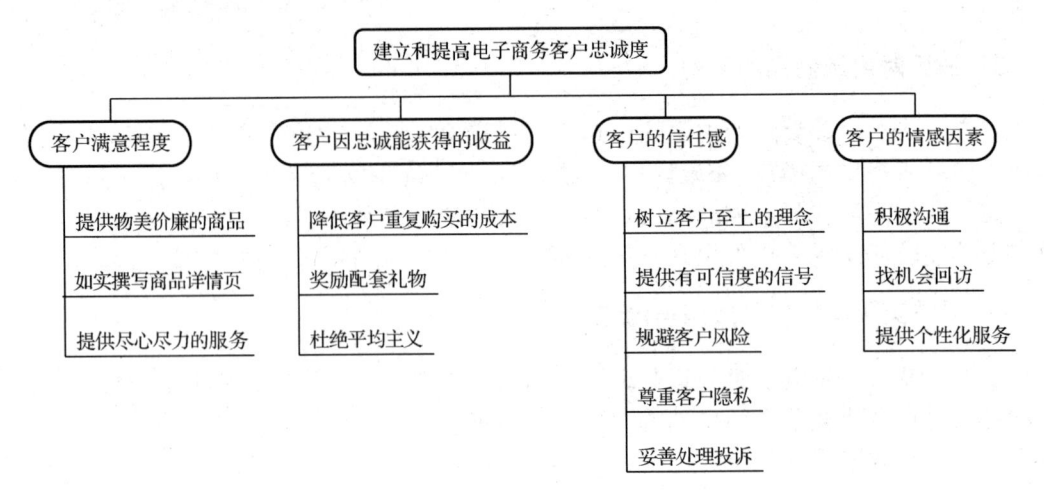

图 6-5　客户忠诚度的因素分析

### 1. 客户满意程度

客户满意主要是客户对商家的综合评价,包括对商品的满意、对销售人员的满意,以及对商家售后、技术支持、培训等各方面的满意。在电子商务中,还应包括各项在线服务,如咨询服务、搜索商品、更改地址、申请售后等能满足网络时代客户追求便利、快速的需求。

当商家提供的商品或服务等于或者超过客户的期望时,客户满意度就越高,购买商品或服务的次数就越多。电子商务企业可以采取提供物美价廉的商品、如实撰写商品详情页、提供尽心尽力的服务等措施提升客户满意度。

### 2. 客户因忠诚能获得的收益

追求利益是客户的基本价值取向。调查结果表明,客户一般乐于与电子商务企业建立长久关系,其主要原因是希望通过忠诚得到优惠和特殊关照,降低重复购买成本,如果能够得到,他们就会与电子商务企业建立长久关系。如果老客户没有得到比新客户更多的优惠和特殊关照,那么就会抑制他们的忠诚,这样老客户就会流失,新客户也不愿成为老客户。因此,电子商务企业能否提供忠诚奖励将决定客户是否持续忠诚。

当前仍然有许多电子商务企业总是把最好、最优惠的条件提供给新客户,甚至有的企业利用大数据"杀熟",使老客户的待遇还不如新客户,这其实是鼓励"后进",打击"先进",将大大降低客户忠诚度。其实,新客户有很多未知的方面,你不知道他们会带来什么,而老客户陪伴电子商务企业成长,是电子商务企业的功臣。如果一个电子商务企业连老客户都不珍惜,那又怎能令人相信它会珍惜新客户?电子商务企业切不可喜新厌旧,否则只会让老客户寒心,受伤害的老客户将不再忠诚进而流失,而新客户看到老客户的处境也会望而却步,不愿忠诚。

所以,电子商务企业要让老客户得到更多配套的奖励,杜绝平均主义,这样才能激励客户对电子商务企业忠诚。

### 3. 客户的信任感

由于客户的购买存在一定的风险，如实物和商品图片严重不符、商品存在瑕疵、物流速度极慢、售后纠纷处理不及时等，客户为了避免和减少购买过程中的风险，往往倾向于与自己信任的电子商务企业保持长期关系。市场上有些电子商务企业只追求眼前利益，"一切向钱看"，不顾及客户的感受，但这种电子商务企业是不可能得到客户信任的，而没有得到客户信任的电子商务企业肯定得不到客户的忠诚。研究结果显示，信任是构成客户忠诚的核心因素，信任使重复购买行为变得简单易行，同时也使客户对电子商务企业产生依赖感。

商家要想与客户建立信任感，就必须树立客户至上的理念，杜绝以次充好、敷衍了事等行为，规避客户风险，尊重客户隐私，妥善处理客户投诉。长期的客户信任可形成客户忠诚，商家提高客户忠诚度，应从增强客户对商家的信任感入手。

### 4. 客户的情感因素

如今，情感对客户是否忠诚的影响越来越大，这是因为电子商务企业给予客户利益，竞争者也同样可以提供类似的利益，但竞争者难以破坏情感深度交流下建立的客户忠诚。

电子商务企业与客户一旦有了情感交流，就容易从单纯的买卖关系升华为休戚相关的伙伴关系。当客户与电子商务企业的感情深厚时，客户就不会轻易背叛，即使受到其他利益的诱惑。

加拿大营销学教授杰姆·巴诺斯通过调查研究指出，客户关系与人际关系有着一样的基本特征，包括信任、信赖、社区感、共同目标、尊重、依赖等内涵，企业只有真正站在客户的角度，给客户以关怀，与客户建立超越经济关系的情感关系，才能赢得客户的心，赢得客户的忠诚。

在与客户建立交易关系后，电子商务客户关系人员要善于寻找机会加强和客户的情感交流，这样才能增强客户对店铺的忠诚度。如表 6-1 所示，电子商务客户关系人员可以通过积极沟通、找机会回访、提供个性化服务的方式，拉近与客户之间的联系，加强情感交流，与客户建立良好关系。

表 6-1 与客户建立情感

| 方 式 | 具 体 操 作 |
| --- | --- |
| 积极沟通 | 客服在为客户选品时，要多问客户需求，并针对性地给予建议，让客户感受到一对一的暖心服务 |
| 找机会回访 | 在客户购物后，不要坐着等客户再上门，客服应主动找上门去。如客户在店内购买某款蜂蜜，在三个月后，客服可通过旺旺、微信、电话等方式联系客户，询问使用效果，让客户从心里感到被重视 |
| 提供个性化服务 | 应针对不同客户的不同需求和偏好，量身定制，提供个性化服务 |

> **【知识拓展】**
>
> "忠诚"比"满意"更能确保电子商务企业长久利益
>
> "客户满意"不等于"客户忠诚",如果电子商务企业只能实现"客户满意",不能实现"客户忠诚",那么意味着自己没有稳定的客户群,这样经营收益就无法确保,因为只有忠诚的客户才会持续购买电子商务企业的产品或服务,才能给电子商务企业带来持续的收益。
>
> 假设某电子商务企业每年的客户流失率是10%,每个客户平均每年带来100美元的利润,吸收一个新客户的成本是80美元。现在电子商务企业决定实施客户忠诚计划,将客户年流失率从10%降低到5%,该计划的成本是每个客户20美元。分析这家电子商务企业客户终身价值的变化情况。每年流失10%的客户,意味着平均每个客户的保留时间大约是10年,每年流失5%的客户,意味着平均每个客户的保留时间大约是20年。忠诚计划实施前,平均每个客户的终身价值为920(10×100-80)美元。忠诚计划实施后,平均每个客户的终身价值为1520 [20×(100-20)-80] 美元。通过实施客户忠诚计划,平均每个客户的终身价值增加了600美元,也就是说,平均每个客户给电子商务企业创造的价值增加了600美元。

## 6.3 电子商务客户忠诚度维护

电子商务都面临着这样一个现实:产品差异性越来越小,促销手段也大同小异,竞争对手却越来越多,而客户正在变得越来越挑剔。在这种环境下的电子商务企业到底该如何生存?万变不离其宗,电子商务企业获得稳定发展的驱动力还是不外乎3点:运营效率、市场份额和客户保留。归结到一个核心的问题上,就是维护客户忠诚度。在挽留客户时,电子商务企业要做到以下几点。

### 6.3.1 做好客户定位

传统上,人们信奉"客户是上帝,所有的客户都是同等重要的"。然而,"二八法则"等研究结果却告诉我们:客户天生是不同的!对电子商务企业而言,有些客户能够为电子商务企业创造巨额的销售额和利润,而有些客户不仅不为电子商务企业创造价值,还会大量消耗电子商务企业的资源!因此,有必要对客户做好定位。客户定位的意义主要表现在以下4个方面。

#### 1. 不同的客户有不同的价值

"二八法则"意味着企业利润的80%来源于20%的客户,之后这一观点得到了许多数据的证实。也就是说,对电子商务企业而言,一些客户比另一些客户更有价值。

#### 2. 有利于企业合理分配资源

对于电子商务企业而言,知道哪些客户能够给电子商务企业带来更多的价值、哪些客户无法给电子商务企业创造利润,将有助于电子商务企业更为有效地安排其有限的资源。对于那些能够给电子商务企业带来更高回报率的客户,分配相对较多的时间、资源,付出更多的努力,以便于增强这些客户对电子商务企业的忠诚度,进而使得电子商务企业在激烈的市场竞争中占据有利的位置。

### 3. 有利于提升客户满意度

实现客户满意需要根据不同的客户采取不同的策略,因为每个客户给电子商务企业带来的价值不同,他们对电子商务企业的需求和预期待遇也就会有差别。一般来说,为电子商务企业创造主要利润、为电子商务企业带来较大价值的关键客户能得到有别于普通客户的待遇,如更贴心的产品或服务及更优惠的条件等,有利于提升客户满意度。

### 4. 有利于进行有效的沟通

有效的客户沟通应当根据客户的不同采取不同的沟通策略。如果客户的重要性和价值不同,就应当根据客户的重要性和价值的不同采取不同的沟通策略。因此,区分不同客户的重要性和价值是有效进行客户沟通的前提。对客户进行分级,按不同的重要性去制定并执行沟通策略,有利于提升沟通效率。

电子商务企业在依据客户带来利润和价值的多少对客户进行定位的基础上,为不同级别的客户设计不同的关怀项目——不是对所有客户都平等对待,而是区别对待不同贡献的客户,将重点放在为电子商务企业提供80%利润的关键客户上,为他们提供上乘的服务,给他们特殊的礼遇和关照,努力提高他们的满意度,从而维系他们对电子商务企业的忠诚度;同时,还应积极提升各级客户在金字塔中的级别,放弃劣质客户,合理分配电子商务企业的资源。

【思政小课堂】

《孙子·谋攻篇》中说:"知彼知己,百战不殆。"即对敌我双方情况都了解透彻,打起仗来百战就不会有危险,以实现"运筹帷幄之中,决胜千里之外"。电子商务客户关系管理人员需要深入分析目标产品、目标客户,即对企业自身环境、产品特点先知,对竞争对手产品信息先知,对行业发展态势先知,对目标客户(群)需求先知,才可以做好客户定位,有的放矢,取得战略上的成功。

## 6.3.2 减少客户交易时间成本

别浪费客户的时间。客户采用电子商务交易,自然是想节省宝贵的时间,降低交易烦琐程度。从大多数客户的心理方面来分析,在购买了某一件商品之后,等待商品的过程往往是最难熬的。所以,电子商务企业在进行运营的时候,也需要尽可能地缩短商品到达客户手中的时间,减少客户交易时间成本。只有让客户等待的时间变短,客户才会更愿意认可这一个企业,在日后的购物当中,为了等待时间较短,而去产生依赖,这在无形中就提高了客户对于电子商务企业的忠诚度。

## 6.3.3 提高客户对商家的信任度

信任是使客户产生忠诚的前提条件,是电子商务企业孜孜以求的奋斗目标。电子商务企业要长久留住客户,就要为客户提供满意的服务和产品,让他们信任该企业,从而反复选择该企业的产品和服务。电子商务企业的客户无法直观感受到销售商的服务,因此,他们在选择商品时往往会以电子商务企业信誉和形象为根本出发点。电子商务客户服务维护好老客户,提高客户对商家的信任度,比较常见的服务策略包括以下 4 个方面。

### 1. 定期对老客户进行问候

为了和客户保持良好的"交往",很多电子商务企业会在客户生日或者一些节日的时候给客户发一封邮件或者寄发一些卡片等,这样可以很好地将交易关系转变成朋友关系,有助于后续跟进。用轻松的语调和耐心的态度对待客户,使客户感到满意。即便是不能给客户提供帮助,也要让他拥有愉悦的心情,体现出对客户的尊重。例如,在与客户交谈过程中尽量不接听电话,确实需要的话,应获得对方的许可,通话时间要尽量短。

### 2. 优先回复老客户

老客户的邮件一定要在当天优先给予回复,如果有些问题比较复杂,需要多方配合而无法在当天回复的,也一定要告知客户:您的邮件已收到,正在处理中。对于客户的回复一定不要超过 3 天。

### 3. 确保老客户的商品质量

对于商品的质量必须进行严格的检验,保证品质,因为只有把质量这个环节做好了,电子商务企业才能更好地发展,客户买到质优价廉的商品才会进行复购。保证老客户的商品质量有助于商品和品牌良好口碑的形成,久而久之就会形成一个良性的"生态圈"。

### 4. 定期回访老客户

回访指的是客户服务人员对老客户进行有计划的跟踪服务,可以是以邮件方式的回访,以获得对近期的商品质量和服务的反馈,以及一些改进意见等。要让客户知道卖家真正在做实事,为的就是在了解客户的想法后进行改进,方便以后提供更好的优质服务。回访中,应随手记下时间、客户姓名、头衔、客户需求及承诺客户的事情。认真的态度会帮助你获得客户的好感。

## 6.3.4 建立网络社区

马斯洛认为人有社会交往和获得他人尊重及自我实现的需求,而网络社区在一定程度上能够满足人们的这种需求。网络是一个会自然形成社区,并持续吸引他人加入的地方。社区通常是建立在共同的兴趣上或集合相同工作背景和技能的一群人,如程序设计师、业务员等不论身在何方,拥有共同关心的主题就可能成为一个社区。所以,如果一个电子商务企业拥有一群相同技能或兴趣的客户,电子商务企业就很容易帮助他们形成社区,让他们不断回访这里。网络社区有助于吸引一批网民,并通过网上交流等多种方式培养他们的感情,凝聚人心,增加他们的忠诚度。忠诚度高的客户将成为电子商务企业的活招牌,他们会将自己的消费经历和体验向身边的人介绍。随着互联网的进一步发展,网络交流工具随之兴起,客户在选择是否购买该产品时会参考其他人的感受和体验。

所以，电子商务企业要将网络社区的作用发挥到极致。

### 6.3.5 完善会员等级积分制度

一个健全的会员制度，对于留住新老客户起到非常关键的作用，让客户感受到加入会员后能够得到与非会员不同的体验。如果作为会员享受的体验与非会员无异，那么这个会员制就形同虚设。会员有等级之分，从高级会员到 VIP 会员再到至尊 VIP 会员不等，让他们体验到不同等级会员的好处，就能吸引更多新的消费者再次消费，慢慢培养老客户。针对老客户，要在商品的质量上把好关，做到这点，再加上适当的优惠措施和积分营销，提高客户对于电子商务企业的忠诚度。要注意的是，无论使用哪种积分推广方式，都要从始至终坚持诚信原则，唯有诚信经营，做好商品的质量和店铺的口碑，才能立于不败之地。

【知识拓展】

#### "米粉"圈

小米公司在官方网站建立了小米社区，将有共同爱好、共同价值观的粉丝进行聚拢，通过同城会、"米粉"节等不断增加社区的活力与吸引力，并在小米社区平台引导粉丝进行内容创造，与核心的粉丝用户建立良好的互动关系，通过一系列的优惠措施及尊崇体验带给核心粉丝更高的溢价。小米公司还通过微信平台对粉丝遇到的产品售后问题进行解答，以解决产品设计缺陷可能导致的粉丝流失问题。同时，小米在各大媒体社交工具上都保持零距离贴近客户，包括小米手机的创始人雷军在内的公司高层管理者每天都会亲自做一系列的客服工作，耐心解答用户的部分提问。

总之，小米通过小米社区、同城会、"米粉"节等，构建稳固的粉丝群，打造集群社区，与粉丝建立良好的互动关系，使粉丝有了归属感，感到自己被重视、被尊重，并提高了对小米的忠诚度。

## 课后反思与练习

### 一、多选题

1. 客户忠诚与客户满意的关系是（    ）。
   A．客户满意才可能忠诚　　　　　　B．客户满意也可能不忠诚
   C．客户不满意一般不忠诚　　　　　D．客户不满意也有可能忠诚
2. 客户忠诚度能确保企业的长久收益，使企业收入增长的同时（    ）。
   A．节约成本　　　　　　　　　　　B．获得良好的口碑效应
   C．为企业发展带来良性循环　　　　D．使企业风险增大
3. 客户忠诚度衡量指标有哪些？（    ）
   A．重复购买的次数　　　　　　　　B．客户满意度
   C．购买时挑选商品的时间　　　　　D．客户口碑
4. 在电子商务中影响客户忠诚度的因素主要包括（    ）。
   A．客户的满意程度　　　　　　　　B．客户因忠诚度能获得的利益

C．客户的信任感 D．客户的情感因素

5．提高客户对企业的信任度，比较常见的服务策略包括以下方面（　　）。

A．定期对老客户进行问候 B．优先回复老客户

C．确保老客户的商品质量 D．定期回访老客户

## 二、简答题

1．简述在电子商务平台上要维护好老客户，建立客户忠诚度，比较常见的服务策略有哪些。

2．在实践中，客户忠诚度可以通过哪些方式来衡量？

3．在网购中遇到的会员等级积分案例，最吸引你的是哪一个？为什么？

## 三、项目实训

1．实训内容与要求

（1）客观且全面地介绍一家淘宝店铺维护客户忠诚度的做法。

（2）对该做法提出改进意见或建议。

2．项目实训完成情况记录表

| 店 铺 名 称 | 评价等级（在符合情况下画√） | | | |
| --- | --- | --- | --- | --- |
| | 优秀 | 良好 | 合格 | 较差 |
| 客户重复购买的次数 | | | | |
| 客户满意度 | | | | |
| 购买时挑选商品的时间 | | | | |
| 客户口碑 | | | | |
| 改进意见或建议 | | | | |

# 第 7 章
# 电子商务客户流失管理

### 学习目标 →

- 了解电子商务客户保持、客户流失的基本概念。
- 熟悉电子商务客户流失的原因、类型及量化指标。
- 掌握电子商务客户流失的挽救措施及预警防范。

【思政案例】

**突然爆火之后的鸿星尔克**

鸿星尔克是一家拥有近 3 万名员工的大型服饰企业。这家公司成立于 2000 年 6 月,总部位于我国福建省厦门市,在全球拥有近 7000 家店铺。

2020 年 7 月中旬,河南省局地遭受了千年一遇的大暴雨,造成多地受灾,并出现人员伤亡。中国人向来有"一方有难,八方支援"的传统,于是在听到河南受灾的消息后,全国各地迅速掀起了捐款捐物的献爱心行动。2020 年 7 月 21 日下午,面对河南暴雨的灾情,鸿星尔克官方微博宣布,通过郑州慈善总会、壹基金紧急捐赠 5000 万元物资,驰援河南灾区。

这本来是一个简单的企业向灾区捐钱捐物的新闻,在发布时并未引起什么波澜,但在 2020 年 7 月 22 日,很多网友发现了这条新闻后纷纷转发,一开始大家只是在弘扬正气,为暴雨灾区加油鼓劲。直到有熟悉股市的网友发帖表明,鸿星尔克 2019 年的利润为负 2.2 亿元，捐出这 5000 万元就是最后的家底，于是这种"倾小家为大家"的精神感动了很多人。随着越来越多网友评论和转发相关微博，鸿星尔克迅速登上了微博热搜榜的第一位，大家纷纷表示"一定要支持这种良心企业"。

当晚，鸿星尔克淘宝直播间涌进了大量网友，超过 200 万人参与扫货，上架一款便抢空一款。网友齐刷刷点赞留言，并呼吁"上最贵的"。截至 2020 年 7 月 23 日 24 点，仅从第三方监测的数据统计中就能看出，鸿星尔克在各个平台的直播间，36 小时内卖出商品超过 6700 万元。

但时隔 3 个月后，鸿星尔克再次被提起时，新闻标题已是"每天近万人取关，门店人流量大幅减少"。鸿星尔克抖音平台粉丝量为 1456.5 万，近一个月增量为-29 万，几乎每天掉粉近 1 万；抖音认证为鸿星尔克总裁的账号，近 30 天内增量也为负数，掉粉 20.9 万。飞瓜数据显示，抖音平台的鸿星尔克品牌官方旗舰店，近一个月内 55 场直播销售额为 1294.1 万元，人均贡献只有 0.88 元。

短短 3 个月，鸿星尔克仿佛坐了一趟过山车。曾经喧闹拥挤的线下门店早已回归平静，线上直播间的流量如过眼云烟，随之消散，此外，其直播销售额也不容乐观，粉丝购买率也低于同类国货运动品牌。

从突然火爆到门庭冷落，客户恢复消费理性之后，粉丝的大量离去，用户黏性和购买率必然成为鸿星尔克需要面对的最大问题。虽然企业的民族情怀会获得人们的普遍认可与叫好，从而获得企业产品服务的盈利，但企业的长久发展显然不能完全寄托于此。客户流失是企业经营过程中不可避免的现象，如何做好客户流失识别、有效进行客户流失管理是企业长期发展必须认真做好的功课。本章将详细介绍电子商务客户流失管理的基本知识。

## 7.1 电子商务客户保持概述

企业与客户在建立关系的基础上，与客户进行良好的沟通，让客户满意，最终实现客户忠诚。客户保持需要企业与客户相互了解、相互适应、相互沟通、相互满意、相互忠诚。客户保持所带来的不仅仅是客户保留，还有客户对企业的满意并忠诚。对企业而言，客户保持比吸引新客户的成本更低。据统计，吸引一个新客户所需要花费的成本是维护一个老客户所需成本的 5~10 倍。

### 7.1.1 客户保持的含义及影响因素

客户保持（Customer Retention）是指企业通过努力来巩固及进一步发展与客户长期、稳定关系的动态过程和策略。由于市场饱和及各个企业对新客户的竞争激励，维持现有客户比争取新客户更具性价比，所以，客户保持成为许多企业的主要竞争策略。客户保持率是客户保持的定量表达，也是判断客户流失的重要指标。客户保持率反映了客户的忠诚度，以及企业经营与管理业绩。其公式如下：

$$客户保持率=客户保持数\div消费人数\times100\%$$

或

$$客户保持率=1-客户流失率$$

影响客户保持的因素包括客户自身因素、客户满意度、转移成本和客户关系的周期性。

**1. 客户自身因素**

客户购买行为受到文化、社会环境、个人特性和心理等方面的影响，这部分因素是企业无法控制的，但是对于了解客户的个体特征有着重要的意义。由于来自同一类社会阶层或具有同一种心理、个性的客户往往具有相似的消费行为，所以，企业可以通过这些因素对客户进行分类，对不同类的客户实施不同的营销策略。另一方面，企业可以对不同客户的销售结果与客户特性进行对比，了解它们之间的关联。

**2. 客户满意度**

客户满意与客户保持有着非线性的正相关关系。某种程度来说，客户保持是由客户满意度决定的。满意程度越高的客户，实现其客户保持的可能性越大。企业可以从建立顺畅的沟通渠道、及时准确地为客户提供服务、提高产品的核心价值和附加价值等方面来提高客户的满意度。

**3. 转移成本**

客户在考虑是否转向其他供应商时必须考虑转移成本。转移成本的大小直接影响客户维护并且受到市场竞争环境和客户建立新的客户关系的成本的影响。

**4. 客户关系的周期性**

客户关系具有明显的生命周期的特征，在不同的生命周期中，客户保持具有不同的任务，一般来说，在考察期客户的转移成本较低，客户容易流失。随着交易时间的延长，客户从稳定的交易关系中能够获得越来越多的便利，节省了转移成本，客户越来越趋于稳定，客户容易保持原有的交易关系。这使企业需要一如既往地提供令客户满意的服务或产品。

## 7.1.2 客户保持模型

客户保持模型如图 7-1 所示。

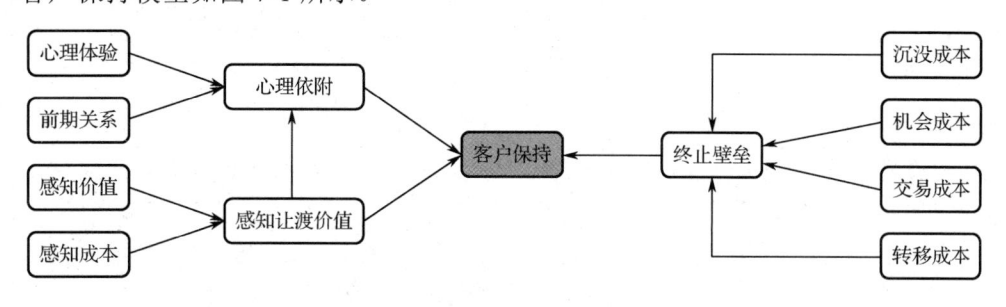

图 7-1 客户保持模型

客户保持模型主要受到心理依附、感知让渡价值和终止壁垒 3 个要素的影响，其中心理依附和感知让渡价值是客户保持的动力，终止壁垒是客户被动保持的推动力。

**1. 心理依附**

心理依附是指客户在心理上因对企业的良好印象而产生的认同、依恋、信任等情感。

在获得企业提供的各项服务并收到令自身满足、满意的前提下，客户就会逐渐产生并建立对企业服务的心理依附。客户对企业的心理依附程度越高，客户保持的倾向程度也就越高。心理依附受心理体验和企业与客户的前期关系两个要素的影响。

### 2. 感知让渡价值

感知让渡价值（Customer Perceived Value，CPV）是客户所能感知到的利益与其在获取产品或服务时所付出的成本进行权衡后对产品或服务效用的总体评价，包括感知价值和感知成本两个方面。感知价值体现的是客户对企业提供的产品或服务所具有价值的主观认知，而区别于产品和服务的客观价值。感知让渡价值是客户对"值不值得与企业交易"的评价标准，不仅关乎客户满意度，也对客户保持具有重要的影响。如果客户感觉企业无法带来利益，甚至会损害其利益时，其感知让渡价值会迅速下降，从而导致其对企业的心理依附程度相应降低；反之，感知让渡价值越高，客户就对交易越积极，客户保持度也会增加。

### 3. 终止壁垒

终止壁垒是指客户中断与企业的合作关系，不再购买企业产品或服务时企业所遭受的损失。一般来说，终止壁垒越高，客户保持度越高。终止壁垒是客户离开受企业服务的阻力，其表现形式多种多样，主要包括以下 4 个方面：沉没成本、机会成本、交易成本、转移成本。

1）沉没成本

沉没成本是指以往发生的，但与当前决策无关的费用。从决策的角度看，以往发生的费用只是造成当前状态的某个因素，当前决策所要考虑的是未来可能发生的费用及所带来的收益，而不考虑以往发生的费用。对企业来说，沉没成本是企业在以前经营活动中已经支付现金，而经营期间摊入成本费用的支出。因此，固定资产、无形资产、递延资产等均属于企业的沉没成本。对于客户而言，沉没成本是指客户在与某企业合作过程中已经投入且不易回收的资源、时间、金钱等成本，这些成本构成了客户离开该企业、中断合作关系的阻力。一旦客户终止与企业的交易，沉没成本就会失去价值，因此，沉没成本越高，终止壁垒就越高。

2）机会成本

机会成本是指企业为从事某项经营活动而放弃另一项经营活动的机会；或利用一定资源获得某种收入时所放弃的另一种收入；或者客户与其他企业交易时会同时失去与原来企业交易的机会。这种"失去其他选择的价值"就是机会成本。对于客户而言，更换企业就意味着放弃该企业的产品、服务、合作及未来发展等一系列价值，新选择的企业存在服务陌生、价值供给不确定等风险因素。风险越高，机会成本越大，客户更换企业的壁垒也就越高，最终客户终止更换合作企业。

3）交易成本

交易成本是指达成一笔交易所要花费的成本，也指买卖过程中所花费的全部时间和货币成本，包括传播信息、广告、与市场有关的运输，以及谈判、协商、签约、合约执行的监督等活动所花费的成本。与熟悉的、交易模式固定、交易流程熟练的企业合作，交易成本就低；反之，与陌生企业的交易成本则高。因此，交易成本越大，终止壁垒越高。

4）转移成本

转移成本是指客户从一个企业转向另一个企业需要面临多大障碍或增加多少成本，即客户为更换企业所需付出的各种代价的总和。转移成本可以分为以下三类：第一类是时间和精力上的转移成本，包括学习成本、时间成本、精力成本等；第二类是经济上的转移成本，包括利益损失成本、金钱损失成本等；第三类是情感上的转移成本，包括个人关系损失成本、品牌关系损失成本。相比较而言，情感转移成本比起另外两个转移成本更加难以被竞争对手模仿。转移成本是客户退出企业服务的重要阻力，转移成本越高，终止壁垒越高。

## 7.1.3 客户保持策略

客户保持是指企业为防止客户流失和建立客户忠诚所运用的一整套策略和方法。保留一个老客户的成本是获取一个新客户成本的 1/5，几乎所有的企业都知道向一个现有客户销售产品或服务要比不断寻求新客户容易得多。客户保持策略包含以下 6 个方面的内容。

### 1. 确定核心客户

核心客户对企业的利益影响不同于一般客户，如果不了解核心客户并对其施加影响，则会使企业处于危险境地。一项对银行客户的研究发现，20%的客户占据了全体客户利润的 90%。而保留的 80%的客户要么不赚钱，要么只提供很微薄的利润，并且新客户的流失率比老客户高得多。在客户管理上，核心客户与一般客户应有所区别，应更多地关注前者。

### 2. 选择衡量指标

客户保持率的衡量指标选择应该真实地反映客户对企业的行为（忠诚还是叛离），这样才有利于客户保持管理和战略规划。通常，可以采用比较某一特定时点所剩下的客户、合同或产品与基期的数值来测定客户保持率。具体来说，客户保持率的计算公式如下：客户保持率= (一段时间内保留的客户数量 ÷ 初始客户数量)×100%。其中，保留的客户数量是指企业在一定时间内保留的客户数量，初始客户数量是指企业在一定时间内新获得的客户数量。在确定衡量指标时，需要考虑到市场特性和客户的行为差异等因素。在市场快速增长的情况下，如果公司对现有客户的销售增加缓慢，或者客户购买了公司竞争对手的产品，或者增加了其他品牌的购买，这可能表示现有客户正在流失。另外，客户投诉率低并不能反映客户满意度和保持率。如果客户没有投诉，可能是因为他们没有说实话，或者企业没有征求客户的意见。这都可能表明双方之间的信任下降，关系恶化。因此，仅仅关注投诉率是不够的，还需要进一步了解客户的反馈和满意度。

### 3. 分析流失的原因

客户流失可能是不可避免的，但要控制不必要的流失。企业要弄清为何流失，是企业本身的原因，还是外界不可控的原因？是新客户流失，还是老客户流失？尤其要重视核心客户的流失情况。与已流失的客户进行及时交流，倾听他们的意见，找出导致流失的因素，并及时修补关系，研究表明，这样可以重新赢得其中30%的客户。

### 4. 不断改善客户的满意度

让客户满意是保持客户的前提。客户与企业保持密切的关系，是因为他们对企业有热切的期待，希望在与企业进行重复交易的过程中能够更好地满足自己的需求，并保障自身的利益得到维护。如果企业能持续提出比竞争者更好的价值主张或使客户获得未预料的价值，就会使客户与企业保持一种持久、稳定的关系。

### 5. 在互动中增进关系

企业与客户的关系是在互动中形成和加深的。每次单独的交易就是一次互动，是企业增进与客户关系的机会。紧密的合作关系对双方都是有益的。HDOX是英国一家氢过氧化物生产商，一位客户对纺织漂白流程提出改进建议，厂方重新调整了流程，用氯代替氢过氧化物，由原有的3个工序变为两个工序，这一改进缩短了生产周期，减少了能耗，进一步降低了生产成本，给双方带来了价值，同时加深了彼此的关系。同样，企业可持续提供适当产品，并随着时间的推移，为客户适时地为一种产品向另一种产品顺利更新提供便利，并增强其核心能力，无疑会进一步改善双方的关系。一旦供应商和客户懂得怎样愉快地合作，客户也不愿意更换供应商，再与新的卖方协调和适应。

### 6. 提高客户的转移成本

客户的转移行为与其前期投入成本（时间、金钱）有关，投入越大，转移的可能性越小，反之亦反。通过实施产品和服务的战略捆绑，可以增加客户的转移成本。航空公司常用旅程累积优惠的策略吸引旅客对该家航空公司的忠诚，如放弃这家航空公司，就会付出一定的代价。软件公司低价或无偿提供软件以吸引用户使用他们的产品，目的是销售基于这种软件开发的其他产品，因为熟悉另一种新软件是需花时间成本的。提供便利的交易体验，让客户只与一家企业进行业务往来，也可以增加客户的转移成本。例如，银行提供"一揽子"金融服务，旨在为客户提供一站式的金融解决方案。客户无须在不同的金融机构之间进行烦琐的沟通和协调，只需与一家银行合作，就可以解决所有金融需求。这不仅节省了客户的时间和精力，还降低了客户的成本。

【知识拓展】

**淘宝网客户保持及网店策划案例**

御泥坊、七格格、妖精的口袋是淘宝网的知名网店，年成交量时常位居行业领先位置。下面以三家网店某年淘宝网销售策划活动为例，来介绍网店的客户保持及网店策划。

一、写好评分享类：七格格社群活动、妖精的口袋活动

众所周知，买家下单购物时很大程度会考虑评价因素。如何让新客户买了你的宝贝后，还能为你的店铺做贡献？那就是让他写好评，而且是写很多字的分享好评，最好还能上传实物分享图片！因此，写好评分享活动，能极大地提高商品转化率。一般的活动形式不外乎在客户收货后，引导客户写满多少字的好评，然后将购买的宝贝分享到淘江湖，再上传试用产品后的分享图片等。满足活动要求的客户可以获得一定的奖励，奖励机制一般包括购物返现、送店铺优惠券或者抽奖送现金等。

此活动对于大小卖家均适宜,奖品根据店铺运营规模而定。很多皇冠级别以下的卖家,很少组织店铺社群活动,在很多个人卖家的思想里,做活动的概念仅限于店铺打折之类。实际上写评价分享活动若能长期坚持实行,对店铺的经营是非常有利的。

二、买家秀活动类:御泥坊活动、七格格活动

买家秀活动必须建立在一定的买家资源基础上。一般,店铺等级较高、客户量较大的店铺举办买家秀活动,活动的响应力度都比较高。店铺等级较低、客户量较少的店铺,活动响应力度比较小。小店可以考虑将活动时间放长,延长为1年期,每年举行一次,那么一年内随着店铺的发展,参与的人数也会随之增加。奖励根据店铺的运营能力颁发。

三、签到活动类:御泥坊活动

有些客人,加入社群之后,时间久了,可能会忘记店铺社群。此时进行一个签到活动即可弥补这个问题。活动的形式包括天天签到、一星期签到一次、一个月签到一次等。能坚持到社群签到的,给予一定的奖励。这个活动的好处在于,店内活动可以配合社群发布,坚持签到的老客户可以第一时间知道店铺的活动,非常有效地增加了客户黏度。为了提升签到活动的参与度和效果,可以进行一些延伸和变化。例如,可以将客户在店铺社群指定帖子顶帖回复签到的要求,扩展为让客户将QQ签名改为我们的广告语。这样,客户不仅需要每天到店铺社群来顶帖签到,还通过QQ为我们进行了免费的推广。这种方式既增强了客户与社群的黏性,也扩大了我们的宣传范围。

四、入社群送店铺优惠券类:妖精的口袋活动

上述活动都是建立在店铺社群会员基础上的,若是买家不加入社群,怎么参加这些活动呢?最直接的办法就是给买家发放入社群的优惠,这也是维护老客户的一种优惠制度。只要加入社群,就给5元或10元的店铺优惠券,作为下次购物时相应的优惠金额进行抵扣,这样就刺激了此客户的重复购买率。

五、品牌形象活动策划:七格格社群活动

品牌形象活动策划更适合大店策划,与企业整体规划适配度更高。在预计新投产的新品时,可以初步选定某款卖得比较火爆的产品,做几个颜色,然后让买家进行投票。选择票数最多的5个颜色,进行大量生产,以此对新品投产起到一定的市场检测作用,避免了产品生产的盲目性。

## 7.2 电子商务客户流失概述

市场调查显示,一个公司平均每年有10%~30%的客户在流失。对于这种客观现象,企业应当采取客观、冷静的态度。实际上,相当数量的公司不知道流失的是哪些客户、什么时候流失的、为什么流失,以及客户流失可能造成的多方面影响。客观、系统地分析客户流失情况,对于企业健康成长具有十分重要的意义。

### 7.2.1 客户流失的概念及类型

客户流失,指的是伴随着电子商务企业各种营销手段的实施而导致客户和电子商务企业终止合作的现象。理想状态下,电子商务企业可以永远保持客户对企业的忠诚度,

让客户不断复购。事实上，客户流失是一个客观现象，可能发生在与企业进行交易的各个环节。客户在产生意向之后首先会对相关产品或服务进行咨询，如果对产品或服务的介绍不满意，就会直接流失；如果满意，则与企业进行谈判与交易。若谈判破裂，未达成交易，则客户流失。到了合约履行和产品使用阶段，客户如果产生不满意，可能直接流失，也可能进行投诉。如果投诉解决及时有效，则交易进入下一阶段。客户完成与企业的当次交易并感到满意，有后续需求时就会重复购买，交易持续进行。如果无后续需求，则客户流失。如果客户重复购买，则重新进入交易循环，直到客户流失为止。

客户流失可以分为不同的类型。不同类型的客户流失造成的影响不同、出现概率不同，企业的应对方式也不同。总体来说，客户流失可以分为一般流失、竞争流失、失望流失和恶意流失 4 个类型。

### 1. 一般流失

一般流失是客户流失中最常见的情况。随着社会环境的不断发展，以及企业与客户的自身发展变化，企业与客户的关系处于不断发展变动之中。在此过程中，客户可能由于各种原因而自然流失，终止与企业的交易合作。

随着时代的发展和科技的进步，客户需求会发生大幅度的变化，如果企业无法继续满足客户变化了的需求，客户流失就在所难免。亚马逊推出的 Kindle 电子书阅读器曾经在市场销售之初创下业界神话，在全球掀起了电子阅读的浪潮，甚至一度革新了传统阅读的方式。随着移动端电子技术的不断发展和成熟，越来越多的人开始使用手机阅读，因其更加灵活方便、提供更加多元化的阅读方式、更丰富的阅读资源及更人性化的阅读体验而使得曾经的业界大佬 Kindle 在全球的市场份额不断下降，甚至在 2022 年年初传出退出中国市场的消息。这就是非常典型的因为企业未能及时调整营销策略，无法及时适应客户需求而导致的客户自然流失。

此外，客户由于自身破产、身故、迁徙等原因，无法再继续使用企业提供的产品或服务而造成的流失，也是一般流失中的组成部分。对于这种流失，企业是无法挽回的。

### 2. 竞争流失

竞争流失是指因竞争对手的因素而出现的客户流失。竞争对手针对客户需求开展促销活动、升级产品功能、承诺更好的产品服务，这些举措都可能吸引原有客户，终止与企业的现有交易，造成客户流失。竞争流失在企业的市场活动中广泛存在，客户在终止与企业的合作关系之后转而成为竞争对手的客户，此消彼长，久而久之，会加大企业与竞争对手之间的差距。因此，企业要十分重视竞争流失现象，积极保持现有客户，不断发掘新客户，同时通过研发新技术、增加产品新功能、投入新产品、强化品牌优势等方式为客户提供差异化价值，避免客户的竞争流失，同时也不断提高企业的竞争活力。

### 3. 失望流失

失望流失与客户的主观意愿相关，是指客户因对企业所提供的产品质量或者相关服务感到失望而导致的流失。在图 7-2 所示的客户流失的过程中可见，客户在合同履行和产品使用过程中都有可能产生不满，需要企业进行处理，处理结果包括满意与不满意两种，不满意的处理结果可能导致客户流失，这就属于失望流失。失望流失包括过失流失和报复性流失。

1）过失流失

过失流失是指因为企业自身原因产生的诸如产品质量、服务不到位、虚假信息等问题而造成的客户流失。

2）报复性流失

报复性流失是指由于客户自身的情绪、价值观念等原因而主观上对企业产品或服务产生的强烈不满甚至故意不满而造成的客户流失。这种流失相较过失流失更冲动、更直接且更情绪化，可能造成较为严重乃至负面的影响，对此企业必须妥善处理，正面化解客户的负面情绪，防止进一步的报复性流失。

**4. 恶意流失**

恶意流失是由客户引起的，是指客户因失信或故意诈骗给企业造成损失，企业为止损，防止更多的利益损害，终止与客户的合作关系，从而造成的客户流失。常见的客户失信行为包括拒不履行合同约定、拖欠货款、恶意失踪以躲避责任等。客户的这类行为都意味着企业将蒙受损失，必须终止与这类客户的合作，才能保证企业不再遭受更多损失。为保障企业的合法权益，预防更多的恶意流失，企业可以通过客户实名制、客户信誉评估体制、保证金制度、预付款等方式防止客户的恶意流失行为，或者以法律武器追究恶意流失客户的责任。

---

**【案例分析】**

**滴滴出行流失客户**

滴滴出行的出现改变了传统的路边拦车的打车方式，利用移动互联网的特点，将线上与线下相融合，从打车初始阶段到下车使用线上支付车费，建立培养出移动互联网时代现代化的出行方式。滴滴出行创立 24 个月，上线仅 18 个月，就成长为估值 10 亿美元的公司。

最初滴滴出行通过发红包、各种活动及疯狂补贴的形式，吸引了大量用户。自从平台调整了企业的发展战略，从疯狂烧钱时代谋求利益回归，公司上调了打车价格的同时减少了用户补贴。用户使用成本逐渐增加，使滴滴打车平台丧失了价格优势，用户流失问题日益突出。同时流失用户的负面言论通过网络平台迅速传播，对滴滴出行的信誉、口碑造成了冲击，给平台发展带来了一些挑战。

---

## 7.2.2 客户流失的原因

造成客户流失的原因是多方面的，从企业的角度来看，客户流失的原因包括主观和客观两个方面。主观原因包括产品因素、服务因素、员工因素、企业形象因素，客观原因包括客户因素、企业竞争者因素、社会环境因素和其他因素，如图 7-2 所示。

```
客户流失的原因
├─ 主观原因
│   ├─ 产品因素
│   ├─ 服务因素
│   ├─ 员工因素
│   └─ 企业形象因素
└─ 客观原因
    ├─ 客户因素
    ├─ 企业竞争者因素
    ├─ 社会环境因素
    └─ 其他因素
```

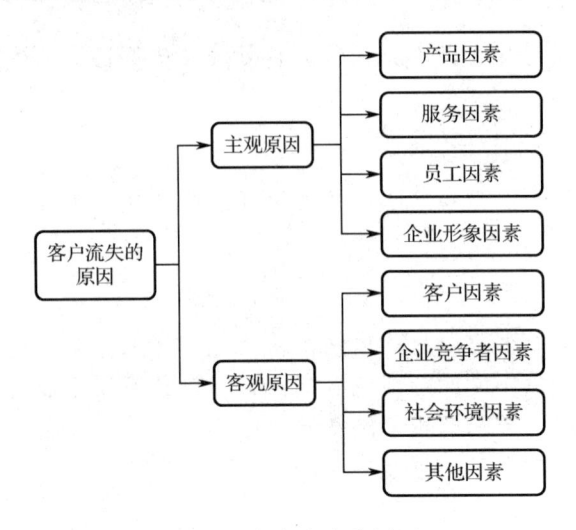

图 7-2　客户流失的原因

#### 1. 主观原因

1）产品因素

产品是企业与客户进行交易的主要载体。企业提供的产品质量低劣或者多瑕疵、产品品种单一或者不全、产品样式单调或者陈旧、产品附加值低、产品销售渠道不通畅、广告宣传虚假不实、产品价格缺乏弹性等都是与企业自身密切相关的、造成客户流失的主观原因。

2）服务因素

服务因素包括交易时的服务和非交易时的服务。交易时的服务体现在服务环境、服务秩序、服务态度、服务能力、服务效率、服务设备、服务项目、服务流程等方面。非交易时的服务包括售后服务流程、投诉处理效率、服务网点设置、服务收费标准、服务个性化及创新等。企业在向客户提供服务的过程中可能出现诸如忽略细节、未守承诺、区别对待、沟通不畅等问题而引发客户流失。情感是维系客户关系的重要纽带，维持良好的情感联系是客户保持的重要因素，如果企业在细节上出现疏忽，导致客户在情感上受损，客户就会疏远企业甚至流失。诚信是企业与客户建立合作的基础，若企业向客户承诺的服务、产品、返利、奖励等不及时甚至不兑现，客户就会失去对企业的信心，从而流失。对不同客户要平等对待，不能差异对待，不能让客户感到自己被轻视或者忽视。对大客户企业要有资源倾斜和政策优待，对中小客户也要认真对待。除此之外，如果疏于与客户沟通，不能及时更新客户信息，也会导致客户不满，甚至失去与客户的联系，引起客户流失。

3）员工因素

员工是企业的重要组成部分，员工的形象及素质与企业形象息息相关。员工的外在形象差，如仪表不整，以及内在素质不高，如言行不一、缺乏诚意与尊重、缺乏责任心与事业心、知识储备不足、业务能力不强等都是造成客户流失的原因。此外，员工也会掌握一部分客户的信息与资源，如果这部分客户在与企业合作的过程中只与企业的营销或服务员工建立了联系而未与企业建立牢固关系，那么这部分员工一旦离职，就会带走这部分客户，从而造成客户流失。

4）企业形象因素

企业形象包括产品形象、服务形象、企业生产环境形象、企业标识、企业精神、企业文化、企业责任和企业信誉等要素。积极建设并维持这些形象要素，才能保持客户对企业的信心和信任，相反，企业如果在道德立场、商业诚信、社会责任等方面出现了负面信息，会引发客户对企业责任心、认同感的怀疑，进而导致客户流失。企业在做好产品和服务的同时，提高道德目标、承担好社会责任也是防止客户流失的重要因素。

**2. 客观原因**

1）客户因素

由于自身原因，如身体条件、住址、行业、家庭环境等条件的变动，使得客户不再需要或无力购买企业产品或服务时，客户自然就会流失。例如，酷爱户外运动的 A 先生在一次户外运动中受伤，被诊出患有滑膜炎，不再适合继续进行相关的户外运动，他自然就不会再购买户外运动产品，相应企业也就失去了这个曾经的客户。

2）企业竞争者因素

因为市场竞争激烈，各个企业都会积极争取资源丰厚的优质客户，为此不惜代价。任何行业的优质客户都是十分有限的，如果竞争对手积极与这类客户接触，承诺更多优惠和利益，则很可能吸引优质客户，带来客户流失。

3）社会环境因素

身处市场大环境中的企业不可避免会遭遇到市场的波动，这种波动受到社会政治、经济、法律、文化、科技、教育等多方面政策的干扰，会对客户的购买心理与购买行为造成影响。企业的波动期往往是客户流失的高发期，客户会因为担心企业发展前景和合作受损而流失。所以，处于波动期的企业更要重视潜在的客户流失，做好应对策略。

4）其他因素

其他因素主要包含不可抗力，如战争、时令、文化传统或者自然灾害等引发的客户流失，这部分因素造成的客户流失在整体的流失中占比最少，且不常发生。

**【案例分析】**

据媒体公开报道，4 年来有权威出处的关于滴滴公司的案件有 50 起。更重要的是，滴滴公司的回应与事件处理都未能做到及时、有效，导致滴滴企业形象的崩坏。2018年 5 月发生"空姐被害案"后，滴滴公司发布道歉声明，随后称滴滴顺风车平台业务全国停业整改一周。可在事件热度降下后，滴滴公司悄悄删除了这封道歉声明。令人没想到的是，3 个多月后，滴滴顺风车再次出事。

在"空姐被害案"中，据受害人的朋友回忆，联系滴滴平台时，平台称 1 小时内给回复，会有安全专家介入、处理此事。但之后，该朋友 1 小时内连续 7 次致电滴滴，却并未得到进展回复。随后滴滴平台告诉这位朋友，已联系上司机，司机却称受害人没有上车，并拒绝提供司机的信息。

> 【思考】文中提到的滴滴顺风车平台的客户流失原因属于客观原因还是主观原因？可以归纳到哪种原因中？

### 7.2.3 客户流失的量化指标

对客户流失的具体情况进行量化管理，有利于企业及时、科学、全面掌握客户流失的真实状况，了解客户流失的具体程度。对于企业及时做出反应、调整营销策略有着十分重要的积极意义。一般来说，客户流失的量化指标包括客户指标、市场指标、收入利润指标和竞争指标。

**1. 客户指标**

客户指标包括客户保持率、客户流失率和客户推荐率，它们都是客户流失的直观指标，能客观反映客户流失的真实情况。企业一般可以通过数据统计和问卷调查来获取上述数据。

1）客户保持率

客户保持率是客户保持的定量表达，反映了客户对企业的忠诚程度，也是判断客户流失的重要指标。例如，一家电子商务企业追踪客户的保持情况，通过数据统计得出2022年共成功开发客户100人，其中有75人与该企业保持业务关系达1年以上，那么企业在这一年的客户保持率就是75÷100×100%=75%。

2）客户流失率

客户流失率是指客户的流失数量与全部产品或服务客户的数量的比例，能够直接反映企业经营与管理的现状。具体计算中，客户流失率分为绝对客户流失率和相对客户流失率两种，具体计算公式如下：

绝对客户流失率= 流失的客户数量÷全部客户数量×100%

相对客户流失率=流失客户的数量÷全部客户数量×流失客户的相对购买额×100%

例如，一家企业的客户数量从1000减少到975，那么其流失的客户数量为25，绝对客户流失率为25÷1000×100%=2.5%，相对客户流失率则考虑到不同客户的不同贡献，并根据客户贡献的利润或购买量等数据设计了"相对贡献值"，作为流失客户的权重。假设该企业流失的这25位客户的单位购买额是平均数的3倍，那么相对客户流失率为25÷1000×3×100%=7.5%。

3）客户推荐率

客户推荐是指客户在与企业建立合作关系之后，除了复购企业服务，还会对自身资源范围内的他人产生影响，让其他客户也来购买企业的服务。客户推荐率也是衡量客户流失的一个重要指标，能够体现客户对企业的忠诚度和满意度。一般来说，客户推荐率与客户流失率负相关。通过客户调查问卷和企业日记等方式可获得客户推荐率的信息。

客户推荐率=推荐客户人数÷消费人数×100%

例如，企业A在2020年的客户数量是100人，其中有10人是由原有客户推荐而成功转化为企业A的客户的，那么2020年的客户推荐率计算如下：客户推荐率=10÷100×100%=10%。

## 2. 市场指标

市场指标是衡量企业市场竞争力和发展趋势的重要指标，包括市场占有率、市场增长率及市场规模等。这些指标通常与客户流失率呈现负相关关系。具体而言，当企业成功吸引大量新客户时，市场指标将呈现积极态势，同时客户流失率可能会随之降低。相反，如果市场整体出现萎缩，行业面临困境，那么市场指标将会下滑，同时客户流失率可能会上升。为了获取这些相关信息，企业可以通过调查统计和市场预测等统计部门的数据来进行综合分析和判断。

## 3. 收入利润指标

收入利润指标是能够反映企业收支状况的数据，如销售收入、净利润、投资利益率等，是对企业健康程度和经营业绩的直观展示，可以通过营业部门和财务部门获取这类指标信息。

收入利润率=利润总额÷销售收入。收入利润率通常与客户流失率成反比。如果企业的收入利润率上升伴随着客户流失率的同期增长，则说明企业可能在短期发展之后遭遇危机；如果两个指标同时下降，则说明企业在维持和发展客户关系方面投入的资源过多。

## 4. 竞争指标

在激烈的市场竞争中，一个企业所流失的客户必然是另一个企业所获得的客户。因此，竞争力强的企业，客户流失的可能性相对就小。竞争指标能够反映企业与竞争对手谁更具客户吸引力，可以有效帮助企业认识竞争流失的状况。行业协会、主管部门开展的各类排名、达标、评比等活动，以及权威机构发布的统计资料，可以帮助企业获得竞争指标数据。

---

**【知识拓展】**

**互联网巨头有赞的客户流失原因分析**

2022年注定是不平凡的一年，互联网巨头纷纷传来裁员的消息，印象最深的是有赞，2021年疯狂扩张，到2022年裁员千人，到底发生了什么？

中国有赞主要业务模式为电子商务SaaS服务，通过旗下的社交电子商务、门店管理和其他新零售SaaS软件产品等，帮助微信、快手、抖音等平台的中小商家解决开店难题，并收取佣金或服务费，以此完成商业闭环。

2022年1月，据媒体报道，中国有赞启动超千人的裁员，主要针对产品和技术研发岗位，且"人员优化"出现在中国有赞新年OKR（绩效考核）中。2018年和2019年，有赞客户流失率分别达到26.87%和27.57%，而到了2021年第三季度，有赞过去12个月的客户流失率甚至达到了37%。

由于客户流失率一直处于较高水平，这使得有赞无法实现盈利，成为SaaS业务的核心挑战。

客户流失率高对SaaS产品发展非常不利，客户流失会有哪些原因呢？如果不了解客户流失原因，也就不能有效解决问题。

如果某产品或功能很容易导致客户流失，实际业务中没有让客户真正使用起来，一定要深入了解客户为什么不使用企业的产品，找到客户流失的真正原因。收集的信息和反馈可以指导企业如何更好地留住客户，也能帮助企业在产品研发时更加考虑客户需求，提升客户体验。从服务产品中发现，客户流失原因主要如下：

（1）SaaS 产品价值感知不清。客户虽然选择了产品，但在使用过程中没有充分认识到产品的价值，反而增加了客户的工作量，这导致了客户的流失。

（2）期望不匹配。产品提供的服务方案与其想要的不一致，导致客户流失。如客户希望的资金管理系统能支持 6 家主要结算银行，而产品还缺一家主要结算银行且短时间内不能满足，那么客户使用后感觉落差太大，很容易就导致客户流失。

（3）价格因素。SaaS 产品价格过高，客户通过这个价格没有办法看到与价格相匹配的 SaaS 价值，就会导致客户流失率不断飙升，进而使企业陷入与客户商务谈判的困境中，难以摆脱困扰。

（4）产品出现 Bug、性能有问题等。由于产品出现 Bug、性能出现问题，客户已把产品作为主要使用系统，在业务办理或出统计报表时出现一些错误，很容易让客户失去信心，如客户在支付一笔转账时，结果审批有问题、发送银行不成功等原因，若是一笔很急的支付，会让用户崩溃，感到很无助，还不能及时解决该问题，客户大概率会流失。

（5）不太友好的客户体验。客户第一次使用产品时，若操作体验不友好，使用过程中有各种异常，客户第一印象非常不友好，客户心中已埋下一颗炸弹，如果在后面使用过程中再次遇到问题就会爆发，客户很容易就抛弃企业的产品。

（6）竞争激烈的细分市场，转移成本低。简单工具型产品，在竞争激烈的细分市场中，替换成本很低，客户一旦不满，很容易就被替换。例如，在竞争比较激烈的洗发水市场中，相同功能、相同品质下，如果出现一个更便宜的产品，客户很有可能选择新的产品。

（7）平台提供商侵入企业的细分市场，提供类似功能。有赞的核心业务为 SaaS 服务，为微信、快手、抖音等平台的中小商家提供开店等工具。有赞很大一部分客户流失就是因为快手、企业微信等平台提供类似的免费产品。

## 7.3 电子商务客户流失预警与防范

客户流失预警是指通过对客户一定时间段内的支付行为、业务行为及基本属性分析，揭示隐藏在数据背后的客户流失模式，预测客户在未来一段时间内的流失概率及可能的原因，指导客户挽留工作。

### 7.3.1 客户流失预警的步骤

在一个客户成为流失用户之前，就应该根据他的自身属性及行为等特征识别出用户的流失风险，及时采取措施进行用户挽留，这就是客户流失预警。客户流失预警主要分为 3 步：定义流失客户、分析流失原因和搭建流失预警模型。

## 1. 定义流失客户

流失客户指的是在一段时间内不再使用产品的客户。不同产品对于客户流失衡量的维度规则是不一样的，不会有一个通用的定义。定义流失通常需要两个维度，即行为和周期，例如，有的产品将一周不登录定义为流失，有的产品将半年未付费定义为流失。

此外，定义流失客户还可以结合用户属性来分析，例如，对于不同性别的用户、不同级别的用户，基于不同的流失阈值设定。客户的行为会非常多，企业需要结合产品类型及此阶段的总运营目标，找出可以定义用户的核心行为。例如，电子商务产品可以用购买行为来定义客户多久未购买算流失；内容型产品的消费者可以用客户浏览来定义客户多久没有浏览算流失；创作者可以用客户发表来定义，即创作者多久未发表作品才算流失。周期可以用拐点理论结合业务特性来作为周期界定的参考，因此，最终用"行为+周期"定义流失客户。

## 2. 分析流失原因

客户流失的原因大体上可归为两类：主动流失和被动流失。主动流失是指客户主动与公司脱离业务关系，如客户生活环境发生变动、客户对目前购买的产品不再有需求、客户在其他公司购买等。被动流失是指客户非自愿地与公司脱离业务关系，通常是因为客户经济状况或支付能力发生改变造成的。通过客户流失预警风险，企业可发现那些最可能流失的客户及这些客户最可能的流失原因，从而有选择性、有针对性地采取客户挽留措施；寻找客户留存的关键行为，进行客户行为引导。根据不同的流失客户，进行针对性流失原因分析，主要途径有竞品调研分析、用户调研分析、客户反馈系统、用户数据分析，如图7-3所示。

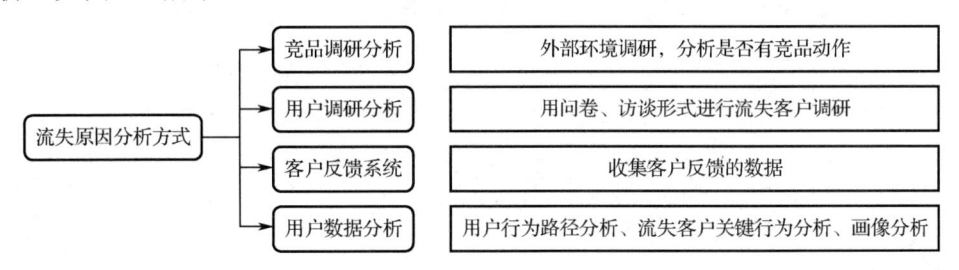

图 7-3　客户流失原因分析方式

1）竞品调研分析

竞品调研分析属于电子商务企业的外部环境调研，针对行业内的龙头品牌或者比较知名的品牌进行分析，包括不限于它们的品牌定位、品牌调性、Slogan、产品及产品线、价格、运营策略、销售渠道等。

2）用户调研分析

用户调研分析主要采用问卷或者访谈的形式进行客户流失调研。调查问卷是获取用户反馈的一个途径，收集到的信息种类会与用户访谈类似，不同的是信息深度。通过用户访谈，电子商务企业可以提出一系列的后续问题去深度挖掘用户的产品体验信息，了解客户的真实感受。

3）客户反馈系统

客户反馈系统用来收集浏览网站的客户的一些意见或建议。客户反馈系统在前台有一个非常友好的界面，客户可通过界面中提示的问题填写相应的答案，并提出自己的意见或建议，单击"提交"按钮，系统将自动发送确认信息，并可设定自动弹出对话框，告知客户："您的信息已提交，我们会尽快与您联系。"

4）用户数据分析

用户数据分析包含的内容有很多，小层次来讲包含"日活/月活、留存、新增"等，再大点有"用户画像、用户属性、用户层级"等，到后面的"用户心理、用户行为习惯"等。用户数据分析可以实现用户行为路径分析、流失客户关键行为分析、画像分析等多层次分析，全方面了解客户，减少客户流失。

**3. 搭建流失预警模型**

流失预警模型是指提取用户历史数据，观察一定窗口时间各相关数据情况，然后根据上述流失客户定义评估客户在表现窗口内流失的情况，从而预测当前客户在未来的流失概率。

首先，企业需要定义预测的时间窗口，即应分析的样本数据所跨越的时间段。这就需要结合业务人员的经验及历史的客户行为数据，再综合数据的可获取性，最终确立一个合理时间预测窗口。如图7-4所示，电子商务企业可以选取一个月作为流失预警时间窗口：选取前某个月作为观察窗口、当月作为表现窗口、下个月作为预测窗口，收集并分析历史数据情况（前某个月的用户数据）及当月的数据情况作为原始数据，为预测模型的建立打下基础。

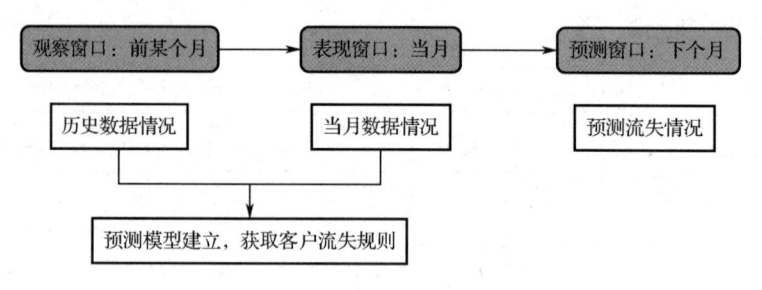

图 7-4　流失预警时间窗口

哪些用户数据会影响用户流失？大概可以划分为3个维度：客户画像数据、客户行为数据、客户消费数据。

1）客户画像数据

客户画像数据属于客户基础数据，包括社会属性，如年龄、性别、地域、民族、学历、职业、婚姻状况等；生活习惯，如兴趣、爱好、饮食、起居、休闲、娱乐、运动等；心理属性，如兴趣、习惯、行为、偏好、血型、星座、属相等。

2）客户行为数据

客户行为数据是指用户在商业互动过程中产生的动作数据，包括内容互动，如浏览、滑动、单击、点赞、评论、分享、私信、加好友等；产品互动，如浏览、加购、预约、留存、下单、支付、退换货，以及功能互动等。

3）客户消费数据

客户消费数据指的是客户交易数据，如电子商务网站记录了客户的购物时间、购物商品类型、购物数量、购物价格、购买频次、客单价、累计消费金额等信息。

在建立模型时，企业需要从历史数据中获取一定时间内的用户画像数据、客户行为数据和客户消费数据，在数据预处理后采用机器学习的方法建立模型。最后通过模型评价指标（如正确率、召回率、精确度等）筛选出最优模型进行模型部署，对未来客户流失进行预警。因此，客户流失预警本质上就是根据已有客户数据，建立客户属性、服务属性和客户消费数据与客户流失可能性关联的数学模型，找出三者最终状态的关系，并给出明确的数学公式。建立完模型后可通过产品自带的调度任务，利用模型，定期自动执行实验，对未来的用户预测，并将模型预测结果存入数据集中，方便数据分析人员分析及运营人员采取相应的挽留措施。

值得注意的是，流失预警模型需要针对不同生命周期的用户采取不同模型来进行搭建，可以将用户分为获取期用户、提升期用户、成熟期用户、衰退期用户。分周期是为了在后续将用户生命阶段纳入精细化运营的预警召回策略中。

## 7.3.2 客户流失防范措施

客户流失会对企业发展造成不利影响，因此，企业要尽量将客户流失率保持在较低的水平。为此企业要长期监控客户流失水平，积极采取客户流失防范措施，未雨绸缪，使企业保持平稳发展。为防止客户流失，企业可以从以下 3 个方面着手，进行防范。

**1. 实施全面质量营销**

客户追求的是较高质量的产品和服务，在接受了优质的产品和服务后就会逐渐建立客户忠诚度。因此，企业应全面实施质量营销，在产品质量、服务质量、客户满意度和企业盈利方面形成密切关系。同时，为防止竞争对手挖走客户，企业必须向客户提供比竞争对手具有更多"客户让渡价值"的产品，从而提高客户满意度并加大加深双方合作的可能性。

**2. 提高市场反应速度**

要想提高企业的市场反应速度，必须善于倾听客户的意见和建议。企业与客户之间是平等的建议关系，在双方获利的同时，企业还应尊重客户的各种意见和抱怨。在客户抱怨时认真倾听，扮好听众的角色，要让客户觉得自己受到了尊重，自己的意见得到了重视。倾听之外还要及时调查客户的反映是否属实，迅速将解决方法及结果反馈给客户，并提请其监督。此外，还要建立强有力的督办系统，迅速解决问题，保证客户利益。一个以客户为中心的企业，应该为客户投诉和提建议提供方便。例如，宝洁、通用电器、惠普等著名企业都开设了免费热线电话，很多企业还增加了网站和电子邮箱以方便与客户的沟通。3M 公司声称其产品改进建议超过 2/3 都是来自客户的意见。这些信息为企业带来了大量好的创意，使企业能够更快地采取行动解决问题。

### 3. 与客户建立紧密关联

企业在与客户进行交易时，经常会出现一些短期行为，这不利于客户的长期保持。因此，企业需要对客户灌输长期合作的好处，阐述企业发展的美好愿景，让老客户认识到只有跟随企业才能获得长期的利益，从而愿意与企业同甘共苦，不被短期的高额利润迷惑而转投竞争对手。在合作的过程中还要深入与客户的沟通，防止出现误解而导致客户流失。

> 【思政小课堂】
>
> 忧患意识是中华民族源远流长、永不枯竭的一种文化精神。孔子说："人无远虑，必有近忧"，告诉我们做事要周密考虑，长远谋划，才能防患于未然。对于企业来说，客户流失时刻存在。透彻分析客户对企业所提供的产品或服务产生抱怨或质疑的原因，并及时有效处理，防止客户不必要的流失，其中蕴含的优秀传统文化思想是"增强忧患意识与危机意识"。

> 【案例分析】
>
> **移动通信运营商的客户流失衡量指标**
>
> 我国主要的移动通信运营商有3个：移动、电信、联通。在过去，这3家公司都得到了极其快速的增长。这种增长主要来源于移动通信设备的普及和发卡量的增长。但是，在过去的几年里有所变化，因为手机已经完全普及，发卡量似乎不再增长。在这种情况下，如何实现业务增长，成了三大运营商头疼的问题。一个方案是精耕细作，极大化现有客户的价值；另一个方案就是挖墙脚，争取把竞争对手的客户吸引过来。
>
> 因此，出现了3家运营商激烈竞争的局面。一个直接后果就是客户流失率的居高不下，尤其是高价值客户。因此，客户流失成了运营商都要解决的重要问题。通过数据分析可以理解客户的流失规律。
>
> 流失用户：在25个月的观测期内，用户是否已经流失。1=是，0=否。
>
> 套餐金额：用户购买的月套餐的金额，1为96元以下，2为96到225元，3为225元以上。
>
> 额外通话时长：用户的实际通话时长减去套餐内包含的通话时长得出用户在使用期间的每月额外通话时长，这部分需要用户额外交费。数值是每月的额外通话时长的平均值，单位：分钟。
>
> 额外流量：用户使用的实际流量减去套餐内包含的流量，得出用户在使用期间的每月额外流量，这部分需要用户额外交费。数值是每月的额外流量的平均值，单位：兆。
>
> 改变行为：是否曾经改变过套餐金额，1=是，0=否。
>
> 服务合约：用户是否与联通签订过服务合约，1=是，0=否。
>
> 关联购买：用户在使用联通移动服务过程中是否还同时办理其他业务（主要是固定电话和宽带业务），1=同时办理一项其他业务，2=同时办理两项其他业务，0=没有办理其他业务。
>
> 集团用户：用户办理的是否是集团业务，相比个人业务，集体办理的号码在集团内拨打有一定优惠。1=是，0=否。

> 使用月数：截至观测期结束，用户使用联通服务的时间长短，单位：月。

## 7.4 电子商务客户流失挽救

客户是电子商务企业生存的基础，留住高价值客户和老客户对增加电子商务企业利润起着举足轻重的作用。客户流失的挽救服务涉及企业盈利模式的设计，是一项长期、全面、系统的工程。

### 7.4.1 客户流失挽救的标准

要想挽救流失的客户，首先要了解客户流失的具体情况和各方面原因，再对症下药，采取有针对性的挽回措施。在这个过程中，首先应当确认的是流失的客户有哪些，因为并非所有流失的客户都能挽救，所以，挽救哪些客户是企业必须考虑的问题。为挽救客户，企业投入的人力、财力、物力有限，企业也希望能够合理分配这些资源，实现利益最大化。对此，企业需要设计合理的客户挽救标准，以区分需要挽救/可以挽救的客户。电子商务企业可以根据客户流失类型、客户等级或者客户终身价值来设计客户流失挽救标准。

**1. 根据客户流失类型设计挽救标准**

电子商务企业可以通过客户流失类型来判断挽救客户的投入、产出与可能性，如表 7-1 所示。

表 7-1 根据客户流失类型设计的客户挽救标准

| 客户流失类型 | 客户挽救特点 | 挽救难度 | 挽救建议 |
| --- | --- | --- | --- |
| 一般流失客户 | 企业产品或服务已无法满足客户需要，要挽救这类客户，企业需要更新产品与技术，开发新品类产品或服务甚至调整经营战略和行业领域 | 高 | 建议仅在投入较小的情况下挽救或挽救极其重要的客户 |
| 竞争流失客户 | 客户转投竞争对手，但仍然对该类产品或服务有直接需求。挽救一位这类客户能使竞争对手损失一位客户，但对其进行挽救需要突破竞争对手设置的终止壁垒 | 高 | 建议投入一定力量进行挽救，对重要客户要加大投入 |
| 失望流失客户 | 客户因对企业产品或服务不满而流失，仍然对同类产品或服务有需要，且尚无确定"下家"，但对企业不再信任 | 中 | 失望流失的客户数量如果过多，建议尽力挽救 |
| 恶意流失客户 | 对企业造成直接损失，甚至违反法律法规 | — | 无须挽救 |

1）一般流失客户挽救

针对一般流失客户，电子商务企业的产品或服务已无法满足客户的需要，要挽救这类客户，企业需要更新产品与技术，开发新品类产品或服务甚至调整经营战略和行业领域，因此，挽救难度大，建议仅在投入较小的情况下挽救或挽救极其重要的客户。

2）竞争流失客户挽救

竞争流失客户虽然转投竞争对手，但仍然对该类产品或服务有直接需求。挽救一位这类客户能使竞争对手损失一位客户，但对其进行挽救需要突破竞争对手设置的终止壁垒。对竞争流失客户挽救存在一定难度，电子商务企业需要投入一定力量进行挽救，特别是对重要客户要加大投入。

3）失望流失客户挽救

失望流失客户因对企业的产品或服务不满而流失，仍然对同类产品或服务有需要，且尚无确定"下家"，但对企业不再信任。这部分流失客户是电子商务企业需要极力挽救的客户，通过客户走访等方式了解客户的"失望点"，解决客户痛点，妥善处理客户投诉与意见，挽回失望流失客户。

4）恶意流失客户挽救

所谓"恶意流失"，是从客户的角度来说的，一些客户为了满足自己的某些私利而选择了离开企业。恶意流失客户会对企业造成直接损失，甚至违反法律法规，因此，无须挽救。

**2. 根据客户等级设计挽救标准**

客户等级是由客户价值来决定的，对于企业而言，挽救一位客户的等级越高，企业挽救效益也就越大。基于 ABC 分类法，针对不同等级的客户设计出如下挽救标准，如表 7-2 所示。

表 7-2　基于 ABC 分类法的客户挽救标准

| 客户等级 | 客户特点 | 挽救建议 |
| --- | --- | --- |
| 高端客户 | 数量有限、价值极高 | 密切关注其动向，一旦流失，应在第一时间不遗余力挽救；即使挽救不成功，也要做好安抚工作，保持与客户的良好沟通 |
| 重要客户 | 价值较高、人数较少 | 关注其行为动向，及时发现其流失倾向，对其挽救。在挽救过程中企业可投入一定资源，在价格、服务方面做出一定让步 |
| 普通客户 | 人数多，是企业业务的中坚力量，具备后续升级的空间 | 企业需要适当投入资源，尽量维持稳定的普通客户群体 |
| 小客户 | 单位价值低，人数众多，要求零散 | 不建议企业花费大量精力、资源进行挽救，顺其自然即可；如有投入低、效果好的挽救机会则可以尝试 |

1）高端客户挽救

高端客户具有数量有限、价值极高的特点。高端客户会给电子商务企业带来丰厚的利润。一旦高端客户流失，将给电子商务企业带来不可逆的损失，因此，电子商务企业应该密切关注其动向，一旦流失，应在第一时间不遗余力挽救；即使挽救不成功，也要做好安抚工作，保持与客户的良好沟通。

2）重要客户挽救

重要客户也是电子商务企业极其珍贵的客户资源，是关键客户的重要组成部分。根据"二八"定律，20%的关键客户贡献了80%左右的企业利润，由此可见重要客户也具有价值高、人数少的特点。电子商务企业应做到关注其行为动向,及时发现其流失倾向,对其挽救;在挽救过程中企业可投入一定资源,在价格、服务方面做出一定的让步。

3)普通客户挽救

普通客户人数多,是企业业务的中坚力量,具备后续升级的空间。对于普通客户的流失挽救,电子商务企业应该做到适当投入资源,尽量维持稳定的普通客户群体。

4)小客户挽救

小客户单位价值低,人数众多,要求零散。不建议电子商务企业花费大量精力、资源进行挽救,顺其自然即可;如有投入低、效果好的挽救机会,则可以尝试。

**3. 根据客户终身价值设计挽救标准**

对于特定客户,电子商务企业也可以通过企业收益的变化与挽救成本的比较来确定是否挽救该客户,即利用客户的终身价值来决定是否挽救。

客户终身价值或者说客户生命周期价值是指示企业在整个业务关系中可以从单个客户账户中合理预期的总收入的指标。该指标考虑客户的收入价值,并将该数值与公司预测的客户寿命进行比较。企业使用客户终身价值来确定对公司最有价值的客户群。客户从公司购买和继续购买的时间越长,他们的终身价值就越大。

当企业察觉到客户的流失倾向时,如交易金额显著减少、交易频率显著降低、交易投诉显著增加等,企业就需要选择是否挽救客户(不挽救则称为"顺其自然")。是否挽救不同决策会带来不同的结果:如果选择顺其自然,则客户流失,企业可以计算出该客户的剩余价值(若客户立即流失,则剩余价值为0);如果选择挽救客户,则企业必然要支付一定的成本,但是成功挽救客户之后,客户会继续为企业带来价值,其相应的剩余价值也会提升,企业可以使用计算客户终身价值的方法计算这个新剩余价值。若挽救失败,则企业需要计算挽救成功的概率。客户的剩余价值、新剩余价值和挽救成功的概率3个要素共同决定了企业挽救客户的收益。具体计算公式表示如下:挽救收益=客户新剩余价值×成功概率-客户剩余价值。

计算出企业的挽救收益之后,企业就可以此为决策依据。当挽救收益大于挽救成本时,企业应当进行挽救;当挽救收益小于挽救成本时,企业应选择放弃挽救,顺其自然。依靠这种决策方式,企业能够使客户挽救的预期收益始终为正,保障企业利益最大化。

电子商务企业根据客户终身价值设计挽救标准,并不是着眼于眼前利益,而是从长远角度出发,帮助客户成长的同时,培养客户的忠诚度,减少客户流失,实现电子商务企业利润的增长。

## 7.4.2 客户流失挽救的流程

客户流失的时间长短不一,从表现出流失征兆到真正流失可能长达数月甚至一年,短则数天。在挽救客户的过程中,企业要把握好客户出现流失征兆到与其他企业建立合作关系之间的"窗口期",用各种方法说服客户,阻止流失。为保障客户挽救能够有效进行,企业应当建立固定的挽救机制,设计完整的挽救流程,专门进行客户挽救工作。一般来说,客户流失属于突发事件,企业需要建立长效的响应机制,及时处理客户流失情况。这个响应机制需要从企业内部的各个部门（如客户关系部门、公共关系部门、客户服务部门和市场部门等）协作同工，也需要企业外部机构如渠道合作伙伴、数据分析公司、市场调查公司等不同成员的帮助。当出现客户流失时，应内外相应，通力合作，积极应对流失，开展挽救活动。电子商务企业的客户流失挽救流程一般包含以下几个步骤。

1. 发现挽救机会

挽救机会是指能通过挽救行为为企业创造价值的有利情况，需要满足如下两个条件：一是客户达到了挽救标准，具备挽救价值；二是尚处挽救"窗口期"，客户还未与其他企业建立合作关系或者彻底脱离现有企业。发现挽救机会是成功挽救客户的基础，越早发现，企业可用于制定、实施挽救方案的时间就越充裕，挽救成功率越高。

2. 制定挽救方案

发现挽救机会之后，企业就应当尽快制定客户挽救方案。首先要调查原因，只有做好了流失原因调查，企业才能"对症下药"。接着应表明态度，就服务失误、质量问题、未满足客户期待等问题向客户表示歉意，并表示企业希望与客户继续合作，愿意提供更高质量的产品或服务。最后应与客户协商，设计出双方均能接受的挽救方案。如为价格敏感型客户，就给予优惠价格；如果是对产品或服务不满，则向客户承诺后续为其提供高质量的产品或服务；如果是客户的需求产生了变化，则要与之探讨产品或服务的更新换代或功能优化等问题。

3. 实施挽救方案

根据之前制定的挽救方案，企业协调各职能部门实施方案，进行客户挽救工作。挽救方案的实施务必及时、到位，实施之后还要进行客户回访，询问客户是否满意。

4. 评估挽救结果

挽救具体工作开展实施之后，还要分析、评估客户挽救工作成果，包括挽救效果（挽救客户维持了多久？其做出了多大贡献）、工作费效比（支出与收益之比），为以后的客户挽救工作提供帮助。通常评估工作由客户关系部门负责，并在评估完成向所有参与挽救工作的部门共享相关信息资料。

企业要将客户流失预警与客户挽救标准结合起来，一旦客户出现流失倾向，就要立即判断其是否符合挽救标准；确定需要挽救之后，立即通过响应机制将信息传达给相关职能部门。与此同时，公共关系部门、市场部门、客户关系部门各自通过监控舆情、市场波动以及客户组织信息来为挽救机会的判定提供更多外部支撑信息，这也是对客户流失预警机制的有益补充。

【案例分析】

### 流失客户挽救——以丰田汽车为例

丰田汽车针对流失客户，列出以下挽救的基本原则及要求。

（1）客服要根据流失客户档案及客户的反馈信息，分析客户的流失原因，进而配合售后部门进行流失客户的招揽。

（2）针对不同类型的流失客户，和服务部一起制订对应的有吸引力的招揽方案。

（3）不同类型流失客户可进行交叉邀约，如能按照每个类型的特殊性进行针对性的招揽，效果会更好。

（4）流失客户的挽救工作注重真诚，在保证服务店自身利益的基础上，要关注客户关系的维护。

（5）重承诺执行，不失信于客户；如果有特殊原因做不到的，服务店要向客户做好解释工作；防止再次失信于客户的情况发生。

（6）严格流程管理，针对流失问题持续进行改善。坚定地遵循公司理念，提升维修技术水平和服务态度，以提供优质的客户体验。通过这些措施，吸引更多的客户到店，并提高客户满意度，从而降低客户流失率，并提升客户忠诚度。

丰田调查客户流失分析流程如下：客户数据整理→筛选客户→分析客户（如年龄、性别、住址、总回厂次数、总消费金额、最后回厂项目等）→流失原因调查分析与结果统计→分析结果并制定整改措施。

每月客服将整理筛选的客户数据发送给前台主管，前台主管将这些客户数据分给各服务顾问，服务顾问根据下列内容回访客户，同时做好备注，一星期后反馈给前台主管。回访方法有如下几种：

（1）电话联系。

（2）活动邀请客户到店。

（3）专人亲访。

回访内容如下：

（1）未回厂原因。

（2）未回厂期间是否进行过修理。

（3）在哪里进行的修理。

（4）为什么选择在其他地方进行修理而不回厂。

回访结果：

（1）客户个人信息分析：根据客户的年龄、性别、工作等因素，制定符合其需求的活动细节。

（2）客户区域分布分析：根据客户的区域分布，选择合适的媒体进行投放。

（3）车型分析：针对流失较多的车型，制定相应的售后服务活动。

（4）最后回厂维修内容、类别、时间分析：了解客户的维修习惯和时间规律，为售后服务活动提供参考。

（5）客户流失原因分析：企业服务态度不佳、响应不及时、技术能力不足、维修费用过高，导致客户流失。

整改方案制定与实施：

（1）加强培训，提高服务态度认识：通过培训课程，强化服务顾问对业务流程和优质服务态度的认识。

（2）增强服务顾问考核力度：将服务顾问的绩效与每月流失客户成功回厂率挂钩。设定回厂率为20%，未达到该目标的顾问将受到20元/个的扣罚。

（3）数据收集与效果评估：收集方案实施的各项数据，包括进厂台次、产值、客户满意度、回厂车辆数、成本等，以月为单位进行评估。每季度进行总结和效果评估，分析优势和弊端。

（4）日常客户维系优化：通过分析流失客户的原因，优化日常客户维系策略，降低客户流失率。同时，加强流失客户招揽工作，提高客户满意度。

### 7.4.3 客户流失挽救的措施

对于大多数公司来说，一定程度的客户流失是不可避免的。企业仍然可以采取一系列措施来挽救部分流失的客户。

#### 1. 与流失客户保持沟通，争取找回流失客户

当客户决定取消服务时，一定不能直接放弃，相反这是收集宝贵意见的最好机会。当客户决定放弃之后，可以直接联系客户，了解原因。对于那些处于创业阶段的企业来说，这样的意见尤为宝贵。客户取消服务可能是产品需求没有得到满足、实施落地遇到障碍、产品功能不熟悉等主观和非主观原因。通过收集原因进行分析可以找到企业优化客户成功体系的途径。

具体来说，企业在找回流失客户的过程中应该做到以下几点。
（1）设法记住流失客户的姓名和地址。
（2）在最短时间内电话联系或直接访问客户；访问时，应诚恳表达歉意，送上鲜花或小礼品，虚心听取客户的看法及要求。
（3）在不愉快和不满意消除后，记录客户的意见，与其共商满足其要求的方案。
（4）制定措施，改进企业工作中的缺陷，预防问题再次发生。

#### 2. 做好售后处理，解决好客户投诉

客户流失多发生在客户投诉未得到及时妥善的解决之后，客户对企业服务产生不满而流失。企业应该采取以下措施。
（1）道歉。让客户知道企业因为给客户带来不便而道歉，并且将完全负责处理客户的投诉。
（2）复述。重述客户的投诉内容，确认客户抱怨已全被了解，让客户相信其投诉将会得到妥善处理。
（3）移情。当与客户的沟通达到一定程度后，向客户表达理解与共情，并向客户强调，公司定将想尽办法来解决他们提出的问题。
（4）补偿。尽可能补偿客户，在公司能力允许范围内尽最大可能，通过优惠券、免费礼物、折价购买部分商品等方式对客户进行补偿。
（5）跟踪。客户离开前，一定要确认客户是否已经满意。在客户离开之后一周内，打电话或者写信给他们，了解他们是否仍然满意。一定要与客户保持联系，并定期回访。

#### 3. 时刻监控客户活跃度

构建客户健康度模型，实时监控客户行为等数据。通过数据变化来分析问题，再进

一步采取流失挽回行动。

#### 4. 增加客户流失成本

客户流失成本越高,越不可能流失。这就需要企业让产品更有黏性,如适当减少"一步到位"的功能或解决方案(即第一次与客户联系时就满足其全部需求)。具体措施如下:

(1) 增加产品使用度,如果一个新客户在第一个月或第一年使用了企业的大多数产品和服务,其流失性可能会减少。

(2) 增加产品使用深度,让客户更加深入地了解企业产品的功能价值,深度使用产品,减少流失倾向。

(3) 增加关键"有黏性"功能的使用。例如,一家 SaaS 电子商务公司使用的会员管理模块,就属于黏性很大的功能模块。客户愿意使用产品管理会员,打通自己的会员数据,其流失可能性就很低。如果客户继续使用会员储值功能,把钱存在系统里,除非极端特殊情况,客户基本上就不会流失了。

#### 5. 延长合同周期

企业可以尝试在定价和销售策略上,与客户签订更长期限的合同。这样做有利于客户有更充足的时间来熟悉和掌握产品的使用,更好地了解产品的性能和特点,提高客户对产品的满意度和信任度,从而降低客户流失率。此外,签订长期合同也意味着客户需要支付更多的费用,因此他们会更加审慎地考虑选择放弃产品或服务。

#### 6. 深入了解客户流失的原因

针对流失客户,多维度深入分析流失原因。例如,可以把客户进行分群,包括属性分群、需求分群、价值分群等,以确定哪些维度的客户更容易流失。这些数据可以帮助优化业务环节,如市场获客、产品优化、客户成功策略等。

【思政小课堂】

敢于承担责任是挽救流失客户的方法之一。电子商务企业在出现问题之后,如果能够承担责任,而不是推卸责任,还是会获得客户的谅解并重新获得客户信任的。在面对客户投诉时,企业不能推卸责任,要"主动负责、勇于承担",首先承认"是我们的失误,是我们的工作有不足之处",给客户一个敢于负责、积极进取的印象,缓解客户的不满情绪;同时也要努力维护公司的利益和形象,强调"我们一定会完善确认工作,避免类似事件的再次发生"。

【案例分析】

#### 滴滴出行挽救流失客户措施

除了客户流失,滴滴平台的签约司机也在不断减少。签约司机实际上是滴滴平台收入的另外一个重要来源,司机签约加盟平台,开展运输服务,同时也为平台带来利润。为挽留流失的签约司机,平台采取了以下措施。

(1) 升级司机服务。即原滴滴平台司机部升级为司机服务部,并计划年内在全国设立 2000 名司机服务经理,面对面解决司机工作中遇到的问题,聆听司机的反馈和建议。滴滴将抽成从19%降低到了12%，剩下的7%将返还给司机，力争保障签约司机的经济利益。

（2）出台新福利"接单奖励"，提高接单利润，以挽回离去或有离开意向的滴滴司机。

（3）免费提供运营车辆。滴滴表示：凡是滴滴的司机，可以免费提供服务车辆。司机想要跑单，只需要办理两个证件就可以了。在这样的措施下，平台付出了巨大成本，解决了滴滴司机的大部分支出，降低了司机的成本，司机只需要专心跑单就可以了，完全不用担心换车的问题。在这样的条件下，相信很多司机会再次回归。

【思考】对照滴滴平台挽留流失的签约司机的一系列措施，从乘客角度出发，平台能为乘客做什么来进行流失乘客的挽救？

## 课后反思与练习

### 一、多选题

1. 下列哪些因素可以影响电子商务客户保持？（　　）
   A．客户自身因素　　　　　　B．转移成本
   C．客户关系周期性　　　　　D．客户满意

2. 下述哪些是电子商务客户保持模型的影响因素？（　　）
   A．终止壁垒　　　　　　　　B．感知让渡价值
   C．心理依附　　　　　　　　D．产品价格

3. 关于电子商务客户流失，下列表述中，正确的一项是（　　）。
   A．一个公司年平均流失率在10%～30%
   B．交易循环会一直持续，直到客户流失为止
   C．客户流失发生在与企业进行交易的特定环节
   D．不同类型的客户流失造成的影响不同，出现概率不同，企业的应对方式也不同

4. 交易时的服务包括下面哪几项？（　　）
   A．服务能力　　　　　　　　B．服务收费标准
   C．服务秩序　　　　　　　　D．服务个性化

5. 下列哪个用户行为能被定义为客户流失？（　　）
   A．某视频网站VIP会员用户超过半年未进行服务续费
   B．某短视频平台注册博主断更一年之后回归继续创作
   C．用户A在某购物网站的搜索记录显示，其近半年浏览商品从服装转变成电子及宠物产品
   D．某文学创作平台注册创作会员近3个月没有更新作品

### 二、简答题

1. 如何定义客户流失？客户流失的主要原因有哪些？
2. 客户流失的防范措施包括哪些方面？

### 三、项目实训

1. 实训内容与要求

以鸿星尔克的企业经历为例,分析鸿星尔克突然爆火之后的客户流失原因、归属类型,思考并总结哪些方法可以用于帮助企业防范客户流失,以及建立合适的客户流失预警机制。

2. 项目实训完成情况评价(自我评价)

| 评价内容 | | 自我评价等级(在符合的情况下画√) | | | |
|---|---|---|---|---|---|
| | | 优秀完成 | 较好完成 | 基本完成 | 没完成 |
| 了解电子商务客户保持/流失的基本概念 | | | | | |
| 熟悉电子商务客户流失的量化指标 | | | | | |
| 掌握电子商务客户流失的挽救及预警措施 | | | | | |
| 自我评价 | 我的优势 | | | | |
| | 我的不足 | | | | |
| | 我的努力目标 | | | | |
| | 我的具体措施 | | | | |

# 第 8 章
# 电子商务客户关系管理技术

### 学习目标 →

- 了解电子商务客户关系管理系统的基本概念、结构和功能。
- 掌握呼叫中心、数据库、数据挖掘技术的基本原理。
- 掌握商业智能的基本知识,并能进行智能客户关系管理系统构架。

【思政案例】

**中国民生银行客户关系管理技术**

中国民生银行是中国第一家由民间资本设立的全国性商业银行,成立于 1996 年 1 月 12 日。在国内银行发展过程中,民生银行是最先建设客户关系管理系统的,因而其长期以来的发展成就能够给同行业其他银行带来一定的学习和借鉴意义。2001 年,八大系统建设理念在民生银行正式出现,包括客户服务及其在业务会计管理等诸多方面的内容,能够为银行的日常运营提供必要的管理系统支撑。在系统中,最为关键和基础的部分就是客户关系管理系统集合,在大数据的基础之上,实现整体信息的综合和共享。当然,数字化信息平台的建设也是重中之重,只有这样才能充分分析客户需求的动态变化情况,并以此为基础挖掘可能存在的各种潜在客户,这也是维系现有客户的重要依据和前提。在此过程中,民生银行以客户的贡献度为基准,进行精细化的客户细分。相关分析结果不仅将在未来渠道迁移的决策中发挥至关重要的作用,更将成为民生银行服务价格制定和管理策略制定的核心依据。

综上所述,中国民生银行现阶段与客户关系管理相关的系统集中体现在市场营销和数据挖掘等诸多领域,能够对客户的信息进行及时分析和归类整理,在等级划分的基础上,提供各种各样的差异化服务和产品,解决各种问题。事实上,客户关系管理系统的完善有助于精细化管理的真正实施。在现代化信息技术的支撑下,银行业务不同环节之间的紧密协作极大地促进了部门整合程度的提升,这也是资源优化配置的必然需求。通过信息流的高度集成,银行能够确保在客户关系科学管理的基础上,使效率保持在最优水平,这是实现长久可持续发展的关键所在。

## 8.1 电子商务客户关系管理系统

客户关系管理理念起源于西方的市场营销理论。20世纪80年代,美国就提出了企业必须专门收集客户与公司联系的所有信息,之后由巴巴拉·本德·杰克逊提出了关系营销的概念。1999年,Gartner Group Inc 公司提出了客户关系管理(Customer Relationship Management,CRM)的概念。客户关系管理指的是企业为了提升核心竞争力,采取以客户为中心的策略,利用先进的信息技术和互联网技术,精心协调企业与客户在销售、营销和服务环节中的互动。通过优化管理方式,企业能够为客户提供创新、个性化的交互与服务体验,从而吸引新客户,同时将老客户转化为忠诚客户。这一过程不仅有助于建立长期稳定的客户关系,还能为企业积累宝贵的客户关系网等无形资产,为企业的持续发展奠定了坚实基础。

客户关系管理的核心是以客户为中心,通过富有意义的交流沟通,理解并影响客户行为,最终实现提高客户保留、客户忠诚的目的。具体可以从理念角度、技术角度和应用角度来理解客户关系管理的定义。

(1)理念角度。从理念角度看,客户关系管理是一种管理理念,其核心思想是将客户作为最重要的企业资源,强调对客户价值进行管理,通过完善的客户服务和深入的客户分析来满足客户的需求,保证实现客户的终身价值。客户关系管理基于"一对一营销"理论,整合了企业的市场、销售、服务等部门业务流程及与客户相关的所有领域,旨在以低成本、高效率的方式精准满足客户的需求,根据客户的不同价值提供差异化的优质服务,着力提高客户满意度和忠诚度,增强企业的竞争能力,实现利润最大化。

(2)技术角度。从技术角度看,客户关系管理集合了当今最新的信息技术,包括Internet 和电子商务、多媒体技术、数据挖掘技术、专家系统和人工智能等,以及与客户关系管理相关的专业咨询等。通过这些技术的相互结合,客户关系管理为企业的销售、客户服务和决策支持提供了一个自动化的解决方案。

(3)应用角度。从应用角度看,客户关系管理是一套对企业与客户有关的领域进行管理的应用软件。客户关系管理为企业提供了一个收集、分析和利用各种客户信息的系统,帮助企业充分利用所拥有的客户资源,也为企业如何更好地面对客户提供了科学的手段和方法。客户关系管理系统利用先进的技术将最佳的客户关系管理理论具体化,在实现市场、销售、服务等领域工作流程的同时,将更多注意力集中于满足客户的需求上。

### 8.1.1 客户关系管理系统模型

客户关系管理系统有很多功能组件,其技术很先进,并可以和多种渠道进行融合。

通常情况下，客户关系管理系统包括营销管理、销售管理、客户服务及交互中心等客户分析能力，有些还有商业智能。

当今的客户关系管理技术与应用层次开始向多元化方向发展。如图8-1所示，从体系结构来看，客户关系管理架构分为3个部分：①操作型客户关系管理，实现销售和客户服务两部分业务流程的自动化；②分析型客户关系管理，将操作型客户关系管理产生的信息通过共享的客户数据仓库把销售、营销和客户服务连接起来；③合作型客户关系管理，用于合作的服务，包括电子邮件、电子社区和其他类似的交流手段。

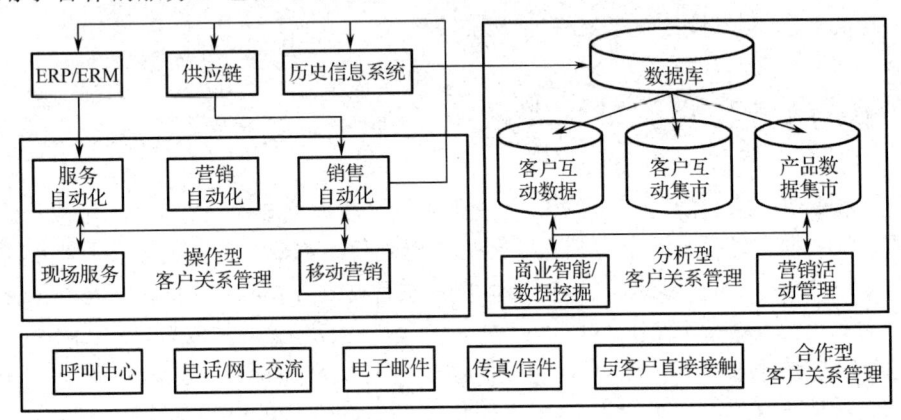

图8-1 客户关系管理技术与应用层次

### 1. 操作型客户关系管理

操作层次是对整个业务流程进行信息化的管理，包括销售管理、营销管理、客户服务管理。

1）销售管理

销售管理包括销售计划管理、销售机会管理、销售信息分析等。客户关系管理的销售管理模块涵盖客户联系管理、业务活动、销售计划等，最终目的是提高销售的有效性，在与客户联系的过程中，与客户进行各销售阶段的交互：从开始接触客户到最终成为正式客户。业务人员利用客户关系管理进行完整的记录，形成规范的企业销售方法论，从而提升销售绩效。客户关系管理的最终目的是帮助企业建立科学的销售体系，进而提升销售能力。

2）营销管理

市场营销活动在商业活动中非常重要，而在客户关系管理系统中则更为个性化。通过针对不同客户进行不同产品的促销，市场营销活动能够更好地满足客户需求并促进销售增长。通过客户关系管理系统，市场营销人员可对从不同途径得来的信息统计分析，对潜在客户进行筛选并进一步跟踪客户的消费行为，更好地支持销售。客户关系管理的营销管理，对于传统的营销行动策划及执行分析可以提供解决方案，并可以跟踪和管理客户。

3）客户服务管理

客户服务管理是面向客户的基本业务功能之一，可以对客户的服务请求等进行管理。良好的客户服务是吸引和保留客户的关键，同时它也能提高客户满意度，并加强忠诚度的管理。很多企业利用客户服务管理，通过使用各种技术来提升客户体验，提升服务效率，降低服务成本。通过客户关系管理系统，可以识别和激励忠诚度和价值较高的客户，提升客户黏度，保证服务的及时性和完成质量，避免企业在提供服务时出现服务人员不清楚自身责任的情况，实现一对一的服务，可以使客户得到使用周期内的关怀。

#### 2. 分析型客户关系管理

处理合作和操作层次客户关系管理产生的信息主要集中在分析层次，这些信息支持企业战略层面的决策。这些信息主要包括客户信息、客户细分及分析系统。利用数据挖掘技术，可以对客户信息进行深入分析。数据仓库则为企业制定针对客户的市场策略和提供促销活动的服务。

#### 3. 合作型客户关系管理

企业与客户接触是进行合作的第一步，在协作层次中，通过与客户接触可以收集很多客户信息，之后再对这些客户信息进行分析、整理与存储。接下来对客户信息进行深度挖掘，这样可以得到有用的分析结果。企业直接与客户进行交流，客户可以通过不同的渠道与企业进行交流沟通，这一点可以体现出一种以客户为中心的理念。营销、销售往往涉及企业的多个部门，需要各部门通力合作，才能为客户提供优秀的产品与服务。客户关系管理作为一个协作平台，企业员工通过实时通信、社交媒体等技术，随时随地获取信息，与客户实时交互，使得协作得以深入应用。

### 8.1.2 客户关系管理系统功能模块

客户关系管理系统主要包含市场管理模块、销售管理模块、服务管理模块、客户管理模块、系统初始设置模块，如图 8-2 所示。

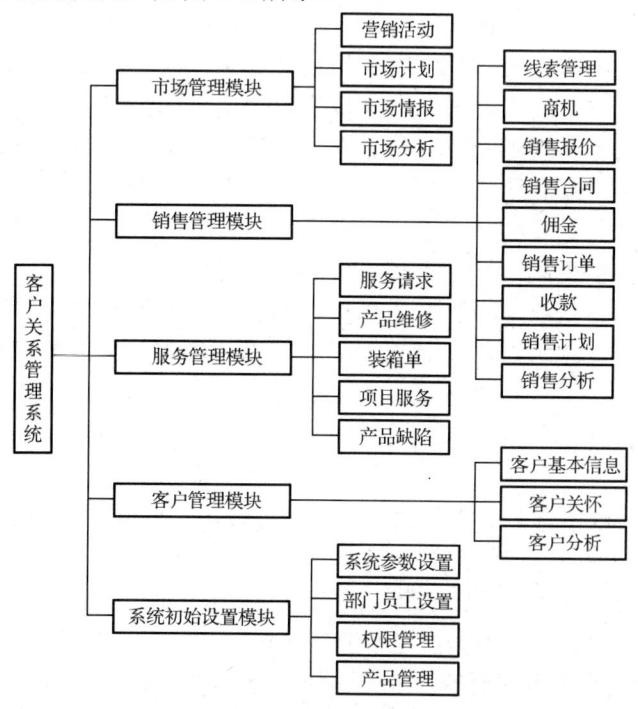

图 8-2 客户关系管理系统功能模块

### 1. 市场管理模块

市场管理模块的功能主要是通过市场营销活动的开展和市场计划的实施来完成市场的开发与客户的挖掘，以便更好地提供销售线索，进而形成商机。市场管理模块应设置的功能有营销活动、市场计划、市场情报、市场分析。

1）营销活动

市场管理模块通过数据分析工具，帮助市场人员识别、选择和产生目标客户列表，制订市场营销计划。市场管理模块也可与其他应用模块相集成，确保新的市场活动资料自动发布给合适的人员，使营销活动得到快速执行。

2）市场计划

市场管理模块可以对市场、客户、产品和地理区域信息进行复杂的分析，帮助市场专家开发、实施、计划、管理和优化相应的策略。

3）市场情报

市场管理模块可以为销售、服务和呼叫中心提供关键情报，如产品信息、报价信息、企业宣传资料等。

4）市场分析

市场管理模块能帮助市场专家对客户和市场信息进行全面分析，从而对市场进行细分，产生高质量的市场策划活动，指导销售队伍更有效地工作。

### 2. 销售管理模块

在客户关系管理系统中，销售管理模块主要管理商业机会、客户账目及销售渠道等方面。该模块把企业的所有销售环节有机地组合起来，这样在企业销售部门之间、异地销售部门之间及销售与市场之间建立一条以客户为引导的流畅的工作流程。销售管理模块确保企业的每个销售代表能及时获得企业当前的最新信息，包括企业的最新动态、客户信息、账号信息、产品和价格信息，以及同行业竞争对手的信息等。这样，销售代表与客户面对面的交流将更有效，成功率将更高。

销售管理模块主要是从市场管理模块中获取销售线索信息并转化商机后，提出销售报价、签订销售合同、结算佣金、开出销售订单、收回销售货款、编制销售计划、进行销售分析等，实现全过程管理。同时为下一环节提供销售服务需求，形成服务管理模块的数据来源。

### 3. 服务管理模块

服务管理模块可以使客户服务代表能够有效地提高服务效率，增强服务能力，从而更加容易捕捉和跟踪服务中出现的问题，迅速准确地根据客户的需求解决调研、销售扩展、销售提升各个步骤中的问题，延长每个客户在企业中的生命周期。服务专家通过分解客户服务的需求，并向客户建议其他的产品和服务来增强和完善每个专门的客户解决方案。

服务管理模块通过呼叫中心接收客户服务请求信息，在校验销售合同后，对需要维修的产品提供产品维修服务，对需要装箱的配件进行装箱处理，并进一步完成客户商品的管理、维修项目的服务管理，以及产品缺陷的管理。通过对服务许可管理的全面支持，采用自动的工作流并增强对每个咨询的监控，服务管理模块可以确保客户的需求及时得到满足。

### 4. 客户管理模块

客户管理模块将企业所有的客户资源进行集中全面的管理，帮助企业建立客户全方位视图，从而能够延长客户生命周期，更深地挖掘客户潜力，提升客户价值。客户管理模块包括客户基本信息、客户关怀、客户分析功能。

1）客户基本信息

在客户管理模块中可以实现客户信息管理功能，既可以对客户进行新增、修改、删除、复制、合并、查询、导出等方面的管理，也可以对联系人进行相应的管理。客户管理的主要内容包括客户编号、客户名称、办公地址、主要电话、邮政编码、电子邮箱、所在城市、所属行业、客户级别、客户类型、客户状态、信用等级、信用额度、上级单位、财务电话、公司主页、备注信息、注册时间、负责人、负责部门等信息。

2）客户关怀

在客户管理模块中可以实现客户关怀功能。客户关怀是指企业售出产品后额外提供给客户的服务项目。例如，向客户提供的产品信息和服务建议等、关心客户在与企业接触过程中的感受和体验，以及提供售后服务，包括信息咨询和投诉等。

3）客户分析

在客户管理模块中可以实现客户分析功能。客户分析就是根据客户的信息和数据来了解客户需要，分析客户特征，评估客户价值，从而为客户制订相应的营销策略与资源配置计划。

### 5. 系统初始设置模块

系统初始设置模块主要完成系统初始化和系统初始设置，以及系统的登录等功能，主要包括系统参数设置、部门员工设置、权限管理和产品管理。

1）系统参数设置

系统参数设置包括管理员的电子邮件地址、应收款提前提醒天数、客户生日提醒提前天数，以及销售合同、销售订单、报价单、产品等数值应保留的小数位数等。

2）部门员工设置

部门员工设置包括部门和员工两个方面。部门指的是内部组织架构，采用树形结构表示。顶级部门可以是集团、公司总部、工厂等，下级部门可以是子公司、分公司、办事处等。员工是指所有使用客户关系管理系统的用户，可以是系统管理员、销售人员、销售部门领导、公司领导等。

3）权限设置

权限设置是系统初始化时非常重要的功能。权限设置分为部门权限、特殊权限和数据权限的设置。

4）产品管理

产品管理包括可以给企业带来销售收入、销售利润的有形产品和无形产品的管理，既包括企业自制产品、外购产品、代销产品的管理，也包括企业提供给客户的培训、服务等无形产品的管理。

电子商务企业可以根据行业特点及自身需求定制或者设置客户管理系统功能模块，体现个性化特点，如图 8-3 所示，该电子商务企业根据需求，设置了工作台、客户、联系人、合同/订单、项目、日程任务、销售机会、产品、库存管理、市场、退货、序列号/SN、采购管理、客服、审批、维修工单、在线帮助、工具等多个工作模块，帮助企业扩展销售和服务体系，开拓新的市场机会，占领更多的市场份额。

| 全部功能菜单 | | | | 关闭 |
|---|---|---|---|---|
| **工作台** | **客户** | **联系人** | **合同/订单** | |
| 工作台 快速来电记录 | 客户列表 客户导入 | 联系人管理 纪念日 | 合同/订单管理 | |
| 记事本 内部公告 | 销售费用 客户关怀 | 群发手机短信 | 店面型销售单 | |
| 销售目标 光荣榜 | 客户合并 客户转移日志 | **销售机会** | 交付计划/订单明细 | |
| 写：日报 周报 月报 | 批量客户任务 | 销售机会管理 | 交付记录/发货明细 | |
| **项目** | 批量共享转移 | 报价单/历史报价 | 发货单 | |
| 项目跟单管理 | 客户公海设置 | 报价明细 | 回款计划 | |
| 售前阶段漏斗 | **日程任务** | 详细需求 解决方案 | 回款记录 | |
| 项目使用须知 | 日程/待办任务/行动历史 | 竞争对手 销售漏斗 | 开票记录 | |
| | 工作量计数器 | | 三种形式使用须知 | |
| **产品** | **库存管理** | **市场** | **退货** | |
| 产品管理 | 库存总控台 初始化/清零/精度 | 市场活动 广告发布 | 退货单 | |
| 产品分类维护 | 库存列表 库位管理 盘点 | 印刷品管理 印刷品领用 | 退货明细 | |
| 产品导入 | 入库单 出库单 库间调拨 | 礼品管理 礼品领用 | 退款记录 | |
| 编号/条码导入 | 装配出入库单 装配方案 | **客服** | **审批** | |
| 权限：管理 成本 规格 | 需交付产品与库存对比 | 客服控制台 QA库 | 审批表 审批设置 | |
| **序列号/SN** | 库存流水账 库存台账 | 投诉处理 客服记录 | 沟通兔/ChatTool | |
| 序列号总控台 | **采购管理** | 客服权限 QA权限 | 沟通兔主题列表 | |
| 序列号列表 | 采购单 采购明细 | **维修工单** | 在线帮助 | |
| 序列号出入库汇总 | 付款计划 付款记录 付款发票 | 维修工作台 | 找帮助 | |
| | 采购退货 退货明细 退款记录 | 维修工单列表 | | |
| | | 接单状况自定义 | | |
| **工具** | | | | |
| 统计：综合报表 统计图表 同比环比分组统计 | | | | |
| 营销：网上线索挖掘 发手机短信 群发短信 群发邮件 充值点消费日志 | | | | |
| 汇总：销售目标 周月排名 工作量计数器 | | | | |
| 系统：回收站 知识库 在线帮助 | | | | |
| 设置：模板编辑 快递单打印模板设计 客户联系人筛选 个人设置 | | | | |

图 8-3 某公司内部网客户关系管理系统的具体功能模块

## 8.1.3 客户关系管理数据分析

客户关系管理系统的数据分析是借助客户关系管理系统，对企业所需要的数据进行分析，从而帮助企业进行科学决策。一个内容详尽、功能强大的客户数据仓库，对客户关系管理系统是不可缺少的。客户数据仓库对于保持良好的客户关系、维系客户忠诚发挥着不可替代的作用。美国的一项商业调查显示：56%的零售商和制造商拥有强大的营销数据，85%的零售商和制造商认为客户数据仓库必不可少。在电子商务客户关系管理环境下，客户数据仓库应当具有如下功能。

### 1. 动态、整合的客户数据管理和查询功能

客户关系管理系统的数据仓库必须是动态的、整合的。动态的要求是数据仓库能够实时提供客户的基本资料和历史交易行为等信息，并在客户每次交易完成后，能够自动补充新的信息；整合的要求是客户数据仓库与企业其他资源和信息系统的综合、统一，各业务部门及人员可以根据职能、权限的不同执行信息查询和更新操作。此外，客户数据仓库与企业的各交易渠道和联络中心紧密合作。

### 2. 基于数据库支持的客户关系结构和忠诚客户识别功能

基于数据库支持的忠诚客户识别功能十分重要。实施忠诚客户管理的企业需要制定一套合理的建立和保持客户关系的格式或结构。例如，航空公司的里程积累计划——客户飞行一定的千米数，便可以获得相应的免费里程，或根据客户要求提升舱位等级等。这种格式或结构建立了一套吸引客户多次消费和提高购买量的计划。在客户发生交易行为时，能及时识别客户的特殊身份，给予相应的产品和服务，从而有效吸引客户为获得较高级别的待遇和服务而反复购买。

### 3. 基于数据库支持的客户购买行为参考功能

电子商务企业运用客户数据仓库，可以使每个服务人员在为客户提供产品服务时清楚客户的偏好和习惯的购买行为，从而提供更具针对性的个性化服务。例如，现在的读者俱乐部都在进行定制寄送，他们会根据会员最后一次的选择和购买记录，以及最近一次与会员交流获得的有关个人生活信息，向会员推荐不同的书籍。这样做使客户感到企业尊重、理解他们，知道他们喜欢什么，并且知道他们在什么时候对什么感兴趣。

### 4. 基于数据库支持的客户流失警示功能

企业的客户数据仓库通过对客户历史交易行为的观察和分析，具有发挥警示客户异常购买行为的功能。例如，当一位常客的购买周期显著延长或其购买量出现显著变化时，都是潜在的客户流失迹象。客户数据仓库通过自动监视客户的交易资料，可以对客户的潜在流失迹象做出警示。

### 5. 基于 Web 数据仓库的信息共享功能

客户数据仓库拥有可以通过网络和浏览器使用的接口，已成为支持客户关系管理的基本架构。新兴的 Web 数据仓库已经不仅仅被单个用户独享，在多个用户之间分布也已渐成趋势，甚至连企业供应链之中的商业合作伙伴也借助 Web 数据仓库充当信息共享的媒介。

> **【知识拓展】**
>
> **智能客户关系管理在数字出版行业的应用**
>
> 在大数据时代，出版业受到科技和信息的重创，尤其是在出版行业，用户行为发生了戏剧性的变化，变得更加复杂、多样和数字化。基于大数据的用户行为分析在思维方式上有别于传统分析。例如，在样本数据选择方面，过去多数情况下是通过问卷调查的方式确定用户信息，利用传统的手段对全面的海量数据进行实时分析，几乎是不可能实现的，因此，只能通过部分取样的方式来确定数据样本，一些常用的统计方法在用户行为分析中得到了广泛的应用。
>
> 在大数据时代，基于数据挖掘技术，目前已经能够实现较强的数据处理分析及存储，并且有足够的能力收集海量数据，即选取的样本数据就等同于总体数据，其中包括非结构化数据。在大数据环境下，借助智能客户关系管理，数字出版企业在收集到用户相关的新型多结构化数据的情况下，能够针对相关数据进行交叉分析，进而将各种信息进行汇总，构建预测模型，预测用户行为，并获取用户访问的规律，最终基于这些规律制定数字出版服务策略。从知识决策应用的角度，用户行为分析结果能够被应用在数字出版的生产、经营、营销等环节，具体在生产方面，基于用户行为分析的结果，可以实现精准稿源策划和协同智能生产，在经营方面能够实现长尾经营，在营销方面能够指导数字出版的精准营销的实现。
>
> 用户数据采集及分析的最终目的是实现数据的利用，即从大量的数据中发现潜在知识、规律和模型，将这些发现应用在数字出版的生产、经营、营销等环节，为数字出版企业提供决策支持。
>
> 图 8-4 所示为数字出版的数据采集、挖掘、利用。
>
> 图 8-4 数字出版的数据采集、挖掘、利用

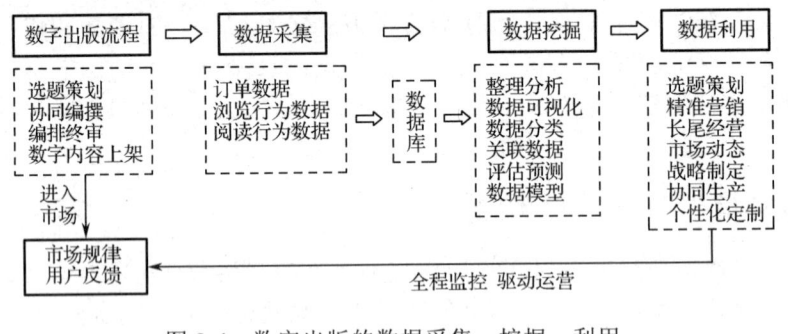

## 8.2 呼叫中心与客户关系管理

呼叫中心起源于美国民航行业，一开始是为了给予客户相应的咨询服务，并合理地处理客户的投诉。20 世纪 70 年代，美国银行构建了自己的呼叫中心；20 世纪 90 年代，计算机电话集成（Computer Telephony Integration，CTI）技术促进了呼叫中心的发展，逐渐形成产业。初看起来，呼叫中心好像是企业在最外层加上一个服务层，实际上它不仅仅对外部用户，也对整个企业内部的管理、服务、调度、增值起到非常重要的统一协调作用。

## 8.2.1 呼叫中心的定义

呼叫中心能够让企业客户服务人员同客户一起完成某项活动,实现与客户的高效互动,是电子商务客户关系管理中的重要一环。呼叫中心(Call Center)在国外又被称为客户服务中心(Customer Care Center)或者客户关系管理中心(Customer Relationship Management Center)。从客户关系管理中心这个名称来看,呼叫中心所能处理的并不仅仅是"呼叫",它还可以成为客户关系管理系统中的重要组成部分,可以从管理角度及技术角度定义呼叫中心。

### 1. 从管理角度定义

从管理角度定义,呼叫中心是一个促进企业营销、市场开拓并为客户提供友好的交互式服务的管理与服务系统。呼叫中心作为企业面向客户的前台,面对的是客户,强调的是服务,注重的是管理,是企业理顺与客户之间的关系并加强客户资源管理和企业经营管理的渠道。呼叫中心可以提高客户满意度,完善客户服务,为企业创造更多的利润。

### 2. 从技术角度定义

从技术角度定义,呼叫中心是围绕客户采用CTI技术建立起来的客户关照中心;对外提供语音、数据、传真、视频、因特网、移动等多种接入手段,对内通过计算机和电话网络联系客户数据库和各部门的资源。

## 8.2.2 呼叫中心的类型

随着互联网技术的发展,呼叫中心已经发展为一个统一且高效的服务工作平台。现代呼叫中心将电子商务企业内的各个部分集中于一个统一的与其他各部门联系的窗口,为客户提供智能高效的客服服务。呼叫中心现已成为将电子商务企业各个部门的内部连接于一体、一个完整的综合信息服务系统,是当今企业运营不可或缺的一部分,也是企业间竞争的强有力工具。根据不同的参照标准,呼叫中心可以分为以下几种。

### 1. 按呼叫类型分类

按照呼叫类型分类,呼叫中心可以分为呼入型呼叫中心、呼出型呼叫中心、呼入呼出混合型呼叫中心。

1)呼入型呼叫中心

呼入型呼叫中心的主要功能是应答客户发起的呼叫,其主要应用是技术支持、产品咨询等。

2)呼出型呼叫中心

呼出型呼叫中心的主要功能是主动发起呼叫,其主要应用是市场营销、市场调查、客户满足度调查等。

3)呼入呼出混合型呼叫中心

现代企业单纯的呼入型呼叫中心和单纯的呼出型呼叫中心都比较少,大多数的呼叫中心既处理客户发出的呼叫，也主动发起呼叫。

### 2. 按呼叫规模分类

呼叫中心的规模，一般可以用能供应多少人工座席或接入多少线路来衡量。按照呼叫中心的规模分类，呼叫中心可以分为大型呼叫中心、中型呼叫中心、小型呼叫中心。

1）大型呼叫中心

大型呼叫中心一般被认为是拥有超过 100 个人工座席的呼叫中心。它应具备足够容量的大型交换机、自动呼叫安排设备、自动语音应答系统、CTI 服务器、人工座席和终端、呼叫管理系统、数据仓库或数据库等。

2）中型呼叫中心

中型呼叫中心一般是拥有 50～100 个人工座席的呼叫中心。中型呼叫中心专用分组交换机（Private Branch Exchange，PBX）与 CTI 服务器、人工座席直接相连，人工座席又与应用服务器相连，客户资料存储在应用服务器中，应用服务器实时将打入电话的客户资料自动在计算机屏幕上弹出，使座席人员能准时获得相关信息。

3）小型呼叫中心

小型呼叫中心的座席数目为 50 个以下，其系统结构与中型呼叫中心类似，只是在数量上做了相应削减。

### 3. 按采用的不同接入技术分类

按照采用的不同接入技术分类，呼叫中心可以分为基于交换机的呼叫中心和基于计算机的卡板式呼叫中心。

1）基于交换机的呼叫中心

基于交换机的呼叫中心（基于前置 ACD 的呼叫中心），由交换机将用户呼叫接入后台座席人员。

2）基于计算机的板卡式呼叫中心

基于计算机的板卡式呼叫中心（基于微机和语音板卡的呼叫中心），由计算机通过语音处理板卡完成对用户拨入呼叫的掌控。

### 4. 按功能分类

按功能分类，呼叫中心可以分为基于 Web 的呼叫中心、多媒体呼叫中心、视频呼叫中心、虚拟呼叫中心。

1）基于 Web 的呼叫中心

基于 Web 的呼叫中心，客户直接通过访问企业的 Web 站点接入呼叫中心，用单击网页按钮的方式实现与业务代表的通话。其呼叫方式有电子邮件、文字交谈、业务代表回复、互联网电话、网页同步。

2）多媒体呼叫中心

多媒体呼叫中心改变交换系统与语音资源各自独立的特点，使其相结合，不仅降低了成本，更重要的是使整个系统的综合能力和功能大大增强，它们之间还可以传输电话，快速而准确地传输数据、图像等丰富的多媒体信息。

3）视频呼叫中心

视频呼叫中心是客户业务代表可以通过视频信号的传递,面对面地进行交流的技术。这种投资相对较高的呼叫中心的服务对象是那些需要在得到服务的同时感受舒适和安全的重要客户。随着技术的进步和设备投资的降低，视频呼叫中心将在今后占据呼叫中心市场的主导地位。

4）虚拟呼叫中心

虚拟呼叫中心（又称分布式呼叫中心）帮助企业提供高度统一的呼叫中心服务，优化和协调呼叫中心资源，提高服务水平，降低呼叫中心的运营成本。

### 5. 按使用性质分类

按使用性质分类，呼叫中心可以分为自建自用型呼叫中心、外包服务型呼叫中心、ASP（应用服务供应商）型呼叫中心。

1）自建自用型呼叫中心

自建自用型呼叫中心，企业自己购买硬件设备，并编写有关的业务流程软件，直接为自己的客户服务。

2）外包服务型呼叫中心

外包服务型呼叫中心是指委托他人完成客户服务、营销等活动的呼叫中心设备、座位、人员和运营管理的类型。外包服务型呼叫中心有利于简化企业管理体系，优化管理水平，专注于核心业务；企业不必追踪呼叫中心的技术发展，避免前期投入压力；可根据企业不同的需求，降低企业运营成本。

3）ASP型呼叫中心

ASP型呼叫中心是由应用服务供应商提供呼叫中心的设备和技术平台，而企业则负责招募座席员并自行进行日常运营管理。这种模式结合了自行建设和外包两种模式的优点，企业可以租用第三方的设备和技术，同时保持座席代表的自主招募和管理。

## 8.2.3 呼叫中心在客户关系管理中的应用

客户关系管理最为强调的因素是客户，呼叫中心则是客户联络的主要窗口，两者结合，可以全面提升彼此的价值。呼叫中心在客户关系管理中可以实现以下功能。

### 1. 全面提升客户关系管理水平

当客户通过呼叫中心访问时，呼叫中心的CTI技术可以识别并确认客户的身份，然后由客户关系管理软件调用相关的客户资料，这样在接通客户呼叫之前，可以完成客户识别，实现个性化服务。

对重点客户、重点业务进行识别，通过客户关系管理软件查询客户访问、接待记录，自动将指定重要客户分配给曾经接待过客户的工作人员，实现一对一客户服务。

客户关系管理系统可以根据客户的累计购买金额、购买潜力、信用等级等进行客户价值分析。客户的档案和记录（如接触记录、购买记录、服务记录等）均能得到准确及时的反映，形成全面的客户关系记录。通过信息统计、聚类分析、数据挖掘等手段发现客户需求的变化与分布，挖掘潜在的销售机会，促进客户购买。

### 2. 提供更多的数据来源

呼叫中心为企业提供电话、传真、电子邮件、网页互动、文字交互、Internet 语音访问等与外界沟通的渠道。所有进入呼叫中心的资料都会被自动记录，经客户关系管理软件分析，搜索出潜在的客户线索，并进行登记、追踪、管理，辅助企业进行决策。通过对呼叫中心的电话/互联网等入口的信息采集、共享、管理，方便地实现对客户全程的服务、销售、市场推广，从而形成一个完整的客户生命周期。

### 3. 发现销售线索

呼叫中心的用户中包含企业潜在的客户，销售机会往往分布在不同的阶段。虽然呼叫中心得到了这些资料，但是难以进行有效利用。客户关系管理则可以对相关线索和资料进行处理、挖掘，将其有效利用起来。利用客户关系管理结合当前的销售机会生成线索列表，并与客户、联系人和业务建立关联；把客户线索分配到销售人员；当时机成熟时，潜在的客户变成了真正的客户，对应的线索直接转化为客户信息和联系信息。对于一个具体的销售机会，其当前的阶段、成功的可能性、阶段变动历史、跟踪历史等记录一目了然，可以帮助销售部门很方便地制订行动计划。

### 4. 开展客户关怀，深化市场营销

将客户关系管理的思想与呼叫中心的工作流程融合，呼叫中心的座席人员在完成日常工作的同时，根据客户的具体情况，开展客户关怀及市场营销，并且记录在案，再由市场人员继续选择跟踪，不仅提高了客户满意度，而且扩大了企业的销售机会。

### 5. 为客户关系管理软件统一数据格式

呼叫中心的统一消息服务可将外部访问的电话留言、传真、电子邮件、语音邮件转换为统一的电子邮件格式，由客户关系管理软件自动进行统一管理、分析、分发、跟踪，由专门人员阅读、处理，大大简化了客户关系管理软件的信息收集流程。

### 6. 以客户为中心，各部门协同工作

由呼叫中心对每个客户分配唯一的 ID 标识，客户关系管理针对唯一的 ID，可以很容易地实现跨部门、跨业务、多入口的信息同步与共享。不同部门以客户信息为纽带，进行协同工作，提高了工作效率和服务水平，进而提高了客户满意度。

客户关系管理为呼叫中心进行客户信息统计分析，呼叫中心则为客户关系管理提供了更多的数据来源，统一数据格式，并帮助客户关系管理实现了以客户为中心，各部门协同工作。由此可见，呼叫中心与客户关系管理并不是简单的互相支持，客户关系管理

借助呼叫中心扩展了其外延，呼叫中心则在客户关系管理的支持下成为一个"客户关系管理中心"。客户关系管理厂商早已认识到呼叫中心与客户关系管理之间的紧密联系，例如，公认的全球领先的客户关系管理厂商 Siebel，就在其客户关系管理解决方案中提供了呼叫中心套件。如今，呼叫中心已成为客户关系管理系统的重要组件之一。

【知识拓展】

**中国移动呼叫中心系统的功能效果**

1. 客户自动检索功能

当客户打电话到客服中心，座席接听后，系统会自动弹出客户信息，包括客户的主叫号码、客户的姓名、归属地、品牌、级别等信息。这种自动客户信息检索功能，节省了座席查询客户基本信息的时间，提高了座席的工作效率。

2. 工单模板功能

在工单录入界面，系统可自动生成客户基本信息和受理信息，座席客户代表可根据用户的申告问题直接填写工单内容。

3. 现场监控

在生产现场监控界面，生产管理人员可实时查看各个客户代表的当前状态，包括座席编号、登录工号、姓名、主叫号码、被叫号码、通话时长。

4. 统计报表

统计报表可以反映客服中心审查的相关情况，各项指标均可直观展现，包括系统话务量、人工话务量、人工接通率和员工产量等指标。

## 8.3 大数据与电子商务客户关系管理

大数据是针对传统的数据分析提出的。传统的数据分析主要通过推理法，利用少数数据得出普遍规律，而大数据利用了云计算、数据库分析等手段，对数据进行跟踪和观察，对海量数据进行分布式数据挖掘。大数据处理是高科技发展的产物，对平台的发展有着非常积极的影响。

随着商业信息和数据的激增，电子商务企业管理者不得不依赖大数据技术做出科学合理的战略决策，从而提高自身的竞争优势。例如，电子商务平台需要有质量保证体系，大数据的应用可以分析供应商的产品投诉率、合格率、缺货率、回购率等，帮助平台更好地筛选合格的供应商。

### 8.3.1 大数据的定义与特征

**1. 大数据的定义**

国际数据中心对大数据的定义如下："大数据技术描述了一个技术和体系的新时代，被设计于从大规模多样化的数据中通过高速捕获、发现和分析技术提取数据的价值"。

高德纳公司对大数据的定义如下："大数据是需要新处理模式才能具有更强的决策力、洞察发现力和流程优化能力的海量、高增长率和多样化的信息资产。"

麦肯锡公司指出，大数据是一种超越了传统数据范畴的数据集，其规模和复杂性超出了传统数据库软件工具的捕获、存储、管理和分析能力。因此，需要采用新的数据处理模式和技术来充分挖掘大数据的潜在价值，为组织提供更强的决策支持和流程优化能力。大数据进一步被细分为大数据科学和大数据框架。大数据科学是涵盖了大数据获取、调节和评估技术的研究；大数据框架则是在计算单元集群间解决大数据问题的分布处理和分析的软件库及算法。一个或多个大数据框架的实例化即为大数据的基础设施。

**2. 大数据的特征**

大数据是在信息技术和互联网普及应用的时代背景下衍生出来的一种数字技术，其特征可以总结为价值化、多样化、海量化、快速化。

1）价值化

大数据的最终意义体现便是价值。随着信息化的加深，各类数据的存储量日益增长，大数据可以充分利用互联网中每天产生的各种数据，从这些数据中将有价值的信息提取出来，然后转化成各行业的规则和知识，对企业竞争力的提升具有非常大的作用。现阶段，数据逐渐成为无形资产，数据价值化是各个企业提升竞争力的关键点。

2）多样化

互联网的不断壮大与增长，使得各种音频、图片、视频等非结构化数据媒体应用日益频繁。通常情况下，半结构化的各类数据可以用常见的 XML 格式进行描述，但是对于非结构化数据来说，需要经过大数据处理才可以展现在人们面前。同时各个企业在对数据进行采集过程中，不再局限于普通的数据格式，充分体现了大数据的多样性。

3）海量化

随着全球经济一体化的不断深入，遍布世界各个角落的社交网络、在线交易及移动设备每天都会生成大量的数据。传统的数据采集方式不能满足现代互联网的发展需求。大数据的数据量非常大，它可以有效解决数据处理和存储的危机。

4）快速化

现阶段，每天产生的数据在 100TB 以上，普通的数据库很难处理和存储这些海量数据，大数据中的数据挖掘技术可以有效解决这类问题。数据挖掘技术可以轻松处理这些数据，并挖掘数据价值、分析管理数据，降低驱动信息决策成本，使企业形成敏锐的洞察力，这样企业便可迅速掌握市场先机，做出响应，从而提升核心竞争力。

## 8.3.2 大数据时代下客户关系管理的特点

大数据时代，客户关系管理被赋予全新的特点，是其区别于传统的企业沟通模式的主要特征。

**1. 客户关系管理呈现虚拟化**

大数据时代，企业利用互联网等数据工具对客户关系管理呈现出虚拟化的特点。基于互联网在处理信息时具有其他手段无法达到的量级，其能够在短时间内对庞大的数据进行精准化处理。在客户关系管理中，利用数据处理技术和软件，能够将距离偏远的客户群融合到互联网上，对其提供相应的调研活动，其中包含售后服务体验、产品或者服务体验等系列调查。通过这个过程，能够极大地推进客户对企业及产品和服务的认知，从而增进客户参与度，提升客户黏性。因此，在这个过程中企业与客户利用互联网进行客户关系管理过程，充分体现出虚拟化的特征，它最大的优势便是能够解决企业跨区域、长距离与客户进行有效沟通，解决委托代理问题，最大限度降低沟通成本，提升企业客户关系效果。

#### 2. 客户关系管理交易成本降低

通过将客户关系体系进行数字化处理，相关事务能够以数字化方式得到解决和落实，同时数字化处理能够最大限度地精准满足各自的需求。在管理成本方面，使用互联网的费用要比传统管理体系的费用降低很多。采用数据化客户管理体系符合企业降本增效的目标，对于企业增加收入和创造更多利益具有积极的推动作用。

#### 3. 客户关系管理国际化

与虚拟化的特点相似，借助数据化客户管理可以实现全球性的客户沟通，使得企业与客户的沟通具有国际化特点。在这个网络环境下，信息的传递与交换是全球性的，突破了地域的限制，实现了客户关系管理国际化。

#### 4. 客户关系管理效率提高

毋庸置疑，企业需要对大量的客户信息进行处理，而大数据处理手段和技术能够方便快捷地对相关的信息进行处理，并获取、提炼有价值的信息，最大限度提升客户管理效率，提升企业决策科学性。

### 8.3.3 大数据在电子商务客户关系管理中的应用

大数据时代的到来为电子商务带来观念的转变及对数据的新管理模式，使得数据的实际应用更能与企业运营结合，促使服务模式的革新。纵观客户管理的各个环节，包括客户群体细分、挖掘新客户、提升客户价值等在内的内容。企业要想在大数据时代保证客户关系管理的有效性，必然要利用好数据和数据继承特点，对市场形势进行科学分析，并以此精准定位产品或者服务人群画像，最终维系好企客关系。大数据在电子商务客户关系管理中的应用具体可以分为以下3个方面：精准客户细分、高效挖掘新客户、提升客户价值。

#### 1. 精准客户细分

在大众化营销浪潮中，电子商务企业面对多层次、差异化、个性化的消费群体，而营销策略并没有做出及时有效的调整，使得营销活动效果出现疲态和不协调等问题。精准客户细分是大数据时代实现客户关系管理的重要内容和环节之一，要想实现精准客户细分，就必须对客户差异化的需求了如指掌，针对客户的真实需求制定出差异化的营销策略。为此，企业必须掌握大量的客户信息以用于支撑其营销策略的制定。大数据时代所带来的大量数据，虽然来自不同渠道、不同媒体平台，但是都暗含着消费者的触媒习惯、技术走势等，能够针对这些数据进行精准分析，进一步进行聚类分析，最大限度了解客户需求，做好客户维系工作，最大限度挖掘潜在客户。

## 2. 高效挖掘新客户

面对巨量客户群体，有目的性、针对性地选择出最优目标客户的工作是企业展开适应工作的重要保障。缺少目的性地选取客户，会使得企业营销缺乏效率，最终不能保证营销目标的取得。获取新客户所花费的成本和代价是相对较高的，但是企业为了维护其市场利益，又必须进行新客户挖掘工作。首先要进行科学客观的市场前期调研，选取合适的方法和工具，确保市场信息收集的科学性和真实性。在挖掘新客户的过程中，将大数据和客户关系管理系统相结合，可以有效地解决目标客户定位和获取的难题。同时，这种结合还可以深化企业与客群接触点的形式，提高信息的集成度，从而更好地满足客户需求。与此同时，企业通过线上与线下获取的客户信息数据，能够预测营销活动产生的效果。

## 3. 提升客户价值

在营销环节，实现消费者的让渡价值是关键，这有助于建立良好的企业与消费者关系。让渡价值是指客户购买商品或服务所支付的成本与获得的总收益之间的差额。当客户收获的总收益大于总支出时，消费者的让渡价值为正，而要提升客户价值就要确保消费者的让渡价值不能为负。在大数据时代，要提升消费者的价值，一方面，需要将大数据融入精准营销中，增加与客户群的接触点，提升推广的效果；另一方面，需要企业搜集尽可能详尽的数据，对消费群体的消费活动进行综合分析，并以此提出改进产品和服务的策略，进而推出有利于提升客户价值的产品和服务。

**【思政小课堂】**

中国特色社会主义进入新时代，实现中华民族伟大复兴的中国梦开启新征程。党中央决定实施国家大数据战略，吹响了加快发展数字经济、建设数字中国的号角。习近平总书记在十九届中共中央政治局第二次集体学习时的重要讲话中指出："大数据是信息化发展的新阶段"，并做出了推动大数据技术产业创新发展、构建以数据为关键要素的数字经济、运用大数据提升国家治理现代化水平、运用大数据促进保障和改善民生、切实保障国家数据安全的战略部署，为我国构筑大数据时代国家综合竞争新优势指明了方向！

**【知识拓展】**

大数据时代的数据整合能力不断加强，使得电子商务企业更容易、更方便与供应链上下游进行信息与资源的共享，企业之间明显的过渡界限显得十分模糊，从而使得最终用户关注的焦点集中于企业如何关心并解决自己的问题。因此，在产业价值链中，谁越接近最终用户，谁的生存空间就越大。IBM 在 1992 年时面临最严重的危机，当时也是以微软和英特尔为代表的 PC 时代如日中天之际，IBM 新任总裁指出 IBM 的最大价值就是可以为用户提供完整的解决方案，因此，现在我们看到 IBM 涵盖企业的方方面面，从其文化战略咨询、组织流程梳理一直到 IT 治理、系统建设、主要应用软件、中间件、数据库、操作系统、主机等，一应俱全。

> 未来企业的竞争，将是拥有数据规模和活性的竞争，数据的经济效益和作用也日渐被企业所重视，从而催生出许多关于数据的业务，其中包括以下3种：数据分析业务，供应商开始提供数据分析服务，通过用户的非结构化数据提供标准的报告和数据服务；数据可视化服务，以可视化的形式（类似于信息图表）来展示数据的规模和数据点；众包模式，企业利用互联网将工作分配出去，以发现创意或解决技术问题，从而帮助分析和发现数据中的模型。有学者认为未来大数据将会如基础设施一样，数据的交叉复用将大数据变成一大产业。据统计，目前大数据形成的市场规模在51亿美元左右。大数据对现有电子商务的服务模式有着革命性的价值影响。从凌乱纷繁的数据背后挖掘出更符合用户兴趣和习惯的产品和服务，根据用户的行为习惯和爱好对产品及服务进行有针对性的调整和优化，这就是大数据对电子商务赋予的新价值。
>
> 其中Google在这一领域做得最好。Google大部分的在线软件应用都是免费的，用户在使用这些产品的同时，就会在无形中把个人的行为、爱好等数据传给Google，因此，Google就能更深入地了解用户。这样，Google投放广告的准确性就越精准，广告的价值也会越高，广告主也更愿意在Google上投放广告。

## 8.4 商业智能与电子商务客户关系管理

商业智能（Business Intelligence，BI）的概念起源于工商业，是对数据和信息的搜集、管理和分析的过程，目的是使企业的各级决策者获得知识，提高洞察力，帮助他们做出对企业更有利的决策，实施更有效的管理举措。

### 8.4.1 商业智能的定义

商业智能是由Gartner公司在1996年提出的。商业智能是对业务数据的提取、处理、管理和分析的过程。人们通常认为商业智能是将企业现有的数据转换为有效的信息，并帮助管理者做出明智的业务决策的工具。

商业智能最早起源于国外的金融行业。随着信息技术在20世纪80年代的不断成熟，越来越多的企业逐渐认识到商业智能的重要性，一些金融公司开始将过去仅用于业务处理的、离散的、单调的业务信息系统转变为功能丰富且集中的综合业务管理系统，这是最早的商业智能系统。经过几十年的发展，MIS（Management Information System，管理信息系统）已经广泛应用于各大行业，伴随着数据量的剧增，单纯的管理信息系统已经满足不了企业的需求。为了解决这一难题，电信行业开始将人工智能、统计分析等方法应用到这一系统中，也由此产生了决策支持系统。到了20世纪末，美国的一些企业开始建立面向主题的数据仓库，其作用是将孤立、分散、格式不一致的数据存储到里面，从而对外提供统一的视图，为经营决策者提供更可靠的支撑，自此全球商业智能应用开始迅速增长。企业如何准确了解本身需求，合理选用各具优点的产品，也是实施商业智能成功的关键。

### 8.4.2 商业智能的价值

商业智能是通过数据收集、数据存储、知识管理和分析三部分活动，来收集和评估复杂的企业内部和外部竞争信息，并将其提交给规划者和决策者的一项信息系统。商业智能强调通过控制商业信息的大量库存和流动,并对大量结构化(某种程度上是半结构化)数据的分析,来实现在正确的时间、正确的地点,以正确的形式为使用者提供可操作的信息和知识。

在客户关系管理的解决方案中,用计算机来模仿人的思考和行为来进行商业活动的应用非常普遍。据统计,全球企业的信息量平均每 1.5 年翻一番,而目前仅仅利用了全部信息的 7%。神经网络被称为有学习能力的商业智能系统,具有和人类大脑相似的功能。经过对神经网络系统进行一段时间的训练以后,该系统可以在没有人干预的情况下进行模拟识别,以解决特定领域的问题。很多公司都将销售信息保存在大型的数据仓库中,然后应用神经网络软件分析并找出最好的销售模式。

具体而言,商业智能的运用可以为企业提供正确、有效、完整且及时的信息,这些信息包括企业可用能力的水平;公司竞争的市场、技术和监管环境的技术水平、趋势和未来方向;竞争对手的行动及这些行动的影响等。企业进一步在这些信息的基础上实现对管理知识的获取、转化与吸收,从而有助于向决策者提供决策建议的知识基础。

管理者通过将商业智能技术运用到企业商业活动中来提高决策过程中信息输入的及时性,以及管理活动的有效性。ERP(Enterprise Resource Planning)、CRM(Customer Relationship Management)等信息系统结合商业智能的应用,能够帮助管理者更清晰地了解企业业务,有效制定战略目标。商业智能已成为业内公司和政府部门准确把握行业发展走向,了解行业竞争形势,规避运营和投资风险,制定良性竞争和投资战略决策的重要依据之一。

### 8.4.3 智能客户关系管理系统构架

智能客户关系管理系统,即基于数据挖掘技术的智能客户关系管理系统,尤其在系统功能上区别于传统客户关系管理,智能客户关系管理是对传统客户关系管理的功能优化。该系统能够帮助企业获得一个系统化完整的经营管理环节,包括前期的客户信息采集、中期的客户信息整合分析、后期的精准活动营销。

#### 1. 前期的客户信息采集

在电子商务平台完成交易的消费者,其信息会被收录到后台数据库。创建客户信息库的首要前提是为客户指定唯一性,智能客户关系管理系统能够做到将一个手机号默认对应一个客户。在此情况下,客户即便在不同的平台(PC 平台、移动 App)完成交易,其行为数据信息也能够被统一整合到该客户信息库。以某出版社为例,面对的客户不仅仅是普通个人付费用户,还包括学校、企业等机构,对于单位的用户,除了能够利用唯一手机号识别客户,还可以将 IP 信息作为附加客户 ID 标签,方便数字出版企业能够为学校、企业建立信息库,帮助数字出版企业了解企业机构对数字资源的使用情况,进而有利于数字出版企业以企业机构为单位,采取定制化的营销推广方案。

#### 2. 中期的客户信息整合分析

数字经济时代,为客户信息的采集创造了机遇——基于大数据技术的客户关系管理系统不仅能够做到对海量数据信息的动态实时采集,还能挖掘海量数据中潜在的知识,进而实现对知识发现的可视化展示。例如,智能化的客户关系管理系统页面能够实时记录并展示客户新增情况、客户交易数据、客户活跃度和客户价值分析及新增客户的占比趋势等。后台能够对客户相关信息进行数据挖掘分析并建立模型,如活跃度模型、忠诚度模型、客户价值模型等,企业根据这些模型进行客户分类。

### 3. 后期的精准活动营销

在前期的客户信息采集和中期的客户信息整合分析的基础上,智能客户关系管理系统能够帮助企业进行有针对性的精准化营销,为客户提供个性化的产品和服务。

随着客户关系管理软件的成熟,将来的客户关系管理软件不再只是帮助商业流程的自动化,而是能帮助管理者进行决策的分析工具。从客户关系管理软件所搜集的数据是最能帮助企业了解客户的,所谓的一对一行销也是注重了解客户的需求,以便投其所好,促成交易。如果能运用一些数学或统计模式,发现数据中存在的关系和规则,根据现有的数据预测未来的发展趋势,那么就可以成为管理者的决策参考。基于数据仓库与数据挖掘的商业智能可以改善定价方式,提高市场占有率,提高忠诚度,发现新的市场机会。

**【思政小课堂】**

当今世界飞速变化,新情况、新问题层出不穷,知识更新的速度大大加快。电子商务企业要想在激烈的竞争中脱颖而出,就必须树立终身学习的理念。牢固树立终身学习的理念,需要不断拓宽视野;牢固树立终身学习的理念,需要不断更新知识;牢固树立终身学习的理念,需要打破陈规,敢于创新。

**【知识拓展】**

#### 由 CRM 到 SCRM 的转变

近几年 SCRM 在行业内爆火,很多人对 CRM 比较熟悉,但对 SCRM 了解甚少。大家都知道 CRM 是客户关系管理,但是 SCRM 到底是什么,很多人是不清楚的。其实 SCRM 是 CRM 的升级版,只是在传统的 CRM 上增加了"S",了解这个 S 的含义,就对 SCRM 有所理解了。

SCRM 即社交化客户关系管理(Social Customer Relationship Management),其特点是基于互动的双边关系。SCRM 指通过社交媒体与客户建立紧密联系,在社交媒体中与客户互动,并通过社交媒体提供更快速和周到的个性化服务来吸引和保持更多的客户。SCRM 比 CRM 多了一个"S",S 代表 Social,社交化。EC SCRM 对 S 做了详细的诠释:Social——连接客户;Smart——智能销售,Simple——简单管理。

1. Social——连接客户

除了能够打通企业内各部门的沟通壁垒、信息障碍,还着重加强了员工与客户之间的联系。也就是说,在 SCRM 阶段,企业与客户的连接下沉到了员工与客户,即从以企业为中心迭代到以客户为中心。

2. Smart——智能销售

智能/自动化销售,持续挖掘商机,驱动销售加速成交。CRM 连接智能电话、工作手机,结合销售任务、自动化销售工具,软硬结合,高效率地推进每个意向客户成交,销售有效率,公司有业绩。

3. Simple——简单管理

全链路管理，轻松掌控业绩。销售—管理不断线，实时销售报表，洞察经营，有效管理。

## 课后反思与练习

### 一、多选题

1. 客户关系管理模型可以分为（　　）。
   A．合作型客户关系管理　　　　　B．操作型客户关系管理
   C．分析型客户关系管理　　　　　D．创新型客户关系管理
2. 按照呼叫类型分类，呼叫中心可以分为（　　）三种类型。
   A．呼入型呼叫中心　　　　　　　B．呼出型呼叫
   C．传入型呼叫　　　　　　　　　D．呼入呼出混合型呼叫中心
3. 按使用性质分类，呼叫中心可以分为（　　）。
   A．自建自用型呼叫中心　　　　　B．外包服务型呼叫中心
   C．ASP（应用服务供应商）型呼叫中心　D．租赁型呼叫中心
4. 大数据的特点包括（　　）。
   A．价值化　　　　B．多样化　　　C．海量化　　　D．快速化
5. 大数据时代下客户关系管理特点包括（　　）。
   A．客户关系管理呈现虚拟化　　　B．客户关系管理交易成本降低
   C．客户关系管理国际化　　　　　D．客户关系管理效率提高

### 二、简答题

1. 从企业自身出发，应该如何创造实施客户关系管理的条件？企业实施客户关系管理系统过程中，应该遵循什么样的工作程序？
2. 哪些要素是客户关系管理系统成功实施的基本保障？

### 三、项目实训题

实训内容与要求：根据下述材料，分析美国航空公司是如何面对客户和处理客户问题的。

**美国航空公司：成功实施客户关系管理的典范及其启示**

在电子商务时代，企业为了降低成本，提高效益，增强竞争力，纷纷对业务流程进行了重新设计，同时开始将客户关系管理作为新的利润增长点。如何提高客户忠诚度、保留老客户、吸引新客户，是客户关系管理关注的重点。成功的客户关系管理可以为企业带来滚滚财源，美国航空公司的案例可以称得上是成功实施客户关系管理的典范。

1994年以前，美国航空公司的订票服务主要通过免费电话进行。但在电话订票发挥巨大作用的同时，该公司负责监督计算机订票系统业务的通路规划主任John Samuel无意中注意到公司的网站上只有公司年报一项内容。显然，公司的网站远没有发挥应有的作用。

John Samuel 设想，如果能吸引这些订票者通过网络来查询航班、票价及进行行程规划，就可以为公司省下一大笔费用；如果公司拿出一小部分资金用于网络系统的建设，让乘客通过网络方便地预订行程，那么将很快收回投资成本。他还进一步想到，如果能与经常乘机的老客户建立密切的关系，那么公司就能凭借稳定的客源，在越来越激烈的航空业竞争中站稳脚跟。

这一设想在 1995 年初逐渐变成现实。调查发现，约 90%的乘客在办公室使用计算机，近 70%的乘客家中有计算机，这个调查结果促成以 John Samuel 为首的 6 人网络小组迅速成立，主要掌管公司的电子交易业务。他们首先对公司的网站进行了改造，将其定位为以传播信息为主。到 1995 年 10 月，美国航空公司已经成为第一家在网上提供航班信息、飞机起降、航班行程变更、登机门等多种信息的航空公司，甚至连能不能带狗上飞机这样的问题也可以上网查到，并且所提供的信息准确、快捷，有些信息甚至每隔 30 秒更新一次，极大地方便了乘客。

如果说这一切还是属于对网络的简单利用的话，那么接下来美国航空公司对其老客户的关注，则融入了客户关系管理的艺术。通过对常客进行调查，美国航空公司发现，有 70%以上的公司 A 级会员愿意以电子化方式进行交易，他们非常在意能否自由地安排旅行计划，甚至希望能在需要的时候，随时取消原先预订的行程与班机。

常客们的心愿使美国航空公司在 1996 年推出了一项全新的服务——每周三定期发电子邮件给愿意接收的会员订户，提供"本周特惠"促销活动服务。这一服务推出 1 个月内，就发展到 2 万名订户，一年内突破了 77 万人。虽然后来其他航空公司也群起效仿，但美国航空公司始终都是领先者，1996 年，美国航空公司为公司的 A 级会员特别开设了网络订票系统，使他们可以直接上网查询特价航班并预订机票，这再次带动了 A 级会员人数的激增。后来，公司又开设了新的互动服务，使 A 级会员可以直接上网订票并更改，机票由公司寄给客户。再到后来，客户已经可以在飞机起飞前临时更改订位，无须到换票中心换票。

不过，公司不久就发现，通过网络订票的乘客远比通过传统方式订票并拿到机票的乘客需要更多的保障，因为大多数乘客对于最后能否拿到机票放心不下，因此，每当乘客订位或有订位变动时，公司就会主动寄发一封让乘客安心的确认电子邮件。通过一系列的手段，美国航空公司 1997 年网上订票的收入比年度计划高出 98%。

1998 年 6 月，公司又发布了新网站，新网站改善了浏览界面，功能更加强大，乘客甚至可以提出"从我住处所在机场到有海滩的地方票价低于 500 美元的班次有哪些？"的查询。新网站最大的改善是依靠会员数据库中会员的个人资料，向 A 级会员提供更加个性化的服务，如果乘客将自己对于座位位置的偏好和餐饮习惯及爱好等个人信息提供给公司，就可以享受到公司提供的各种体贴入微的服务。美国航空公司甚至还记录下乘客使用的信用卡，乘客下次再次使用时，将不用再次麻烦地输入卡号。

再后来，美国航空公司推出了电子机票服务，真正实现了无纸化操作；开始整合各种渠道的订票业务，使乘客通过网站、电话和旅行社都可以实现订票；对于乘客的电子邮件进行个性化的回复，优先处理 A 级用户的邮件，同时正在建设更加全面的个性化的自动化回信系统，以处理大量的电子邮件；让乘客自行设立兑换里程的条件，获得自己想要的奖励；更为周到的是，美国航空公司正拟发行 A 级会员智能卡，使乘客订票、预订客房和租车等都可以用一张卡支付，省去了乘客记各种卡的卡号和密码的麻烦。

成功的客户关系管理使美国航空公司牢牢占据了航空业界电子商务领先者的位置，极大地提升了公司与客户的关系水平，并为公司创造了突出的财务业绩。

美国航空公司的成功，得益于果断利用了高速发展的网络与计算机技术；在客户关系管理方面，公司凭借掌握的详细的乘客背景资料，为他们提供量身定制的服务，特别是该公司对于 3200 万公司 A 级会员提供的诸多方便，不但保留住了大批固定客户，还吸引了大量新乘客加入这一行列。可以认为，美国航空公司成功的关键在于锁定了正确的目标客户群，让乘客拥有愉快的消费经历与感受；敢于让乘客自助，同时协助乘客完成他们的各种交易操作。

# 参 考 文 献

[1] 苏朝晖. 客户关系管理：建立、维护与挽救[M]. 2版. 北京：人民邮电出版社，2020.

[2] 王瑶，黄芳. 客户关系管理项目式教程[M]. 北京：人民邮电出版社，2015.

[3] 徐伟. 客户关系管理理论与实务[M]. 北京：北京大学出版社，2014.

[4] 毛国君，段立娟. 数据挖掘原理与算法[M]. 3版. 北京：清华大学出版社，2016.

[5] 徐奕胜，刘雨花. 电子商务客户管理[M]. 北京：人民邮电出版社，2018.

[6] 汪楠. 电子商务客户关系管理[M]. 4版. 北京：清华大学出版社，2021.

[7] 闫雨萌，李艳. 竞争情报视域下基于社交媒体的SCRM理论框架研究[J]. 情报理论与实践，2022(9): 1-10.

[8] 方维. 客户关系管理在企业市场营销中的应用探讨[J]. 投资与创业，2022, 33(3): 190-192.

[9] 包文夏，李文龙，李曼. 一流本科课程建设背景下客户关系管理课程建设的探索与实践[J]. 科学咨询（科技·管理），2022(5): 126-128.

[10] 潘俊霖. 基于大客户管理的客户关系管理信息系统的设计[J]. 大众科技，2022, 24(4): 11-13, 26.

[11] 赵芬芬，石晓辉. 推荐者客户关系管理能力对消费者购买意愿的影响机制研究——基于微信的调查[J]. 特区经济，2022(6): 94-98.

[12] 余达旭. 基于B2C物流企业的客户关系管理研究方法综述[J]. 中国物流与采购，2022, (12): 53-54.